STUDY ON CONTEMPORARY OVERSEAS MARXIST PHILOSOPHY

当代国外
马克思主义哲学研究丛书

张一兵　主编

南京大学
建设世界一流大学一流学科工程项目

Detournement and
Breakout in the "Socicty of
Spectacle"
A Study on Guy Debord's Radical
Philosophy

景观社会中的
"异轨"与突围

居伊·德波哲学思想研究

刘冰菁　著

北京师范大学出版集团
BEIJING NORMAL UNIVERSITY PUBLISHING GROUP
北京师范大学出版社

总　序

今天中国的改革开放创造了一个前所未有的华夏文明的时代，中国人文社会科学学术研究领域中那种单向的"去西方取经"一边倒的情形，已经转换为世界各国的科学家和思想家纷纷来到中国这块火热的大地上，了解这里发生的一切，与中国的学者进行面对面的交流。在作为中国马克思主义哲学研究重镇的南京大学，德里达来了，齐泽克[①]

[①]　斯拉沃热·齐泽克(Slavoj Žižek, 1949—　)：当代斯洛文尼亚著名思想家，欧洲后马克思思潮主要代表人物之一。1949 年 3 月 21 日生于斯洛文尼亚的卢布尔雅那市，当时，该市还是南斯拉夫西北部的一个城市。1971 年在卢布尔雅那大学文学院哲学系获文科(哲学和社会学)学士，1975 年在该系获文科(哲学)硕士，1981 年在该系获文科(哲学)博士。1985 年在巴黎第八大学获文科(精神分析学)博士。从 1979 年起，在卢布尔雅那大学社会学和哲学研究所任研究员(该所从 1992 年开始更名为卢布尔雅那大学社会科学院社会科学研究所)。主要著作：《意识形态的崇高对象——悖论与颠覆》(1989)、《斜视》(1991)、《延迟的否定——康德、黑格尔与意识形态批判》(1993)、《快感大转移——妇女和因果性六论》(1994)、《难缠的主体——政治本体论的缺席中心》(1999)、《易碎的绝对——基督教遗产为何值得奋斗?》(2000)、《视差之见》(2006)、《捍卫失败的事业》(2008)、《比无更少》(2012)等。

来了，德里克①来了，凯文·安德森②来了，凯尔纳③来了，阿格里塔④

来了，巴加图利亚⑤来了，郑文吉⑥来了，望月清司⑦来了，奈格里⑧

---

① 阿里夫·德里克(Arif Dirlik, 1940—2017)：土耳其裔历史学者，美国著名左派学者，美国杜克大学、俄勒冈大学教授。代表作：《革命与历史——中国马克思主义历史学的起源，1919—1937》(1978)、《中国革命中的无政府主义》(2006)、《后革命时代的中国》(2015)等。

② 凯文·安德森(Kevin B. Anderson, 1948—　)：美国当代西方列宁学家，社会学家，加利福尼亚大学圣塔芭芭拉分校教授。代表作：《列宁、黑格尔和西方马克思主义：一种批判性研究》(1995)等。

③ 道格拉斯·凯尔纳(Douglas Kellner, 1943—　)：马克思主义批判理论家，美国加利福尼亚大学洛杉矶分校教授，乔治·奈勒教育哲学讲座教授。代表作：《后现代转折》(1997)、《后现代理论——批判性的质疑》(1991)、《媒体奇观：当代美国社会文化透视》(2001)等。

④ 米歇尔·阿格里塔(Michel Aglietta, 1938—　)：法国调节学派理论家，法国巴黎第五大学国际经济学教授，法国巴黎大学荣誉教授。代表作：《调节与资本主义危机》(1976)等。

⑤ 巴加图利亚(G. A. Bagaturija, 1929—　)：俄罗斯著名马克思主义文献学家和哲学家。

⑥ 郑文吉(Chung, Moon-Gil, 1941—2017)：当代韩国著名马克思学家。1941年11月20日出生于韩国庆尚北道大邱市；1960—1964年就读于大邱大学(现岭南大学)政治系，1964—1970年为首尔大学政治学研究生，获博士学位；1971年起，任教于高丽大学，1975年任副教授，1978年任教授；2007年，从高丽大学的教职上退休。1998—2000年，郑文吉任高丽大学政治科学与经济学院院长。代表作：《异化理论研究》(1978)、《青年黑格尔派与马克思》(1987)、《马克思的早期论著及思想生成》(1994)、《韩国的马克思学视域》(2004)等。

⑦ 望月清司(Mochizuki Seiji, 1929—　)：日本当代新马克思主义思想家。1929年生于日本东京，1951年就读于日本专修大学商学部经济学科，1956年就任该大学商学部助手，1969年晋升为该大学经济学部教授。1975年获得专修大学经济学博士，并从1989年开始连任专修大学校长9年，直至退休为止。代表作：《马克思历史理论的研究》(1973)等。

⑧ 安东尼·奈格里(Antonio Negri, 1933—　)：意大利当代著名马克思主义哲学家。1956年毕业于帕多瓦大学哲学系，获得哲学学士学位。同年加入意大利工人社会党。20世纪60年代曾参与组织意大利工人"自治运动"(Autonomia Operaia)。1967年获得教授资格。1978年春季，他应阿尔都塞的邀请在巴黎高师举办了一系列关于马克思《政治经济学批判大纲》的讲座，其书稿于1979年分别在法国和意大利出版，即《〈大纲〉：超越马克思的马克思》。1979年，奈格里因受到红色旅杀害时任意大利总理阿尔多·莫罗事件的牵连而被捕。释放后流亡法国14年，在法国文森大学(巴黎第八大学)和国际哲学学院任教。1997年，在刑期从30年缩短至13年后，奈格里回到意大利服刑。在狱中奈格里出版了一批有影响的著作。1994年，奈格里与哈特合作出版了《酒神：国家形式的批判》。之后，二人又相继合作出版了批判资本主义全球化的三部曲：《帝国》(2000)、《诸众》(2004)、《大同世界》(2011)等。

和普舒同①来了，斯蒂格勒②和大卫·哈维③这些当代的哲学大师都多次来到南京大学，为老师和学生开设课程，就共同关心的学术前沿问题与我们开展系列研讨与合作。曾几何时，由于历史性和地理性的时空相隔，语言系统迥异，不同文化和不同的政治话语语境，我们对国外马克思主义哲学的研究，只能从多重时空和多次语言转换之后的汉译文本，生发出抽象的理论省思。现在，这一切都在改变。我们已经获得足够完整的第一手文献，也培养了一批批熟练掌握不同语种的年轻学者，并且，我们已经可以直接与今天仍然在现实布尔乔亚世界中执着抗争的欧美亚等左派学者面对

---

① 穆伊什·普舒同(Moishe Postone，1942—2018)：当代加拿大马克思主义历史学家、哲学家和政治经济学家。1983年获德国法兰克福大学博士学位，代表作《时间、劳动和社会支配：对马克思批判理论的再解释》在国际马克思主义学界产生了很大影响。普舒同教授曾于2012年和2017年两次访问南京大学马克思主义社会理论研究中心，为师生作精彩的学术演讲，并与中心学者和学生进行深入的研讨与交流。

② 贝尔纳·斯蒂格勒(Bernard Stiegler，1952—)：当代法国哲学家，解构理论大师德里达的得意门生。早年曾因持械行劫而入狱，后来在狱中自学哲学，并得到德里达的赏识。1992年在德里达的指导下于社会科学高级研究院获博士学位(博士论文：《技术与时间》)。于2006年开始担任法国蓬皮杜中心文化发展部主任。代表作：《技术与时间》(三卷，1994—2001)、《象征的贫困》(二卷，2004—2005)、《怀疑和失信》(三卷，2004—2006)、《构成欧洲》(二卷，2005)、《新政治经济学批判》(2009)等。

③ 大卫·哈维(David Harvey，1935—)：当代美国著名马克思主义思想家。1935年出生于英国肯特郡，1957年获剑桥大学地理系文学学士，1961年以《论肯特郡1800—1900年农业和乡村的变迁》一文获该校哲学博士学位。随后即赴瑞典乌普萨拉大学访问进修一年，回国后任布里斯托大学地理系讲师。1969年后移居美国，任约翰·霍普金斯大学地理学与环境工程系教授，1994—1995年曾回到英国在牛津大学任教。2001年起，任教于纽约市立大学研究生中心和伦敦经济学院。哈维是当今世界最重要的马克思主义思想家，提出地理—历史唯物主义，是空间理论的代表人物。其主要著作有《地理学中的解释》(1969)、《资本的界限》(1982)、《后现代的状况——对文化变迁之缘起的探究》(1989)、《正义、自然与差异地理学》(1996)、《希望的空间》(2000)、《新自由主义简史》(2005)、《跟大卫·哈维读〈资本论〉》(第一卷，2010；第二卷，2013)、《资本社会的17个矛盾》(2014)、《世界之道》(2016)等。

面地讨论、合作与研究，情况确实与以前大不相同了。

2017 年 5 月，我们在南京召开了"第四届当代资本主义研究暨纪念《资本论》出版 150 周年国际学术研讨会"和"《政治经济学批判大纲》专题讨论会"。在这两个会议上，我们与来到南京大学的国外马克思主义哲学研究者们，不仅共同讨论基于原文的马克思《1857—1858 年经济学手稿》中的"机器论片断"，也一同进一步思考当代数字资本主义社会出现的所谓自动化生产与"非物质劳动"问题。真是今非昔比，这一切变化都应该归因于正在崛起的伟大的社会主义中国。

2001 年，哲学大师德里达在南京大学的讲坛上讨论解构理论与当代资本主义批判之间的关系，他申辩自己不是打碎一切的"后现代主义者"，而只是通过消解各种固守逻辑等级结构的中心论，为世界范围内的文化、性别平等创造一种新的思维方式。如今，这位左派大师已经驾鹤西去，但他的批判性思想的锐利锋芒，尤其是谦逊宽宏的学术胸怀令人永远难忘。

2003 年以来，我们跟日本学界合办的"广松涉与马克思主义哲学国际学术研讨会"已经举行了六届，从南京到东京，多次与广松涉①夫人及

---

① 广松涉(Hiromatsu Wataru, 1933—1994)：当代日本著名的新马克思主义哲学家和思想大师。广松涉 1933 年 8 月 11 日生于日本的福冈柳川。1954 年，广松涉考入东京大学，1959 年，在东京大学哲学系毕业。1964 年，广松涉在东京大学哲学系继续博士课程的学习。1965 年以后，广松涉先后任名古屋工业大学讲师(德文)、副教授(哲学和思想史)，1966 年，他又出任名古屋大学文化学院讲师和副教授(哲学与伦理学)。1976 年以后，广松涉出任东京大学副教授、教授直至 1994 年退休。同年 5 月，任东京大学名誉教授。同月，广松涉因患癌症去世。代表作：《唯物史观的原像》(1971)、《世界的交互主体性的结构》(1972)、《文献学语境中的〈德意志意识形态〉》(1974)、《资本论的哲学》(1974)、《物象化论的构图》(1983)、《存在与意义》(全二卷，1982—1983)等。

学生们深入交流，每每谈及广松先生从 20 世纪 60 年代就开始直接投入左翼学生运动狂潮的激情，尤其是每当聊到广松先生对马克思主义哲学的痴迷和以民族文化为根基，以马克思主义哲学为中轴，创立独具东方特色的"广松哲学"的艰辛历程时，广松夫人总是热泪盈眶、情不能已。

2005 年，卡弗①访问了南京大学马克思主义社会理论研究中心，每当谈起马克思恩格斯的《德意志意识形态》等经典哲学文本时，这位严谨的欧洲人认真得近乎固执的治学态度和恭敬于学术的痴迷神情总是会深深打动在场的所有人。2018 年，卡弗再一次来到南京大学时，已经带来了我们共同关心的《德意志意识形态》手稿版和政治传播史的新书。2006 年，雅索普②在我们共同主办的"当代资本主义研究国际学术研讨会"上受邀致闭幕词，其间他自豪地展示了特意早起拍摄的一组清晨的照片，并辅以激情洋溢的抒怀，他对中国社会和中国文化的欣赏与热情展露无遗，令与会者尽皆动容。

令我记忆深刻的还有 2007 年造访南京大学的哲学家齐泽克。在我

①　特雷尔·卡弗（Terrell Carver, 1946—　）：英国布里斯托大学政治学系教授，当代著名西方马克思学学者。1974 年在牛津大学贝列尔学院获得政治学博士学位，1995 年 8 月至今任英国布里斯托大学政治学系教授。代表作：《卡尔·马克思：文本与方法》（1975）、《马克思的社会理论》（1982）、《弗里德里希·恩格斯：他的生活及思想》（1989）、《后现代的马克思》（1998）、《政治理论中的人》（2004）、《〈德意志意识形态〉手稿》（2016）等。

②　鲍勃·雅索普（Bob Jessop, 1946—　）：当代重要的西方马克思主义理论家。毕业于英国兰卡斯特大学，从事社会学研究并获得学士学位。在英国剑桥大学获得博士学位后，任剑桥大学唐宁学院的社会与政治科学研究员。1975 年他来到艾塞克斯大学政府学院，开始教授国家理论、政治经济学、政治社会学和历史社会学，现为英国兰卡斯特大学社会学教授。代表作：《国家理论：让资本主义国家归位》（1990）、《国家的过去、现在与未来》（2016）等。

与他的对话中，齐泽克与我提到资本主义经济全球化中的那一双"童真之眼"，他说，我们应该为芸芸众生打开一个视界，让人们看到资本的逻辑令我们看不到的东西。在他看来，这，就是来自马克思主义批判的质性追问。也是在这一年，德里克访问南京大学，作为当代中国现代史研究的左翼大家，他在学术报告中提出后革命时代中马克思主义的不可或缺的意义。不久之后，在我的《回到马克思》英文版的匿名评审中，德里克给予了此书极高的学术评价，而这一切他从来都没有提及。

2008 年，苏联马克思主义研究院的那位编译专家巴加图利亚，为我们带来了自己多年以前写作的关于《德意志意识形态》的哲学博士论文和俄文文献。也是这一年，韩国著名马克思文献学学者郑文吉应邀来南京大学访问，他在为南京大学学生作的报告中告诉我们，他的学术研究生涯是"孤独的 30 年"，但是，在他退休之后，他的研究成果却在中国这样一个伟大的国家得到承认，他觉得过去艰难而孤独的一切都是值得的。2011 年，日本新马克思主义思想家望月清司访问南京大学，他将这里作为 40 年前的一个约定的实现地，此约定即谁要是能查到马克思在《资本论》中唯一一次使用的"资本主义"（Kapitalismus）一词，就请谁喝啤酒。已经初步建成《马克思恩格斯全集》电子化全文数据库的我们都喝到了他的啤酒。

最令我感动的是年过八旬的奈格里，他是怀中放着心脏病的急救药，来参加我们 2017 年"第四届当代资本主义研究暨纪念《资本论》出版150 周年国际学术研讨会"的，曾经坐过十几年资产阶级政府大牢的他，一讲起意大利"1977 运动"的现场，就像一个小伙子那样充满激情。同样是参加这次会议的八旬老翁普舒同，当看到他一生研究的马克思

《1857—1858年经济学手稿》的高清扫描件时，激动得眼泪都要流出来了。不幸的是，普舒同教授离开中国不久就因病离世，在南京大学的会议发言和访谈竟然成了他留给世界最后的学术声音。

2015—2018年，斯蒂格勒四次访问南京大学，他连续三年为我们的老师和学生开设了三门不同的课程，我先后与他进行了四次学术对话，也正是与他的直接相遇和学术叠境，导引出一本我关于《技术与时间》的研究性论著。[①] 2016—2018年，哈维三次来到南京大学，他和斯蒂格勒都签约成为刚刚成立的南京大学国际马克思主义研究院的兼职教授，他不仅为学生开设了不同的课程，而且每一次都带来了自己的最新研究成果。我与他的哲学学术对话经常会持续整整一天，当我问他是否可以休息一下时，他总是笑着说："我到这里来，不是为了休息的。"哪怕在吃饭的时候，他还会问我："马克思的异化概念到底是什么时候形成的？"

对我来说，这些当代国外马克思主义哲学家和左派学者真的让人肃然起敬。他们的旨趣和追求是真与当年马克思、恩格斯的理想一脉相承的，在当前这个物质已经极度富足丰裕的资本主义现实里，身处资本主义体制之中，他们依然坚执地秉持知识分子的高尚使命，在努力透视繁华世界中理直气壮的形式平等背后深藏的无处控诉的不公和血泪，依然理想化地高举着抗拒全球化资本统治逻辑的大旗，发出阵阵发自肺腑、激奋人心的激情呐喊。无法否认，相对于对手的庞大势

---

① 张一兵：《斯蒂格勒〈技术与时间〉构境论解读》，上海，上海人民出版社，2018。

力而言，他们显得实在弱小，然而正如传说中美丽的天堂鸟①一般，时时处处，他们总是那么不屈不挠。我为有这样一批革命的朋友感到自豪和骄傲。

其实，自 20 世纪 80 年代以来，中国马克思主义理论界接触、介绍和研究国外马克思主义哲学已经有 30 多个年头了。我们对国外马克思主义哲学家的态度和研究方法也都有了全面的理解。早期的贴标签式的为了批判而批判的研究方式早已经淡出了年轻一代的主流话语，并逐渐形成了以文本和思想专题为对象的各类更为科学的具体研究，正在形成一个遍及中国的较高的学术探讨和教学平台。研究的领域也由原来对欧美马克思主义哲学的关注，扩展到对全球马克思主义哲学研究的全景式研究。在研究的思考逻辑上，国内研究由原来零星的个人、流派的引介和复述，深入到对国外马克思主义哲学的整体理论逻辑的把握，并正在形成一批高质量的研究成果。各种国外马克思主义论坛和学术研讨活动，已经成为广受青年学者关注和积极参与的重要载体和展示平台，正在产生重要的学术影响。可以说，我们的国外马克思主义哲学学科建设取得了喜人的进展，从无到有，从引进到深入研究，走过的是一条脚踏实地的道路。

从这几十年的研究来看，国外马克思主义哲学研究对于我国的马克思主义学术理论建设，对于了解西方当代资本主义社会的变迁具有极为

---

① 传说中的天堂鸟有很多版本。辞书上能查到的天堂鸟是鸟，也是一种花。据统计，全世界共有 40 余种天堂鸟，在巴布亚新几内亚就有 30 多种。天堂鸟花是一种生有尖尖的利剑状叶片的美丽的花。但是我最喜欢的传说，还是作为极乐鸟的天堂鸟，在阿拉伯古代传说中是不死之鸟，相传每隔五六百年就会自焚成灰，在灰中获得重生。

重要的意义。首先，国内的马克思主义哲学研究由于长期受到苏联教条主义教科书的影响，在取得了重大历史成就的同时也存在着一些较为严重的缺陷，对这些理论缺陷的反思，在某种意义上是依托对国外马克思主义哲学的研究和比较而呈现出来的。因而，在很大的意义上，国外马克思主义哲学的研究推动了国内马克思主义研究在理论和方法上的变革。甚至可以说，国外马克思主义哲学研究和国内马克思主义哲学研究是互为比照，互相促进的。其次，我们对国外马克思主义哲学的研究同时也深化了对西方左翼理论的认识，并通过这种研究加深了我们对于当代资本主义现实的理解，进而也让我们获得了中国特色社会主义道路自信最重要的共时性参照。

当然，随着当代资本主义的发展，国外马克思主义哲学理论逻辑也发生了重大变化，比如，到 20 世纪 60 年代，以阿多诺的《否定的辩证法》和 1968 年"红色五月风暴"学生运动的失败为标志，在欧洲以学术为理论中轴的"西方马克思主义"在哲学理论逻辑和实践层面上都走到了终结，欧洲的马克思主义哲学研究出现了"后马克思"转向，并逐渐形成了"后马克思思潮""后现代马克思主义""晚期马克思主义"等哲学流派。这些流派或坚持马克思的立场和方法，或认为时代已经变了，马克思的理论和方法已经过时，或把马克思的理论方法在新的时代条件下加以运用和发展。总的来说，"后马克思"理论倾向呈现出一幅繁杂的景象。它们的理论渊源和理论方法各异，理论立场和态度也各异，进而对当代资本主义的认识和分析也相去甚远。还应该说明的是，自意大利"1977 运动"失败之后，意大利的马克思主义理论研究开始在欧洲学术界华丽亮相，出现了我们并没有很好关注的所谓"意大利激进思潮"①。在20世纪60年代曾经达到学术高峰的日本马克思主义哲学研究界，昔日的辉煌不再，青年一代的马克思追随者还在孕育之中；而久被压制的韩国马克思主义哲学研究，才刚刚进入它的成长初期；我们对印度、伊朗等第三世界国家的马克思主义哲学研究还处于关注不够、了解不深的状况之中。这些，都是我们在今后的国外马克思主义哲学研究中需要努力的方向。

本丛书是关于国外马克思主义哲学研究的专题性丛书，算是比较完整地收录了近年来我所领导的南京大学马克思主义哲学研究学术团队和学生们在这个领域中陆续完成的一批重要成果。其中，有少量原先已经出版过的重要论著的修订版，更多的是新近写作完成的前沿性成果。将这一丛书作为南京大学"双一流"建设工程的重要成果之一，献礼于马克思诞辰200周年，我深感荣幸。

张一兵

2018年5月5日于南京大学

---

①　意大利激进理论的提出者主要是20世纪六七十年代意大利新左派运动中涌现出来的以工人自治活动为核心的"工人主义"和"自治主义"的一批左翼思想家。工人运动缘起于南部反抗福特主义流水线生产的工会运动，他们1961年创刊《红色笔记》，1964年出版《工人阶级》，提出"拒绝工作"的战略口号。1969年，他们组织"工人运动"，1975年，新成立的"自治运动"取代前者，成为当时意大利学生、妇女和失业者反抗斗争的大型组织。1977年，因一名自治主义学生在罗马被法西斯分子杀害，引发"1977运动"的爆发。因为受红色旅的暗杀事件牵连，自治运动的主要领导人于1979年4月全部被政府逮捕入狱，运动进入低潮。这一运动的思想领袖，除去奈格里，还有马里奥·特洪迪(Mario Tronti)、伦涅罗·潘兹尔瑞(Raniero Panzieri)、布罗那(Sergio Bologna)以及马西莫·卡西亚里(Massimo Cacciari)、维尔诺(Paolo Virno)、拉扎拉托(Maurizio Lazzarato)等。其中，维尔诺和拉扎拉托在理论研讨上有较多著述，这些应该也属于广义上的意大利激进理论。这一理论近期开始受到欧美学术界的广泛关注。

目　录

导　言　│　居伊·德波：不被遗忘的思想家

> 我体验着流放的愉悦，
>
> 正如他人体验着服从的痛苦。
>
> *J'ai donc eu les plaisirs de l'exil，*
>
> *comme d'autres ont les peines de la soumission.* ①
>
> ——居伊·德波

居伊·德波(Guy Debord，1931—1994)，是当代马克思主义研究中许多学者挥之不去的思想他者。德波的美学政治实践、情境主义国际(Internationale Situationniste，简称 IS)与 1968 年左翼运动、景观社会批判、综合景观埋论等，都是这批在 1968 年左翼运动中成长起来的学者不断回溯的主题。朗西埃在《解放了的景观》中指出，德波的"景观"概念，精准地

①　Guy Debord，*Considérations sur l'assassinat de Gérard Lebovici*，Paris，Gallimard，1993，p. 92.

描述出了我们当下所处的柏拉图主义的"洞穴"困境，生活在现代资本主义洞穴中的我们，越是昂着头温顺地观看着不断堆叠、无限丛生的景观图景，越是没有能力想象如何构建属于他们自身的生活，越是被深深困在对景观的服从之中。① 而阿甘本不仅在《无目的的手段：政治学笔记》中肯定了德波的景观是对马克思的商品-资本拜物教的"影像完成"，而且在其名作《神圣人：至高权力与赤裸生命》②中指出，他所要综合讨论的"生命政治"，既是福柯的权力对人的生命存在的管控，也是阿伦特纳粹集中营式的极权主义（现代性）对自然生命的摧毁。这其实就是德波晚年所提出的弥散和集中的综合景观的治理。而拉古-拉巴特称赞德波的批判理论和情境主义国际运动呈现了"透彻的批判，美学-政治的激进性，无法被超越的分析的深度，彻底拒绝了与自称是革命家或是更糟糕的解放者的妥协"③。

然而，在我们过往关于德波景观社会理论的过于聚焦化的研究中，由于缺少思想史谱系的回溯，而将其视为从天而降的作品，全景式的德波思想形象恰恰被遮蔽了。因此，本书正是要从德波所处的现代资本主义统治的激烈转型的时代背景出发，以其一生写作的文本群为基础，来提供一扇踏入德波激进哲学全貌的任意门。

---

① Jacques Rancière, *Le spectateur émancipé*, Paris, La fabrique éditions, 2008.

② Giorgio Agamben, *Homo Sacer: sovereign power and bare lif*, California, Standord University Press, 1988.

③ Philippe Lacoue-Labarthe, "Éloge," *L'Animal*, No. 19-20 (hiver 2008), p. 241-242.

一、定位德波：于西方马克思主义传统之中

自 20 世纪 80 年代以来，在发达资本主义国家的左派思潮中，作为资本主义替代方案的马克思主义社会主义革命规划越来越呈现出"去激进化"的趋势。最为典型的就是，拉克劳和墨菲在《领导权和社会主义的战略》中提出了"激进民主"范畴。拉克劳和墨菲继承了利奥塔以来的后现代学者对本质主义、宏大叙事的决然拒斥，因此，他们抛弃了马克思主义生产力决定生产关系、经济基础决定上层建筑的基本理论，抛弃了马克思主义在生产图式上建立起来的关于社会发展的科学理论，将现实中的社会主义革命纲领，归结为一种对多元话语的政治认同。也就说，在拉克劳和墨菲看来，以苏联为现实载体的经典社会主义规划越来越成为一种不可能实现的空中楼阁，它不仅面临着教条主义和意识形态统治的僵化问题，同时也面临着人类自由发展的终极目标无法兑现的问题。因此，他们转而在多元化的社会主义话语和运动中找寻社会主义实现的可能性，期待在女权运动、生态运动、性别平权运动等多元的抵抗运动的链接中，形成社会主义的新的话语霸权，来替代马克思主义的无产阶级解放斗争。从表面上来看，这种多元激进民主方案的提出，似乎比过去宏大叙事的社会主义革命纲领更具现实可能性，但实际上，这是当代左派在社会主义现实受挫的背景下寻求的资本主义改良方案。因为在资本主义自由民主价值中寻求马克思主义革命规划的可能性，恰恰暴露了"激进民主"的保守性和去激进化特点。

正是当左派的激进立场越来越成为一种批判现实的理论姿态时，当自由、民主、天赋人权等资产阶级意识形态在人本主义的幌子下成为最

为包罗万象、无处抵抗的意识形态时，我们就越来越需要回顾和辨识什么才是 20 世纪西方马克思主义的激进传统。

所谓西方马克思主义的激进传统，或者说它对马克思主义的激进重构，发生在两个互相关联的维度上。第一是在理论层面上，依据资本主义的新现实变化，坚持以马克思主义哲学的根本原则（即坚持以生产方式为核心的历史唯物主义分析），重新定义马克思主义所面对的现实前提和批判内容。第二则是在实践层面上，在特定的社会历史条件下探寻马克思主义的解放策略。这两个维度，即资本主义批判与在此基础上预期的无产阶级解放事业之间，本身就是相辅相成的。

但在一般的认知中，西方马克思主义的这个激进传统，可能是一个稍有争议的说法。这根本上是由于，一般都认为 20 世纪西方马克思主义在重构马克思主义的同时，将资本主义批判与无产阶级解放政治割裂了开来。一方面，西方马克思主义被认为在社会批判理论上发生了文化、意识形态批判的哲学转向，但另一方面它同时在革命实践上发生了严重的后退。这就让很多人不得不对西方马克思主义的"激进"打上一个问号。正如佩里·安德森所说，西方马克思主义不断地从政治经济学领域转向哲学、认识论等新领域，更像是由于无产阶级斗争挫败而在理论形式上遁世出俗的情况："大部分西方马克思主义所特有的极其艰深的语言，却从来没有由于要同无产阶级读者建立直接或积极的联系而有所约束。相反，它超过了语言复杂性的必要极限，这适足以说明它跟任何群众实践都是相脱离的……西方马克思主义的语言，在这个意义上来说，受到这样一种范围更广的历史审查：即社会主义思想同群众革命土壤之间几乎长达五十年之久的隔绝。"①

但是，西方马克思主义到底是否与社会主义革命、无产阶级解放相分离而丧失了"激进"的革命立场，这仍是一个有待仔细分辨的命题。

当然，无法否认的是，西方马克思主义在转向文化和意识形态批判之时，将原来马克思主义的无产阶级革命政治，微妙地改造成了一种以大众日常生活为指向的革命浪漫主义立场，从而远离了传统的无产阶级斗争。如列斐伏尔提出的让日常生活成为艺术，将马克思的"改变世界"的激进革命寄于某个日常生活节日瞬间的超越性；如马尔库塞的"新感性"的文化救赎的激进理想，也是寄托于能够激发每个人对不平等和剥削的反抗，将个人自由和解放转化为社会革命的集体感性意识。

但是，从传统无产阶级斗争中的撤退，并不是西方马克思主义丧失"激进"的革命立场所致，而是 20 世纪资本主义发展所导致的现实结果。特别是伴随着传统工人阶级在后工业社会中的边缘化、第三产业和白领工人的兴起，马克思主义的无产阶级革命主体在现实生活的分散和模糊，导致了整个西方马克思主义在政治革命上不得不在传统无产阶级斗争形式之外，寻求革命的现实可能性。

因此，20 世纪西方马克思主义的激进传统从未退却，它仍然恪守了马克思主义激烈批判资本主义、要求变革现实的激进立场。虽然从结果论的角度来看，大部分关于变革现实的革命行动纲领都没有成功，但这并不能反向证明他们的立场是非激进的保守主义。

————————

① ［英]佩里·安德森：《西方马克思主义探讨》，高铦、文贯中、魏章玲译，71—72 页，北京，人民出版社，1981。

如果说马克思一手创立的马克思主义的激进性在于，它在商品生产的客观规律中揭示了资本主义生产方式的历史性、暂时性和必然走向灭亡的历史发展趋势。那么，在资本主义现实看似铁板一块的同一性统治下，西方马克思主义从未停止重构马克思主义的激进性。一方面，它仍坚持以生产方式为核心的历史唯物主义分析框架，揭示资本主义新现实的剥削本质；另一方面，它更是在孜孜不倦地追求马克思主义自由解放的共产主义理想的革命实践中，在反抗资本主义现实的激烈冲突中，将这种激进性更为夸张和悲壮地凸显了出来。

现在，我们可以将前面提到的、西方马克思主义在重构马克思主义中形成的激进传统——激烈批判资本主义、要求变革现实的传统——更为具体地表示出来：第一，在理论层面上，他们批判了资本主义的剥削性质，资本主义生产关系如何渗透到社会生活的各个领域（心理、城市空间、日常生活等）。例如，以霍克海默和阿多诺为代表的法兰克福学派，通过他们的启蒙辩证法和工具理性批判，开启了对资产阶级意识形态和文化的社会批判。第二，在实践层面上，他们特别强调每个个体存在必然共享着追求自由解放的根本冲动，这与资本主义现实对个体从心理到身体的规训和压迫构成了根本矛盾。正是在这个根本矛盾中，才可能迸发出打破资本主义统治同一性的革命。革命主体的泛化和革命斗争领域的泛化，必然导致了文化、艺术等其他斗争形式的介入，这就是为什么西方马克思主义在革命规划上会透露出一股美学政治、革命浪漫主义倾向的原因。马尔库塞的新感性运动、布洛赫的乌托邦革命、列斐伏尔的日常生活革命，还有德波的情境主义国际运动和景观社会批判皆是如此。

　　而德波恰恰是处在西方马克思主义激进传统中的巅峰。第一，德波不仅接续了 20 世纪西方马克思主义的批判性思想，而且以景观社会批判理论、日常生活批判、生态主义批判等主题向我们揭露了 20 世纪垄断资本主义在消费主义的盛名之下实现的人的生命生产、意识形态话语生产及象征秩序生产。第二，论及西方马克思主义在实践活动中重构马克思主义的激进传统，以德波为首的字母主义国际、情境主义国际运动正是最佳案例。德波及其主导的革命运动，恰恰将在先锋艺术的感性经验中获取的革命激进性，融入到了马克思主义无产阶级解放实践中去，并且在五月风暴的革命浪潮中将其推向了顶峰。德波倡导的激进活动，比如建构情境、漂移、异轨等城市和日常生活反抗的实践，比如直接民主的工人委员会、即时在场的无产阶级等新的无产阶级革命组织形式，这些都补充了 20 世纪资本主义日常生活殖民下马克思主义的阶级斗争形式。

　　因此，当然可以说德波及其激进哲学的案例，恰当地反映了 20 世纪西方马克思主义对马克思主义的激进重构。但是，也必须看到，德波也处在西方马克思主义向"后马克思"思潮、后马克思主义、多元激进民主等转变的转折点上。与传统马克思主义关注物质生产领域不同，德波和同时期的列斐伏尔等人，更加强调的是传统认为相对次要的再生产领域，比如社会再生产中的消费、娱乐、大众媒介、生活等微观问题。这就决定了德波在革命实践中必将远离传统马克思主义的历史唯物主义立场和传统工人阶级的斗争方式，更加强调个体反抗的浪漫主义革命活动，暴露了西方马克思主义者此时弥漫的历史唯心主义倾向。这其实已经是西方马克思主义社会批判理论中"后马克思"倾向的开端，影响了包括鲍德里亚等后现代思潮的关键人物。

所以，本书便是要在当代左派思潮越来越成为一种激进姿态的背景下，通过完整地回溯德波的激进思想，来展示德波是如何恢复马克思主义思想在不同的资本主义历史阶段中的批判维度和革命力量，坚守马克思主义激烈批判资本主义、要求变革现实的立场，帮助我们更好地把握马克思主义作为资本主义批判的社会理论的内核的。同时也以此为鉴，避免步德波等同时代西方马克思主义者革命浪漫主义的后尘。

二、德波的浮生掠影："不要温顺地走进那个良夜"[①]

居伊·德波是法国当代激进理论中的天才，意大利历史学家布鲁诺·邦乔瓦尼（Bruno Buongiovanni）就曾评价道，德波是"二十世纪下半叶最独特的激进批判人物"[②]。

何为"独特"，那源自德波不可被定义的无数身份。他不仅是法国20

---

① 这是来自英国超现实主义诗人狄兰·托马斯（Dylan Thomas，1914—1953）的诗歌的标题。中译本译作"不要温顺地走进那个良夜"（Do not go gentle into that good night）。实际上托马斯在这首诗歌中赋予了更多的愤怒，而非平静。在"不要温顺地走进那个良夜"之后，他写的是"怒斥，怒斥光明的消逝"。实际上他想要控诉，象征着光明、正义、善良、智慧的人，决不会向罪恶低头。用这句话来形容德波的一生，笔者认为是最恰当不过的。德波波澜壮阔的一生，其理论和实践的激进性，就体现在其反抗资本主义现实的革命目标的彻底性上。他决不认同资本主义的"丰裕""幸福"的意识形态幻象，决不做一个资本主义游乐场内无自主能力的儿童，决不温顺地走进那个良夜。

② Bruno Buongiovanni, "Situazionismo," in Aldo Agosti, *Enciclopedia della sinistraeuropea nel XX secolo*, Rome, Riuniti, 2000, p. 584.

世纪马克思主义理论的重要思想家之一，同时，还拥有传奇的经历和各种不同的身份：先锋艺术家、先锋电影制作大师、字母主义国际和情境主义国际的创始人和领导者及其相关刊物的主要撰稿人、法国 1968 年五月风暴的发动者和策划人等。他最为人知的作品是出版于 1967 年的《景观社会》，不仅被视为五月风暴的启示录，同时也代表着当代西方马克思主义社会批判理论中的重要转折——将马克思 19 世纪揭露工业资本主义生产逻辑内部界限的政治经济学批判理论，推进到批判全球资本主义阶段对日常生活景观统治的文化-政治理论。

更重要的是，何为"激进"，就在于德波追求自由的革命目标的彻底性上。德波，从二十岁开始踏入先锋艺术领域，到最终从事马克思主义革命事业，都只想达成一个终极目标，那就是推翻资本主义现实，实现人的自由存在。德波波澜壮阔的一生，都在不断地革命，不断地失败，再不断地革命和一再地失败。德波生命经验和思想中无法被同期理论家所共享的激进性，就在其反抗资本主义现实的革命目标的彻底性上。他决不认同资本主义的"丰裕""幸福"的意识形态幻象，决不做一个资本主义游乐场内无自主能力的儿童，决不温顺地走进那个良夜。

（一）不自由毋宁死

德波是少数对自己的幼年时光保持沉默的知识分子。在德波回顾过去成长经历的回忆录和电影作品中，他都对二十岁以前的岁月保持着超出常人的克制，甚至几乎从未提及童年时代的家人、老师等亲近之人。他可能并不想要向任何人展示他的过去，也许在他的认知里，属于德波自己生命的开端并不是在那个平凡又支离破碎的家庭生活中。那个时候的德波，对自己的生活，完全没有任何支配的力量，他只能跟着家人的意愿，被任意安置起来。

德波 1931 年 12 月 28 日出生在巴黎，他的父亲马夏尔·德波（Martial Debord）在德波四岁时就因结核病去世，而他年轻的母亲波莱特·罗西（Paulette Rossi）并没有给予德波深厚的关怀和照顾，而是将年幼的德波交给了他的外婆。德波的外婆卖掉了家产，带着德波搬到了尼斯。而他的母亲在未婚的状况下为别人生下了两个孩子，并且不久就与另一位男性组建了家庭，后于 1945 年举家搬到了靠近戛纳的蓝色海岸。就在这来回变动、关系复杂的家庭状况中，到 1949 年为止，德波在不同的落脚的地方相继完成了高中及之前的所有学业。

可以说，年少时期的德波从未拥有过完整的、稳定的家庭生活。对此，德波自己在晚年的《回忆录》中罕见地给出了评价，他从那个家庭中，从未得到过什么，也并未失去过什么：

> 我于 1931 年出生在巴黎。由于不久前最先在美国爆发的世界经济危机，我的家庭的经济状况受到了非常大的影响；余下的财富似乎不够支撑到我成年，事实也确实如此。因此，当时我是真的破产了。准确地说，我早就不指望应该继承到什么，最终我也没有等来任何东西……因此，在我的青春时代，我慢慢地、但也是必然地走向了一种冒险的生活（vers une vie d'aventures）。①

---

① Guy Debord, *Panégyrique*, tome premier, Paris, Gallimard, 1993, pp. 23-24. 这是德波唯一一次在作品里较为详细地描述自己的童年。

　　家庭关系的缺位、亲缘关系的淡薄、四处漂泊的无根，反而使德波毫无包袱地成为了一个不受束缚的冒险者。或者说，德波从小就在其流浪的生活经验中，刻下了对自由的极度渴望和热爱。因为只有在变幻不定、自己掌控的冒险中，德波才找到了真实的存在和归属，那就是自由，从一切资产阶级宣传的道德观、生活方式中越界而出的绝对自由。

　　于是，年仅二十岁的德波，被戛纳当时最具自由精神、反抗意识的艺术先锋所吸引，那就是伊索（Isidore Isou）①创立的字母主义②运动。德波加入了字母主义，并且花了最少的精力完成了高中会考，得到了一个名正言顺的去巴黎的机会（名义上是为了求学），跟随伊索等人来到了巴黎。

　　在巴黎，他和一群同样放荡不羁的同伴一起，通过践踏社会规范的越界活动，向这座经历着现代化改革的巨大城市，打出了自由定义自己生活的旗号。通过这种极端虚无主义的方式，德波最终想要的是赋予自己的生活以独特的品质，那是任何贫乏的三点一线的现代生活都无法企及的自由、丰富和激情。他们是这座现代化城市的活生生的否定性，他们不参加工作，大量酗酒，夜晚在街道上迷醉游荡大声吼叫，还四处制造破坏公共秩序的丑闻。德波后来回忆说，那时的"他们可能会被看作

---

　　① 伊索，法国艺术家、诗人、电影制作者，是字母主义运动的创立者。

　　② 字母主义（Lettrisme），法国的先锋派运动，1946 年由伊索在巴黎建立，其创立的初衷是为了继续达达主义和超现实主义的先锋艺术精神。伊索本人也极为推崇达达主义的领袖查拉和超现实主义的领袖布列东，但他认为 40 年代后先锋艺术运动在理论创新上进入了停滞阶段，因而创立了字母主义。而之所以取名字母主义，是因为早期字母主义的作品是在诗歌的字母符号等问题上发端。字母主义的理论和作品涉及了包括电影、诗歌、绘画、政治理论等多个不同领域。

是消极否定的，因为他们没有任何工作，也不加入任何学习，不参加任何艺术"①。

这并非是一种艺术上的自我安慰，而是现代文化背后的创伤。从19世纪开始，酒精、毒品、犯罪、偷盗等有悖于社会道德和法律规范的行为，受到了那个时代许多艺术家和知识分子的青睐。因为只有通过这样极端越界、冒险的方式，才能让人在高密度的生活节奏中感受到属于自己真实的存在，才能彰显自由的维度。巴塔耶在1957年出版的《色情史》(L'érotisme)中写道："禁忌和违反、恐惧与渴望的暴乱中的统一性就显而易见了：这是神圣世界的统一性，它反对世俗世界平静的规律性。"②

因此，对德波来说，似乎从二十岁初出茅庐来到巴黎，对自由的最大限度的体验，才是他人生的真正的开端。从此，他将无根漂泊的童年连同那个似乎从来就不存在的家庭一同抛弃，在巴黎开启了属于居伊·德波的自由人生。

(二)从自由的叛逆到革命的抗争

当然，这种将丑闻、冒险、越界作为自由的生活方式的做法，并不可能成为先锋艺术长久的体验活动。因为归根结底，这种极端虚无主义的体验注定是昙花一现，它给人带来的情感密度会随着重复次数的增多而越来越少。因此，德波显然需要寻找更为规律的、更为持久的体验自由生活

---

① Guy Debord, *Panégyrique*, tome premier, Paris, Gallimard, 1993, p. 33.

② ［法］巴塔耶：《色情史》，刘晖译，78页，北京，商务印书馆，2003。

的方法。这就是德波成立字母主义国际和情境主义国际的初始目标。

字母主义国际的最初成员是德波、吉尔·约瑟夫·沃尔曼(Gil Jo-seph Wolman)[①]、瑟杰·贝尔纳(Serge Berna)[②]、让-路易·布罗(Jean-Louis Brau) [③]，后来又加入了伊万·切奇格洛夫(Ivan Chtcheglov)[④]、米歇尔·伯恩施坦[⑤](Michèle Bernstein)等。作为情境主义国际的前身，字母主义国际在成立之时就已经确立了其核心目标就是要超越艺术的既定限制，把艺术的自由创造的形式赋予到生命和生活的现实内容之中。为此，德波和他的同伴们发明了"漂移"和"地理心理学"作为新的观察手段和

---

① 吉尔·约瑟夫·沃尔曼，字母主义国际成员、画家、诗人、电影制作者。沃尔曼从 20 世纪 50 年代开始活跃在伊索的字母主义运动中。随后由于激进的革命倾向，和德波一起独立出来创立了字母主义国际，并几乎参与了字母主义国际的所有活动。1957 年 1 月，在情境主义国际成立的几个月前，字母主义期刊《冬宴》(*Potlatch*，1954—1957)第 28 期发表了开除沃尔曼的声明，理由是"长期以来就被批评活得很可笑，思想日益愚蠢"(Guy Debord, *Œuvres*, Paris, Gallimard, 2006, p. 295.)，但德波仍然夸赞了沃尔曼在成立字母主义国际、在电影制作等上发挥了重要的作用。

② 瑟杰·贝尔纳，字母主义国际成员。字母主义国际在成立之初，就是由德波、沃尔曼、贝尔纳和布罗四人构成，共同参与并发表了字母主义国际成立的奠基性文本，如《欧贝维利耶会议》(*Conférence d'aubervilliers*)等。1953 年，贝尔纳的活动由于逐渐偏向文学而被字母主义国际开除。

③ 让-路易·布罗，字母主义国际成员。1953 年，由于布罗几乎很少完成他所负责的宣传活动而被字母主义国际开除。

④ 伊万·切奇格洛夫，又名吉尔·伊万(Gilles Ivain)，法国政治理论家和诗人，字母主义国际成员。其主要的贡献是 1952—1953 年完成的《新都市主义宣言》(*Formulaire pour un urbanisme nouveau*)。虽然伊万在 1954 年就被字母主义国际开除了，但他在新都市主义方面提出的许多观点和实践活动，成为了情境主义国际建构情境的关键一环。因而，1958 年《情境主义国际》杂志的第一期就收录了伊万的这篇文章，使其成为指导情境主义国际进行先锋实验的资源之一。

⑤ 米歇尔·伯恩施坦，1954 年与德波结婚，并加入了字母主义国际，此后也是情境主义国际的成员。随着 1972 年情境主义国际解散，两人也正式离婚。

研究方法，同时更具体地聚焦于城市环境中进行情境建构的活动。这些新的活动，就是为了系统化地研究新的自由的生活方式，就是为了分析这些艺术创造、建构情境的活动，是否可以直接影响个人和社会环境，以便最大程度地探索日常生活中实现自由的可能性。这些内容，日后都成为了情境主义国际初期的实验活动。

这些活动和研究成果，都记载在字母主义国际从 1954 年 6 月开始出版的杂志《冬宴》上。"Potlatch"原义就是朋友之间互赠沟通的礼物，不需要任何商品交换活动的介入，因而这部杂志从未公开出版发售，只是少量印刷用来馈赠给能够和他们真正交流的同伴，用于宣传德波他们自由体验的生活方式和研究成果。不久，投递给巴黎艺术家的《冬宴》，为德波吸引来了创建情境主义国际的机遇和他一生的挚友丹麦先锋艺术家阿斯格·约恩①(Asger Jorn)。

约恩，是一位来自丹麦的画家，他很早就来到巴黎从事反对"二战"

———————————

①　阿斯格·约恩，丹麦画家，眼镜蛇运动、想象包豪斯国际运动和情境主义国际的创始人之一。在 1936 年来到巴黎之后，约恩一直自认为是一位积极的共产主义者，虽然后来约恩和法国共产党决裂。早在 1948—1951 年，约恩就和比利时画家、诗人多托蒙(Christian Dotrement)一同投身于设计诗歌、绘画、电影等领域的眼镜蛇运动[Cobra，眼镜蛇运动的名字本来就是一些主要城市的拼接，即哥本哈根-布鲁塞尔-阿姆斯特丹(Copenhague-Bruxelles-Amsterdam)]，推崇艺术上的自由实验，反对艺术领域的理性主义或功能主义倾向。后因约恩等人生病而中断了该活动，但这已经是想象包豪斯国际运动的先声。1954 年，在接触到了字母主义国际的期刊《冬宴》后，约恩开始和德波等人来往。1955 年约恩发起想象包豪斯国际运动，领导了一场反对艺术和建筑领域中的功能主义倾向的抗争，直接站在继承了包豪斯设计风格的马克斯·比尔的对立面。想象包豪斯国际运动主要是在建筑领域反对形式主义的标准化掏空生命的真实诗意的空间。这也是约恩和想象包豪斯国际运动吸引德波和字母主义国际的地方。于是，在 1957 年，想象包豪斯国际运动正式和字母主义国际、伦敦心理地理学协会合流，共同创建了情境主义国际。1961 年，约恩离开了情境主义国际。

后欧洲艺术和建筑领域中功能主义和理性主义倾向的活动。他在 1955 年发起了著名的想象包豪斯（Bauhaus imaginiste，MIBI）国际运动，直接反对的就是同年由马克斯·比尔担任校长的德国乌尔姆设计学院（Hochschule für Gestaltung，Ulm）。1954 年他偶然读到了字母主义国际的《冬宴》，发现这群在巴黎活动的年轻人和他志同道合，于是和德波他们亲近了起来。

德波和约恩都同样反对战后不断在日常生活中扩张的理性主义、功能主义至上的科学潮流，认为它本质上是以形式主义的标准化规则，掏空了生活中真实的诗意的存在。因此，德波和约恩在 1957 年合作，让字母主义国际正式与想象包豪斯国际运动、伦敦心理地理学协会合流，共同创建了情境主义国际，进一步将字母主义国际时期的"情境建构"作为其核心任务。情境主义国际的目标，就是想要通过构建特殊的情境，激发人被压抑的自由欲望，从而脱离资本主义在日常生活中同质化的规训和统治。

一直到 1960 年前的这段时光里，德波与约恩、康斯坦特、伊万、伯恩施坦等情境主义者一同在各式各样的实验活动（漂移、顺风车、举办免费艺术展、心理地理学、新巴比伦等）中，体验着在现代时间和城市空间中自由生活、改造现实的可能性。德波在 1959 年拍摄的影片《关于在短时间内的某几个人的经过》(*Sur le passage de quelques personnes à travers une assez courte unité de temps*)，就是在记录着他们这段恣意的黄金时光。德波在影片的台词里写道："个人与集体，每时每刻都发现，在他们面前的是他们不想要的结果。他们说着，遗忘才是主导他们的热情。他们想要从头至尾、重新创造每一天的生活，成为他们自己生活的主人和所有者。"①

　　但是，德波并不是一位安分守己、有着强烈集体感的人。也就是说，即使他和好友一起成立了情境主义国际，共同制订了一些计划，但对德波来说，这并不就意味着他要对该组织、该组织的原则保持完全的忠诚。德波选择唯一忠诚的不是某个人、某个先锋组织，而是如何最大限度地改变压抑的现实、实现生活的自由。所以，当德波在 1960 年亲身体验了比利时的工人罢工运动的革命运动，也接触了"社会主义或野蛮"②（Socialism or Barbarism）及其政治分支"工人权力"（Pouvoir ouvrier，简称 PO）、列斐伏尔等人非教条的马克思主义活动，他才越来越明确，自由，或者说，先锋艺术想要实现的个体和集体的自由，只有经过

----

　　① Guy Debord, *Œuvres cinématographiques complètes 1952-1978*, Paris, Gallimard, 1994, p. 22.

　　② "社会主义或野蛮"，是第二次世界大战之后在法国成立的激进的社会主义革命组织。其主要的创立者是希腊-法国的托派激进分子柯奈留斯·卡斯托里亚蒂（Cornelius Castoriadis）。"社会主义或野蛮"，最初是由第四国际小组遗留下来的激进分子组成，但最终卡斯托里亚蒂、勒福尔等核心成员都转而走向了比托洛茨基更激进的道路。他们激烈地批判包括英美等在内的新的官僚资本主义统治，同时也对法国左派的因循守旧、对现代资本主义分析的无能为力，以及欧洲工人运动逐渐呈现出"去政治化""政治不敏感"的衰退趋势，都做出了分析和回应。

　　对于德波和情境主义国际者来说，传统马克思主义理论和法国左派不仅在分析现代资本主义上缺乏理论的驾驭能力，同时它们也日益远离了现实生活中的马克思主义革命叙事，而"社会主义或野蛮"激进的革命观点就代表了革新马克思主义理论和革命实践的可能性。于是，德波与"社会主义或野蛮"不仅在理论上还在生活中密切地互相影响着。比如，在 1960 年，德波以个人身份加入"社会主义或野蛮"中去，还与后者的主要成员布兰沙尔合写了文章，以作为两个团体之间共同合作的理论基础；同年发表在《社会主义或野蛮》第 30 期上的利奥塔的《1960 年的法国国家和政治》（"L'Etat et la politique dans la France de 1960"）一文，还被德波收藏到他的笔记手稿之中。最重要的是，"社会主义或野蛮"对德波和情境主义国际转向激进政治的理论和实践产生了非常重要的导向作用。

马克思主义的中介，只有以马克思主义批判理论和无产阶级革命为落脚点，才可能真正地实现。仅通过艺术来谈解放和自由，是无法撼动先锋艺术家们所厌恶的现实的。

这就是德波在 20 世纪 60 年代发生的政治的转向。他坚信，只有将情境主义国际的理论和活动融入第一线的马克思主义理论和工人阶级的革命运动中，才可能真正实现改变社会、实现自由的先锋艺术的总体目标。德波在当时的信件中写道：

> 除了是政治革命运动（mouvement révolutionnaire politique）之外，我不知道情境主义国际是什么……我们不能一直都只做纯粹的、孤独的、批判的知识分子，或者是还对一些外在的党派具有幻想——我相信，我们应该参加到革命者的联合中去。①
>
> 在那个时候，艺术运动开始幻想成为情境主义的标签。但它们的意向和我们越来越清晰的革命计划完全不相容。当时，对工人委员会的想法、对"社会主义或野蛮"的研究和对官僚体制的批判，开始生根结果。②

于是，德波开始清除情境主义国际内部的艺术成员，将情境主义国际改造为政治革命的左派组织：康斯坦特、约恩都相继离开了情境主义

---

① Guy Debord，*Correspondance*，Vol. 2（septembre *1960*-décembre *1964*），Paris，Fayard，2001，p. 74.

② Gérard Berréby，Raoul Vaneigem，*Rien n'est fini*，*tout commence*，Paris，Allia，2014，p. 187.

国际；同时，德波主动招收了包括拉乌尔·范内格姆[1]（Raoul Vanei-gem）、穆斯塔法·卡亚提[2]（Mustapha Khayati）、阿蒂拉·柯唐伊[3]（Attila Kotanyi）在内的新成员，他们都更为关心社会批判理论和政治实践。在德波颇受争议的"独裁"统治下，情境主义国际迅速成长为一个激进的政治革命组织，不仅德波本人曾经加入过"社会主义或野蛮"、工人权力小组等组织，德波和情境主义国际还与法国的左派学生组织、"社会主义或野蛮"的前身"工人通信组织"（Informations et correspondances ouvriere，简称 IOC）、西班牙的极左组织"共产主义行动"（Acción Comunista）、美国后来成立的"工人反抗"（Rebel worker）组织中的超现实主义和工会主义爱好者等保持着密切的合作关系。

经过德波一手改造的情境主义国际，规模较小，成员人数也并不多，在当时法国各种林立的左派组织中，并不突出，比它更有理论储备、革命经验的组织大有人在。但是，在 1967 年德波出版了其名作《景观社会》之后，德波及其情境主义国际出人意料地成为了 1968 年五月风暴的主要策源地之一，握住了风口浪尖的革命先机。

---

① 拉乌尔·范内格姆，情境主义国际成员，著有《日常生活的革命》《没有结束，刚刚开始》等。范内格姆是从 1961 年情境主义国际转向激进政治革命时加入的。作为德波的理论同行者，他和德波分别写作批判当代资本主义的著作，最后同时于 1967 年发表，即范内格姆的《日常生活的革命》和德波的《景观社会》，这两本著作成为当时情境主义国际理论和实践的标志。1970 年 11 月 14 日范内格姆退出情境主义国际。

② 穆斯塔法·卡亚提，情境主义国际成员，于 1961 年和范内格姆同批加入情境主义国际。德波在《情境主义国际的真实分裂》一文中指出，卡亚提是情境主义国际后期最聪明且最有效率的成员，但在 1969 年威尼斯会议上他递交了辞呈，由于对日后活动内容的不认同而离开了情境主义国际。

③ 阿蒂拉·柯唐伊，情境主义国际成员，于 1961 年和范内格姆同批加入情境主义国际。

其中，最著名的事件就是德波领导的情境主义国际引发的"斯特拉斯堡丑闻"。斯特拉斯堡大学的一个学生小组，经过学生的选举成为校学生会的领袖。但是，该学生小组本来就受到了情境主义国际的影响，因此，他们当即宣布斯特拉斯堡学生会组织的自动解散，以此来控诉学生会的反革命性质。同时，他们还向学生们大量散发了情境主义国际撰写的《关于学生生活的贫困》的小册子，在其中攻击了当时所有的政治人物、知识分子、学校领导等。这本小册子，一直到 1969 年夏天为止，都在被不断地再版和翻译(被翻译成六种语言、印刷总量达到了 30 万册)，流传在各个法国大学之中，成为学生们争先阅读的"《圣经》"，极大地推动了 1968 年五月风暴的革命浪潮的开展。对此，列斐伏尔也肯定情境主义国际在五月风暴运动中的积极联合作用："这非常成功。但是一开始这本书只在斯特拉斯堡分发，后来德波和其他人将其带来了巴黎。成千上万的册子被送到了学生手中。"①

所以，当 1968 年五月风暴到来的时刻，人们都可以在索邦和拉丁区的墙上看到许多来自德波、情境主义国际的句子，如"决不工作""革命不再是为了生存""反对分离的统治，直接的对话，直接的行动，日常生活的自我管理"②，等等。德波和情境主义国际也直接加入到五月风暴的革命运动之中。1968 年 4 月在巴黎南特尔大学爆发的学生运动中，激进的学生和情境主义国际分子都聚集在拉丁区，制造路障，与警察发生了激烈的巷战。随后，他们还占领了索邦委员会的办公大楼，成立了

①　Henri Lefebvre，"Interview：Henri Lefebvre on the Situationist International，" *October*，Vol. 79(Winter 1997)，pp. 69-70.

②　Guy Debord，*Œuvres*，Paris，Gallimard，2006，p. 881.

临时委员会，组织学生运动，支援工厂罢工。

五月风暴席卷全国，德波和列斐伏尔在 1960 年初构想的情境、瞬间和节日，开始在法国上演。从南特尔的学生起义到索邦大学和拉丁区的巷战，再到 5 月雷诺工厂的工人罢工，革命的浪潮迅速从少数学生群体扩散到全国的学生、工人中，几乎巴黎的所有大学都被学生占领并控制，罢工起义的工人们也控制了资本家的商场、电影院、工厂等。法国的日常生活被突然中断了，所有人都讨论着与日常生活无关的革命话题，一种焕然一新的热情打破了所有的日常节奏、社会规范。这一切似乎都象征着想要革了资产阶级命的无产阶级革命即将胜利。德波后来在回忆录中写道，这是"法兰西皇后愤怒地回想起了她的臣民们制造出最大的骚乱的那一天：'这是一场人所能想象到的最能叛乱的叛乱'"①。

但没有人会想到，这样一片大好的革命形势，竟然会迅速地归于虚无。1968 年 5 月末，戴高乐总统屡次向大众发表演讲，宣布将采取政府改组、提高工人薪酬、教育改革等措施，并承诺将解散议会，重新进行选举。也因此，戴高乐下野，中断的社会秩序逐渐恢复了正常。而德波，由于被警方怀疑涉嫌煽动革命而被监控，他最终选择离开已失去了革命热情的巴黎，在别处继续寻找革命的可能。

(三)英雄迟暮

1972 年，德波亲手解散了情境主义国际。同时，他和第一任妻子

---

① Guy Debord, *Panégyrique*, tome premier, Paris, Gallimard, 1993, p. 35.

伯恩施坦离婚，并与爱丽丝・贝克胡①（Alice Becker-Ho）再婚，于 1979 年初开始在欧洲流浪。这时候的德波，与其说是在欧洲各地肆意消磨时光，不如说是在一次次妄图抓住革命的尾巴中迎来了无尽的失望。在这里，流浪、革命与沉默是德波生命最后的主题。

虽然后人多猜测，法国的革命形势急转直下使得德波不得不解散情境主义国际。也确实，当时情境主义国际的成员，像意大利人詹弗兰科・桑圭内蒂②（Gianfranco Sanguinetti）在 1971 年 7 月 21 日就被法国当局驱除出境。但依据德波和桑圭内蒂联合签署发布的《情境主义国际的真实分裂》（*La véritable scission dans l'internationale*）这篇告别文，情境主义国际之所以选择自我解散，主要是因为在欧洲革命运动中，出现了情境主义运动意识形态化、教条化的流行趋势，给真正的无产阶级革命带来阻碍。当时法国国内出现了所谓的"情境主义国际追随者"（pro-situ）的庞大支持者和效仿者的年轻群体，并且"情境主义国际追随者"也在欧洲其他国家的革命群体中扩散开来。"他们所有人都想要大众知道，他们完全赞同了情境主义国际，但是他们并不知道除此之外还可以做什么。在他们人数激增之后，也并未改变这个尴尬的状态：如果你

---

①　爱丽丝・贝克胡，诗人、作家，著有《行话的规则》（*Les Princes du Jargon*）、《行话的本质》（*L'Essence du Jargon*）等。1963 年贝克胡开始参加情境主义国际的活动，并于 1972 年和德波结婚。现常年在巴黎和意大利两地居住，是德波手稿的所有者。

②　詹弗兰科・桑圭内蒂，情境主义国际意大利分部的成员。1971 年，情境主义国际只剩下德波和桑圭内蒂两人。1972 年，两人合作发表了《情境主义国际的真实分裂》一文，标志着情境主义国际正式解散。随后，桑圭内蒂于 1975 年在意大利发表了《关于挽救意大利资本主义的最后机会的真实报告》（*Véridique Rapport sur les dernières chances de sauver le capitalisme en Italie*），德波大为称赞并将其翻译为法文在法国出版。

们读过他们的某个作品或是认识他们中的某个人，那你就算是全部了解他们所有人了。他们是现代历史的重要产物，但是他们却并未带来任何东西。很明显，情境主义国际追随者的出现代表的正是情境主义国际已经成为了'意识形态'。"①因此，为了防止情境主义国际和他本人成为某种景观展示的偶像、权威或革命符号，德波认为必须终止情境主义国际的事业：

> 如果情境主义国际像以前一样……它可能会变成革命的最后的景观意识形态，而且可能会成为这样的意识形态的助力。情境主义国际可能最后就会成为阻碍革命、阻碍"真正的情境主义运动"的障碍。②

> 我发现我自己也庸俗地成为了在这个社会中反抗社会的一种权威。因此，我不得不拒绝，拒绝在很多国家里把我当作所有反抗活动的领袖。③

因此，解散情境主义国际，只不过是德波让它在完成时代任务后体面地结束而已。"我们接受情境主义国际的这些缺陷，因为这也属于情境主义国际开创的历史的一部分……谁创造了情境主义者，也不得不创造出了他们的弱点……我们认识到了情境主义国际的总体现实，而且我

---

① Guy Debord, "La véritable scission," *Œuvres*, Paris, Gallimard, 2006, p. 1107.

② Ibid. , p. 1108.

③ Guy Debord, *Œuvres cinématographiques complètes 1952-1978*, Paris, Gallimard, 1994, pp. 269-270.

们也为它是这样的情境主义国际而感到喜悦。"①作为革命组织的情境主义国际，原本就是为了在官僚主义盛行的左派党派和工会组织之外寻找另一种革命组织的形式，它实际上已经为新一代的革命运动提供了思想的实验室和实践的推动力。因此，无论结果好坏、是非成败，现在它都理应回到历史中，让位于新的符合现实的革命理论和行动。

至于新的革命的希望，已然不可能在法国发生了。在戴高乐下野之后的法国，不再可能成为下一场革命运动的策源地了，巴黎也无法再在一夜之间成为那个令人浑身充满着沸腾的革命血液的巷战巴黎了。因此，德波并不是满怀失望地离开了巴黎，相反，他些许是期望着，在欧洲的其他角落里，能够掀起堪比五月风暴的革命运动，比如意大利。

自 1968 年五月风暴开始，意大利的革命冲突就愈演愈烈。1969 年7 月，在意大利都灵的菲亚特工厂，工人的抗议激化为在整个地区上的暴力反抗；1969 年 12 月，在丰塔纳（Fontana）广场的米兰国家农业银行发生了爆炸，造成了 7 人死亡多人受伤。这样的暴乱，一部分是属于自发的工人运动，另一部分则被德波等人认为是右派分子的"压力策略"，即为了能够合理化国家的专制统治而故意制造恐怖主义的紧急状态。

但无论如何，此时的意大利，革命一点即燃。"意大利处在旧世界矛盾的中心：经济现代化和相对落后，东方专制主义和资产阶级自由主义，以及与这些关联着的工人官僚力量。意大利的统治阶级处在最薄弱的环节之中，因为其工人阶级最具有阶级意识，展现除了强大以外的自

---

① Guy Debord, "La véritable scission," *Œuvres*, Paris, Gallimard, 2006, p. 1153.

主力量。"①用德波的话来说，此时此刻的意大利，"是西方世界中最危险的国度"②。

可是，德波并未等来另一场能与五月风暴相媲美的左派运动，反而是自 1978 年红色旅绑架并杀害了意大利总理阿尔多·莫罗（基督教民主党右翼）之后，意大利掀起了更为合法且声势浩大的反共浪潮，左派革命的形势急转直下。德波这次只能被迫离开了意大利。

自 20 世纪 80 年代开始，德波便开始在塞维利亚、威尼斯、西班牙、里斯本等地旅行。中国的士大夫文人，如果仕途不顺，无法居庙堂之高，则会选择居于一隅、寄情山水。德波似乎在生命最后的十多年里也一度沉浸在了山水之间的快意自由中，《我们一起游荡在夜的黑暗中，然后被烈火吞噬》对他酷爱的流动的水、时间和生活的描述，就是根据他在威尼斯等地的自由游历的生活为蓝本创造而来的。但是，当德波发现，连这些"涉外之地"都逐渐和他的巴黎一样沦为了消费和污染的殖民地，他选择回到了那个曾经让他被全世界瞩目的巴黎，因为革命和自由不再在任何地方显现，他已无处可逃，也不用四处逃亡，反正到处都是同质化的资本主义统治。

> 我住在意大利和西班牙（主要是在佛罗伦萨和塞维利亚）……我在那里度过了一段愉快的日子。不久之后，当破坏、污染和造假的

---

① Guy Debord, "Lettre à Paolo Salvadori, 24 novembre 1969," *Correspondance*, Vol. 4(janvier 1969-décembre 1972), Paris, Fayard, 2004, p. 159.

② Guy Debord, "Lettre à Gianfranco Sanguinetti, 20 mars 1972," *Correspondance*, Vol. 4(janvier 1969-décembre 1972), Paris, Fayard, 2004, p. 520.

潮流开始在整个世界的表面浮现出来、且深深扎入土地的时候，我才重新回到了废墟中的巴黎。因为没有一个角落是好的。在一个统一化的世界里，我们不用四处逃亡。①

果然在巴黎，等着德波的是无法革命的绝望。

对德波这样一位生来即自由的革命家来说，没有什么比不能再革命更让他觉得痛苦了。他住在与世隔绝的尚博，一个被树木包围的落后村庄里。没有革命的时光，只是一堆日历上不断增加的数字，冗长且毫无意义。

但即便如此，德波仍然被卷入了景观社会那些猎奇而无聊的纷争之中。1984 年，在情境主义国际结束后唯一鼎力支持他的革命事业的挚友热拉尔·勒博维西②(Gérard Lebovici)被谋杀了。这不仅使德波(被诬陷为嫌疑人)陷入了警察、媒体、民众的围追堵截，还被法国当局长期监视和控管(不仅是勒博维西谋杀案的嫌疑人，还被怀疑与意大利的恐怖主义活动相关)。据说，当时所有的媒体记者都蜂拥而至，躲在德波居住地附近，为的就是能够拍到几张清晰的德波的影像，后来其中一位

---

① Guy Debord, *Panégyrique*, tome premier, Paris, Gallimard, 1993, p. 54.

② 热拉尔·勒博维西，法国制片人、编辑、出版商，是自由地出版社(Champ Libre)的创始人，同时也是极左派的支持者。1971 年与德波相遇，并为德波出版《景观社会》。随后，两人成为亲密战友，勒博维西可谓是德波遇到的难得的伯乐。勒博维西不仅慷慨大方地为其出版所有的作品(在和德波签订的合约上，勒博维西将酬金一栏空白让德波随意填写)，也为其制作了德波的后三部电影，甚至他在巴黎左岸金贵的拉丁区买下了库雅斯(Cujas)剧院，只放映德波的电影作品。但在 1984 年，勒博维西在地下停车场被枪杀，本就把德波当作恐怖主义分子的法国媒体自然将其视为头号嫌疑人。

记者"有幸"用长焦镜头拍到了一张模糊的照片。德波讥讽地给所有的媒体寄去了一张非常清晰的"官方图像"作为回应。

没有人关心他的作品，没有人在乎自己被资本所奴役的真相，没有人愿意花上哪怕一秒去逃离这个光怪陆离的消费至上、娱乐至死的世界。连他这位曾经参加了流血的革命者，如今竟也成为景观社会大众消费链条上被猎奇的一环。多么可笑的世界！

于是，晚年的德波选择在尚博隐居，和年轻时刚来巴黎一样通过毫无节制地饮酒，来麻痹资本主义综合景观治理的现实带给他的暴击。他还与爱丽丝一同研究名为"战争游戏"的棋盘，将在街头巷战中的一腔热血、革命计谋、调兵遣将都付诸在这四四方方的棋盘之上。他就像是梶井基次郎所描述的失去了爪子的猫、失去了幻想的诗人、患上了精神分裂症的天才，活得清醒又麻木：

> 如果把猫的爪子全剪了。它会怎么样呢？或许，会死？它像平常一样想爬树时，却爬不了；想跳着去抓人的衣角时，却抓不住；想磨指甲时却发现什么都没有。它一定会反复做这些事情，直到慢慢明白自己和以前不一样了，然后它逐渐失去自信。现在站在高一点的地方就禁不住战栗，因为已经没有了以往落下时能保护自己的爪子，它走路摇摇晃晃像变成了其他种类的动物，最后干脆不走了。它的心里充满了绝望。然后不停地做噩梦，最后死掉。没有爪子的猫。没有比这更无依无靠、更可怜的东西。就像失去了幻想的

诗人和患了精神分裂症的天才。①

1994 年 12 月 30 日，德波因忍受不了酗酒引起的神经疼痛而开枪自杀。

德波，花了 60 年的时间与资本主义的恶龙殊死搏斗，虽最终并未扼住其喉咙，但他从不、也决不与现实和解，向现实低头。他将自己的生定在了离开家门、独闯巴黎的自由的二十岁，他也将死的自由握在了自己的手中，似乎是在写下最后的墓志铭——你大可尽情折辱我的躯壳，却无法剥夺我向往自由的灵魂。

三、德波哲学思想诞生的上下文语境

德波诞生于第二次世界大战之后走上现代消费社会的法国，目睹了物质的丰裕和人本身的虚空与匮乏。因此，他的思想起点开始于强调个体自由、彰显感性生命价值的新人本主义哲学。他虽身处正统马克思主义之外，甚至是作为法国学术体制之外的"局外人"，却凭借着先锋艺术家的大无畏和自由实践的精神，发起了对资本主义现实的激烈批判。

（一）"黄金三十年"中的逆流：寻找美丽新世界

第二次世界大战之后的欧洲百废待兴，但在美国马歇尔计划的介入

---

① ［日］梶井基次郎：《柠檬》，李旭、曾鸿燕译，239 页，长春，吉林出版集团有限责任公司，2012。

下，欧洲大部分国家都进入了经济高速发展的历史阶段，法国也不例外。从1946年到1975年，法国充分实现了战后的经济恢复工作、全国范围内的充分就业，以及平均每年保持着5%的增长幅度的工业生产。以至于到1979年，法国经济学家让·福拉斯蒂埃(Jean Fourastié)在《黄金三十年，从1946年到1975年的不可见的革命》(*Les Trente Glorieuses, ou la révolution invisible de* 1946 *à* 1975)一书中，提出了法国在第二次世界大战后经历了现代化发展的"黄金三十年"概念，成为后来无数的历史学家们所共同分享的主题。但是，所谓的"黄金三十年"，也就是自1946年法国全面进入现代化进程之后，伴随着的是所谓的"晚期资本主义"(曼德尔语)的新历史阶段，也就是扬弃了自由竞争的跨国资本主义。虽然在理论上，它具有许多不同的描述性词汇，比如法国调节学派的"福特主义模型"，比如鲍德里亚的"消费社会"，还比如丹尼尔·贝尔的"后工业时代"。但在现实生活中，人们真实感受到的就是一种现代化的生活方式开始成为不可抗拒、同时也无法拒绝的潮流。正如马克思在《共产党宣言》中所说的那样："资产阶级……第一个证明了，人的活动能够取得什么样的成就。它创造了完全不同于埃及金字塔、罗马水道和哥特式教堂的奇迹。"①肉眼可见的是，伴随着铁路、电话、汽车、无线电报、飞机等技术产品相继进入人们的生活，巴黎的下水道开始被有序的污水排管系统代替，狭小的石子路被宽阔笔直的林荫大道代替，马蹄声嗒嗒的人力马车被追求速度的小轿车代替……可同时，纵容时光蹉跎的生活被争分夺秒、三点一线的生活代替，忠诚勇敢的骑士精

---

① 《马克思恩格斯文集》第2卷，34页，北京，人民出版社，2009。

神的神话被精致的利己主义代替。这就是一个明天会更美好的"黄金三十年"。

正如同时代法国人类学家列维-施特劳斯用结构主义的共同图式所揭示的，先进民族和落后民族之间实际同处于一个平等的文明结构之中，达尔文主义所说的人类从低等到高等的线性进步被打破了。所谓的"黄金三十年"从传统社会向现代社会的转型，在同时代的许多思想家眼中，绝不是进步主义的单向箭头，而是为资本主义统治服务的意识形态幻象。罗兰·巴特、皮埃尔·布尔迪厄等就在 1973 年关于现代化问题的讨论中指出："从 1945 年以来暴增的委员会、研讨会和报告所集体制造的话语，也就是今天占据主流的话语……就是无主体的话语的最佳案例，其首要功能就是表达和生产出统治阶级的逻辑和道德的整合。"[①]

归根结底，时代的幻象、物质的丰裕无法掩盖人性的匮乏。

第二次世界大战之后，主流社会曾试图建起稳固的社会秩序和大众文化，但战后的社会不稳定性也逐渐暴露出来，城乡隔离、毒品泛滥、学生运动等频频发生。在这些社会现象背后，代表的是社会理性开始被松动，逐渐被瓦解。在文化、知识、艺术等人文领域中，这一社会趋势被最直接且强烈地表达了出来，"垮掉的一代"（Beat Generation），在美国泛滥成灾的物质主义和享乐主义中，"嚎叫"出了对社会的文化之疾和生命之痛的绝望情绪："他们在胳膊上烙满香烟洞口抗议资本主义整治沉醉者的烟草阴霾"，"他们在空荡荡的健身房里失声痛哭赤身裸体，颤

---

① Bourdieu, Boltanski, "La production de l'ideologie dominant," *Actes de la recherche en Sociologie*, Vol. 2, No. 2-3(juin 1973), p. 4.

抖在另一种骨架的机械前"，"他们走投无路地坐着吸进大桥底下的黑暗，然后爬上自己的阁楼建造大钢琴"（艾伦·金斯堡《嚎叫》）。这批"不合时宜的人"反对扼杀人性自由的社会规范，渴望自由、狂欢的酒神精神。对他们来说，虽然资本主义现代化创造了人类的潜能可以无限延伸（资本无限增殖的本质的体现）的幻景，但它所营造的"美丽新世界"（阿道司·赫胥黎）并不能真正实现人的最基本的个性、自由、道德和感情。人类凭借资本主义理性的利刃披荆斩棘，却仍如心理学家亨利·哈罗恒河猴实验中苦苦攀附着布料妈妈的幼猴，本能地渴求着真实的、赤裸的、被爱的包裹。

这就是为什么从 20 世纪 50 年代开始，不仅在欧洲大陆，而且在昂首阔步的美国，几乎遥相呼应地共同兴起了对"丰裕社会"的批判和反抗的原因。政治运动、文化思潮和艺术活动等各个领域，都在哀叹着主体在资本主义统治下的片面性、颠倒性、单向性。而在巴黎，居伊·德波及其志同道合的朋友，也就是这样一批"不合时宜的人"，表现出世人眼中放浪形骸的模样：在暗夜中酩酊大醉，在墙上书写"决不工作"；在世人选择了垃圾自动回收机而抛弃了爱情的那一刻，他们戏谑地准备发起一场颠覆资本主义秩序的冒险与革命。

（二）形而上学主体的瓦解与新主体哲学的兴起

从思想背景来看，20 世纪的法国，特别是第二次世界大战结束后的法国，经历了现代哲学向后现代哲学的转变，出现了生命哲学、现象学、存在主义、马克思主义、解释学、结构主义、后结构主义、后现代思潮等哲学思想。

其中与德波最为相关的，就是战后法国新主体哲学的兴起。之所以称为"新"，其实并不是旧瓶装新酒的内容之新，或改弦更张的方法之新，而是阿尔都塞所说的"场地的变换"。

从法国现代哲学的鼻祖笛卡尔起，哲学的焦点就在于"人"这株会思想的芦苇，也就是主体的内在性，即所谓的理性主义。笛卡尔通过普遍怀疑(但并非是彻底的怀疑主义者)的方式，意在为在整个世界中找到最确定的、不能被怀疑的根基，那就是"我在思考"这个事实。也就是说，主体内在所具有的理性能力本身，是唯一不可被怀疑的根本，也是保障整个世界的真实的前提。在这里，其一，对笛卡尔来说，只有在上帝所准允的理性主义的主体中，才能保证思维概念和客观世界的明晰性。其二，进一步可以延伸的是，笛卡尔肯定的就是主体内在的理性能力，它是"天赋人权"，并非来自外界。因此，身处在笛卡尔所开启的理性主义传统中的法国哲学家，更多是向内关注人的自我意识和理性能力。总体来说，笛卡尔理性主义传统中的主体范畴，从根本上来说是一种不言自明的超验存在，也就是福柯后来在《知识考古学》中极力反对的那个"超验主体"①。

然而，这个超验的形而上学的主体及其能够裁定一切的理性能力，在第二次世界大战的炮火中毁于一旦，被彻底地瓦解了。"法国的哲学传统很大程度上将自我的中心设置在自主反思之中，自我的中心在社会之外，在历史之外，在一个人自己的日常经验之外。现在，当战争颠覆

---

①　[法]米歇尔·福柯：《知识考古学》，谢强、马月译，69页，北京，生活·读书·新知三联书店，1998。

了日常生活的确定性之后，法国知识分子被迫去探索一种哲学，它将自我的私人经历与外部的、世俗的现象联系起来。"①战争的残酷现实直接颠覆了从笛卡尔以来法国哲学坚信的主体的确定性，但这不意味着战后的哲学家们彻底抛弃了主体这个范畴；主体依然是主体，只不过已经不再是作为天之骄子的理性人，而是与外在的社会、历史同源的在世之在。具体来说，战后的法国哲学家们（萨特、梅洛-庞蒂、加缪、福柯等）抛弃了原先的主体内在性和理性主义的形而上学法则，转向在世之中的主体，关注的是主体的情绪性、感性、身体、行为、话语、实践等。对此，20世纪德国现代哲学巨匠海德格尔的"此在"的存在论被法国学界普遍接受且长足发展，就是最好的证明。

在这里还需进一步细分的是，关于这个在世之在的非形而上的主体，法国哲学家们大致提出了两种新的解释模式。第一种就是以萨特、梅洛-庞蒂为主要代表的个人本位的新人本主义模式。它抛弃了形而上学的先验主体，试图探寻主体背后的现实根基，转向了日常情境中的个体实存。它的目标就是要在具体的经验生活中实现每个个体的自由（取代过去被先验规定的自由维度）。

具体来说，虽然理性主义作为主体内在性的确定性原则已经失效，但作为主体的人仍可以在感性的关系、与他人的交往、世界的变革中实现自身。这样的主体，就撕下了上帝的面具，变成了一个个活在日常情境中的个体，那就是萨特在《存在与虚无》中描述的在咖啡店中、在徒步

---

① ［美］马克·波斯特：《战后法国的存在主义马克思主义：从萨特到阿尔都塞》，张金鹏、陈硕译，18—19页，南京，南京大学出版社，2015。

登山、在约会中的鲜活的个体。之前由主体的理性所保障的自由，此时也就变成了蕴含在每一个个体的日常存在中的自由。这是一种积极的人道主义，它提倡个体对世界的积极介入，并且只有通过这种介入的实践，才能体现和建构人的自由实存。所以，萨特说："人的自由先于人的本质并且使人的本质成为可能，人的存在的本质悬置在人的自由之中。因此我们称为自由的东西是不可能区别于'人的实在'之存在的。人并不是首先存在以便后来成为自由的；人的存在和他'是自由的'这两者之间没有区别。"①这实际上就是要求每一个个体都承担起他所被抛入的境遇的责任，通过先于本质的主体行动来超越境遇限制、达及自由。

第二种就是以列维施特劳斯、阿尔都塞、福柯为主要代表的结构主义的袪主体模式。它通过揭示主体在社会历史的权力结构/话语体系/亲缘谱系中的从属性和被建构性，直接宣布了主体的死亡。

"尼采指出，上帝之死不意味着人的出现而意味着人的消亡；人和上帝有着奇特的亲缘关系，他们是双生兄弟同时又彼此为父子；上帝死了，人不可能不同时消亡。"②在这里，主体的死亡并不是彻底抛弃主体的范畴，而是因为结构主义-后结构主义者认为，主体是被建构的产物，是话语、文化、权力等精心建构出来的伪主体。所以，福柯在访谈中认为，萨特这种仍然相信主体性的人本主义者，是最后一个黑格尔派的信徒，他的《辩证理性批判》是身在 19 世纪的人却硬要思考 20 世纪的悲怆

---

① ［法］萨特：《存在与虚无》(修订译本)，陈宣良等译，53—54 页，北京，生活·读书·新知三联书店，1987。

② ［法］米歇尔·福柯：《福柯集》，杜小真编选，80 页，上海，上海远东出版社，1998。

努力。"19 世纪辩证理性的发展主要是以存在为参照，即以个人与社会、意识与历史、实践与生活、意义与非意义、有生命体与无生命体的关系问题为参照。我认为现在建立的这种非辩证思维不涉及自然或存在的问题，而涉及什么是知识。"①与萨特积极介入社会、政治事件中去相反，福柯展现了对认知结构、权力体系的热情。

客观来说，德波更像是接续了萨特所在的第一种模式，即从人类本位的古典人本主义，走向了个人本位的新人本主义。在德波看来，个体本质上就应该是一种感性、自由的存在，是一股充满了生命冲力的本能力量；而且，个体本质的实现，并不在于主体的理性能力，而是依赖于反抗资本主义现实的自由实践。

作为在第二次世界大战中成长起来的法国青年，德波深受战后生命哲学、存在主义等新人本主义思潮的耳濡目染。他实际上接续了新人本主义对形而上学的先验主体的颠覆，也肯定了个体在现实中的主动性、创造性和自由实践的精神。无论是一开始的情境建构、新都市主义、日常生活革命的文化艺术实践，还是后来的推翻资本主义的无产阶级运动的革命实践，都可以从中看到德波对直接的生命经验、对人的自由实践精神的肯定。这就有点接近于同期的列斐伏尔所提出的"总体人"的概念，强调人应该是全面占有自身的创造性能力的总体存在，这既保留了马克思的自由全面发展的人的思想，同时也糅杂了尼采的具有本能创造冲动的非理性的个体存在。

---

① ［法］米歇尔·福柯：《福柯集》，杜小真编选，81 页，上海，上海远东出版社，1998。

　　不过，值得注意的是，这实际上只是先在地构成了德波哲学的基本底色，而并非是德波自己肯定的哲学立场（这并不妨碍我们从思想史的角度去理解和定位德波）。实际上，德波本人是坚决拒绝抽象地讨论主体、情境、自由等范畴，也根本不在意任何人本主义的本体论思想："对一切现存条件的革命批判并不需要智慧的垄断，而是对智慧的实践……可怜的海德格尔！可怜的卢卡奇！可怜的萨特！可怜的巴特！可怜的列斐伏尔！"[①]他忽略了本体论，只选择了与社会、与历史、与每个个体都相关的主动性、创造性、颠覆现实的自由实践，作为人类存在的意义的唯一来源："历史的思想只有在变成实践思想时才能得到拯救；而作为革命阶级的无产阶级实践，也不能逊色于操作其'世界总体(totalité de son monde)'的历史意识。"[②]

　　所以，如果说哲学是面对现实的理性分析能力，那么新人本主义中强调的人的自由实践精神，则是对物化主体及其意识的矫正。这股无法被资本主义现实结构物化的生命力量，推动着德波与"哲学家们只是用不同的方法解释世界，而问题在于改变世界"的马克思主义相遇，成为20世纪法国马克思主义者中唯一一位彻底融入激进革命运动风暴中的思想家。

(三)法国马克思主义的"山重水复"与"柳暗花明"

　　在第二次世界大战之后，法国共产党虽然在抵抗运动中获得了法国民

---

①　Guy Debord, "Maintenant, l'I. S. ," *Œuvres*, Paris, Gallimard, 2006, pp. 1052-1053.

②　[法]居伊·德波：《景观社会》，张新木译，45 页，南京，南京大学出版社，2017。

众的信任和支持，但却在战后与戴高乐党派的政治较量中连连失手。相对应的是，马克思主义在 20 世纪的法国也经历了从鼎盛到衰落的历史。

最初，在第二次世界大战中，希特勒领导的纳粹德国迅速占领了法国等欧洲国家，妄图建立新的统一欧洲的秩序。当时以贝当为首的法国政府，在 1940 年与德国签订了求和的停战协议，并且将政府机构迁移至法国中部的维希，史称维希政府。除了维希政府选择与纳粹合作共同迫害犹太人来维系其傀儡政权，法国国内更多的人要求发动一场抵抗运动。在英国流亡的戴高乐将军在 1940 年 6 月 18 日，向被德军占领的法国发出了《告法国人民书》，呼吁法国人民不能屈服于德军的恐怖统治，要继续抵抗，维护法兰西国家的尊严。但流亡在外的戴高乐其实无法直接插手国内的政治。同年，法国共产党也发表公告，呼吁法国人民在工人阶级的核心领导下，继续为法国的民族自由独立而战。由此，法国共产党积极在国内组织"人民抵抗战线"，将国内零散自发的人民抵抗活动组织了起来，形成了许多庞大的抵抗组织和运动，发挥了不可替代的领导作用。因此，法国共产党在第二次世界大战期间，在法国人民中获得了极高的赞誉和信任，一跃成为法国最大的政党。阿尔都塞、利奥塔、福柯等人都是在这个时候被马克思主义吸引而加入了法国共产党的。

但是，正在法国共产党在法国政治环境中独占鳌头的全盛时刻，由于苏联斯大林的决策而放弃了入主爱丽舍宫的机会。在全世界反法西斯战争胜利之后，斯大林接受了戴高乐来作为法国的新一任总统，以继续维系自己在战后欧洲的统治权力。而法国共产党，就只能遵循来自莫斯科的政策，刻意地压制了法国国内的革命势头和左派激进分子。

随着斯大林体制问题的暴露，法国共产党在法国的政治威望不断下滑，而法国共产党奉为圭臬的马克思主义理论及其研究，也因为党内的三个原理、四个特性、自然辩证法等教条主义而陷入了压抑状态。梅洛-庞蒂在《辩证法的历险》中就说道："马克思主义正统并没有坦率地面对这一问题。它满足于把各种事物和人与人之间的各种关系并置，满足于给辩证法加上一剂自然主义（尽管分量不多，却立刻瓦解了辩证法），满足于在客体中、在存在中安置那种最不能够居于其中的东西，即辩证法。"①更现实的问题是，法国共产党所宣扬的正统马克思主义已经大大落后于法国战后现代化进程的发展步伐，丧失了批判资本主义现实的穿透力：

　　　　面对这些深刻的变化，法国共产主义知识分子再也不能念那些适用于 19 世纪中期的老经了：资本主义将自我崩溃，工人遭受着日甚一日的贫困化，体力劳动者是唯一有能力进行社会主义革命的人类存在，一个等级制的列宁主义政党可以独自领导革命，以 1789 年和 1917 年为典范的革命将会给世界带来决定性的转变。②

　　在当正统马克思主义的教条主义和政治实践陷入一地鸡毛的贫瘠状态时，倒是在正统马克思主义的边缘地带、在非马克思主义者那里显现出新的生机。首先，社会学、精神分析、结构主义、发生心理学、语言

---

① ［法］莫里斯·梅洛-庞蒂：《辩证法的历险》，杨大春、张尧均译，70 页，上海，上海译文出版社，2009。
② ［美］马克·波斯特：《战后法国的存在主义马克思主义：从萨特到阿尔都塞》，张金鹏、陈硕译，38 页，南京，南京大学出版社，2015。

学等其他人文学科与马克思主义结合。其中的佼佼者有文学理论的巴特、结构主义的阿尔都塞、历史科学的福柯、精神分析的拉康、社会学的列斐伏尔等。其次，在革命实践领域中，法国共产党的发展停滞不前，而当年被法国共产党视为马克思主义的叛徒的法国极左派，开始借助阿尔及利亚战争等民族冲突，登上了法国的政治舞台。他们的极端自由主义、革命斗争为先的立场，让其快速在法国战后动荡不断的局势之中崭露头角，成为工人运动、学生运动的重要组成部分。

德波就是其中的一员。他身处正统马克思主义之外，甚至是法国学术体制的"局外人"。但他凭借着先锋艺术家的大无畏和自由实践的精神，发起了对资本主义现实的激烈批判，揭示了"寡头垄断的集中，国家干预市场，先进技术带来的自动化，劳动力向日益熟练的智力劳动的转变，通过广告对需要的直接操纵，传统无产阶级的妥协，获得满足的方式从工作转向消费和休闲"①。他带着实践马克思主义革命理论的强烈意愿，主动承担了发起新一轮法国无产阶级革命的重任。

四、德波的不同形象

过去对德波的研究，要么是太过聚焦于德波的景观社会理论，要么将德波去激进化、去政治化，将他视为先锋艺术家、后现代理论家、文

---

① ［美］马克·波斯特：《战后法国的存在主义马克思主义：从萨特到阿尔都塞》，张金鹏、陈硕译，37—38 页，南京，南京大学出版社，2015。

化批判者等。这就需要全面梳理德波思想的发展历程和内容，不再让德波成为被分裂开来的研究对象——德波既是先锋艺术的，也是马克思主义的；既是支持无产阶级革命的，也是透露了无政府主义倾向的；既是激进和彻底的，也是固执和矛盾的。

（一）英语研究："法国理论"视域中的去革命化的文艺版德波

"法国理论"（French Theory）的秘密就藏在其专业术语的词汇中。法国理论，即 French Theory，乍一看形式与内容相矛盾：法国的理论，所指的内容是法国的思想，但其命名形式却是英文表述的 French Theory。这是由于制造出法国理论的特定历史语境，虽然缘起于法兰西思想，但本质上是在美国大陆生根开花的异国产物。

因此，法国理论之所以值得关注，一是因为它确实重塑了美国 70 年代之后的人文科学研究的话语，为其提供了阐释或解构文本话语的新模式和规范；同时在法国理论的影响下，如朱迪斯·巴特勒、爱德华·萨义德、佳亚特里·斯皮瓦克等英语学界的学者，也在其作品中重新实践和再现了法国理论的思想。这个双向的建构过程，使法国理论成为当今人文科学研究无法回避的问题。二是由于法国理论本质上是一个美式产物，因而在原初法文的语境（contexte）中理论自身的总体逻辑，以及理论在英语学界最终被接纳和扩展的内容，这两者之间永远存在一个迷人的"差距"（décalage）。这种落差或差异，正如巴里巴尔所说，法国思想向美国的迁移并不仅仅是简单的语言问题，而是学术问题。[①] 因而，法国理论自带的这种思想张力也成为了我们当下研究关注的一个焦点。

德波本身，就是一个关于法国理论的经典案例。

在法国，德波从 50 年代的情境主义国际运动开始，就已经是巴黎不可小觑的先锋艺术家和活动家，更不用说在 60 年代，他的《景观社会》和马克思主义激进政治的活动，成为了 1968 年法国五月风暴的重要策源地之一。但是，德波的思想进入美国却相当晚。当法国理论的思想家拉康、福柯、德里达等人在大洋彼岸的学术圈里讨论着"文本""符号""结构""权力"等新颖的学术概念之际，德波却在法国的革命浪潮中与奋战在一线的战斗分子在索邦的墙上写下"决不工作""超越艺术""反对分离的统治，直接的对话，直接的行动，日常生活的自我管理"等深入人心的词句。德波的作品和思想被最终正式介绍到英语学界时，竟是搭了90 年代法国理论的末班车。

德波的代表作《景观社会》最初是在 1970 年、1977 年被美国无政府主义者（Fredy Perlman）翻译并在底特律出版，但由于该版本属于盗版，并未得到广泛的流通。直到二十多年后，也就是德波逝世的那年（1994 年），才诞生了第一个在学术界和大众视域中流通的英文版本。

在这之后，英语学界关于德波及情境主义国际运动的介绍和讨论，开始集中出现在美国引介"法国理论"的重要期刊上。麻省理工学院出版

---

① Balibar E, Rajchman J, Boyman A, "French Philosophy Since 1945: Problems, Concepts, Inventions," *European Philosophy*, 2010.

社出版的美国艺术期刊《十月》(*October*) 和威斯康星大学出版社出版的美国艺术期刊《主旨》(*Substance*)，分别于 1997 年和 1999 年刊登了德波和情境主义国际的专刊。这两个期刊，都属于早在 20 世纪六七十年代就开始介绍法国思想和理论的重要期刊。它们在译介法国理论的过程中，相对切割掉了其中政治和亲共的维度，更强调艺术和文学的内容。这并不难以理解。

英语学界，作为第二次世界大战时欧洲大批思想家和艺术家避难的容身之处，早在最先引入欧洲的超现实主义、存在主义等思潮时，就依据"政治正确"的立场做出了很多选择性的调整。其原则就是避开其中的亲共政治内容，关注超现实主义的艺术和诗歌、存在主义的个人主义和道德理论等。

而德波，恰巧将先锋艺术与马克思主义融合了起来。最直接的证明就是，从德波及其领导的情境主义国际运动来看，德波确实存在从先锋艺术向激进政治的转向。早期德波侧重以人自身的生命冲力和审美力量来实现反对现实的自由，而在 1960 年之后，德波则越来越在马克思主义和社会批判理论上成熟了起来。

所以，德波在英语世界中最广为接受的形象，并不是作为一位马克思主义理论家、革命家，而更多是作为先锋艺术家、马克思主义文化批判者、后现代思潮的一员。

第一，作为先锋艺术家的德波。

首先，德波的这个无害的艺术家形象，最初是通过一批英语学界主要从事译介工作的学者建立起来的。在英语学界将德波作为先锋艺术家引介的学者中，主要包括了麦克多诺（Thomas F. McDonough）、克尔森-史密斯(Donald Nicholson-Smith)、克里斯托弗·格雷(Christopher Gray)、肯·科纳(Ken Knabb)等。他们虽然以翻译介绍德波和情境主义国际的文章和艺术活动为主，并非是专门的研究活动，但是在他们大规模、密集地向英语学界引介德波和情境主义国际的时候，实际上在大众面前塑造了一个中性的、浪漫主义的、先锋艺术的角色，而非一个妄图颠覆资产阶级社会的危险革命分子。

其中，最具代表性的就是美国纽约州立大学宾汉姆顿大学(Bing-hamton University)副教授麦克多诺。作为艺术史研究的专家，他关注的从来都不是德波一人，也包括了情境主义国际其他先锋艺术家；他视线所及的德波，也从来都不是危险的左派革命理论家活动家，而是欧洲战后先锋艺术和文化中占据一席之地的德波。

麦克多诺在 1997 年第 79 期的《十月》期刊上，负责组织了一期"德波和情境主义国际"专号。其中，他只选择翻译了情境主义国际从 1957 年到 1969 年之间关于建构情境、异轨、文化革命、总体都市主义等早期先锋艺术的文章，同时同期刊登的研究文章也是关于情境主义国际的先锋艺术活动、德波的电影理论等研究成果，比如，《为什么艺术无法战胜情境主义国际?》①《约恩的先锋艺术文献》②《列斐伏尔关于情境主义国际的访问》③等。麦克多诺自己也撰写过相当多的关于情境主义国际

---

① T. J. Clark and Donald Nicholson-Smith, "Why Art Can't Kill the Situationist International," *October*, Vol. 79 (Winter 1997), pp. 15-31.

② Claire Gilman, "Asger Jorn's Avant-Garde Archives," *October*, Vol. 79 (Winter 1997), pp. 32-48.

③ Kristin Ross and Henri Lefebvre, "Lefebvre on the Situationists: an Interview," *October*, Vol. 79(Winter 1997), pp. 69-83.

城市空间、艺术活动的文章和专著，比如《情境主义空间》《重读德波、重读情境主义者》①《漂移与情境主义的巴黎》《流动的城市：康斯坦特和情境主义对建筑的批判》《情境主义者与城市》等。

不过，值得关注的是，麦克多诺自己在《十月》期刊上声明，他之所以选择编写情境主义国际早期，特别是从字母主义国际开始的文章，除了因为这是欧洲先锋艺术史的重要一环，同时也是为了从历史的语境、从完整梳理的文本中去还原作为先锋艺术家的德波。他反对将德波从他所在的特定的社会文化背景中孤立出来。在这一点来看，麦克多诺所做的翻译和研究工作，仍具有相当大的理论价值。

同期和麦克多诺一样，一起致力于译介先锋艺术家德波和情境主义国际的，还有尼克尔森-史密斯、克里斯托弗·格雷、肯·科纳。

尼克尔森-史密斯是来自英国的编辑，他对社会批判、文化理论、电影都感兴趣。他曾经在 1965 年短暂地加入情境主义国际的英国分部，在 1967 年 12 月被开除。在被开除后，他并没有放弃关注情境主义国际，而是开始翻译德波和情境主义国际的作品。他不仅于 1994 年最先翻译了德波的《景观社会》②，还翻译有列斐伏尔的《空间的生产》③、雅

① Thomas F. McDonough, "Rereading Debord, Rereading the Situationists," *October*, Vol. 79 (Winter 1997), pp. 3-14.

② Guy Debord, *The Society of the Spectacle*, translated by Donald Nicholson-Smith, Zone, 1994.

③ Henri Lefebvre, *The Production of Space*, translated by Donald Nicholson-Smith, Blackwell, 1991.

普（Anselm Jappe）的《居伊·德波》①、范内格姆的《日常生活革命》②、德波及其第二任妻子爱丽丝的《战争游戏》③等。格雷也在 1998 年编辑出版过《告别二十世纪：情境主义国际的不完全作品集》④。不过，格雷选择编写进来的文本倾向于情境主义国际的实践活动方面而非理论作品，其翻译质量并不是非常过硬，因而流传度偏低。科纳在其中算是最晚开始翻译德波和情境主义国际的文本的。他由于不太满意之前的译本，于是在 2004 年翻译了德波的《景观社会》⑤，并且认为自己的版本是最接近德波原意的英文译本。不仅如此，他还翻译了广泛流传的《情境主义国际文选》⑥、德波的《电影作品全集》⑦。由于科纳本身也非常迷恋情境主义国际的理论，所以他一生为数不多的翻译作品都献给了德波和情境主义国际，其译本精良、介绍准确，为学者研究德波的社会批判、电影作品、艺术活动提供了较为全面可靠的理论资源。

其次，与译介活动相匹配的，是基于翻译成果、将德波锁定在情境

---

① Anselm Jappe, *Guy Debord*, translated by Donald Nicholson-Smith, University of California Press, 1999.

② Raoul Vaneigem, *The Revolution of Everyday Life*, translated by Donald Nicholson-Smith, Rebel Press, 2003.

③ Guy Debord, Alice Becker-Ho, *A Game of War*, translated by Donald Nicholson-Smith, Atlas Press, 2007.

④ *Leaving the Twentieth Century: the Incomplete Work Of the Situationist International*, translated and edited by Christopher Gray, Rebel Press, 1998.

⑤ Guy Debord, *The Society of the Spectacle*, translated by Ken Knabb, AK Press, 2004.

⑥ *Situationist International Anthology*, translated and edited by Ken Knabb, Bureau of Public Secrets, 2006.

⑦ Guy Debord, *Complete Cinematic Works*, translated and edited by Ken Knabb, AK Press, 2003.

主义国际和先锋艺术之上的学术研究，比如斯图尔特·霍姆（Steward Home）、彼得·沃伦（Peter Wollen）。他们的作品都具有一些共同的特征：一是研究德波和研究情境主义国际并重，有时会更侧重于描述情境主义国际其他成员和其他艺术活动；二是作品中历史传记内容有时会多于理论分析内容，西方马克思主义、德波的景观社会理论、工人阶级的革命运动，都是缺席的。比如，霍姆 1988 年发表的《对文化的冲击：从字母主义到阶级战争的乌托邦潮流》①就是典型的从先锋艺术史的角度定位德波的作品的。他比较完整地回顾了从达达主义、超现实主义、未来主义、字母主义到情境主义的先锋艺术的发展历程，强调了先锋艺术的核心价值，即对社会规训和既定现实的反抗和建构自由未来的乌托邦精神，是如何从兰波、保德莱尔一直沿袭发展到 20 世纪战后的艺术潮流之中的。虽然他并没有大量涉及同时代的马克思主义理论对德波造成的巨大影响，但是先锋艺术自身反抗现实的乌托邦线索，也为我们思考这两者（先锋艺术和马克思主义）对德波理论发展的变化给出了很多极有价值的启示。

最后，是沃伦的有关研究。他在 1993 年的专著《倒腾冰箱：关于二十世纪文化的反思》中的第四章"情境主义国际"（这部分内容实际上是他 1989 年在《新左派评论》上就已经发表了介绍过情境主义国际②的文章的扩展版本）按照历史时间线索回顾了先后影响了德波和情境主义国际的重要人物：强调无产阶级主体性和革命性的卢卡奇、在列斐伏尔之前提

① Steward Home, "The Assault on Culture Utopian Currents From Lettrisme to Class War," *J. electrochem. soc*, 1991, 153(5), pp. 713-718.

② Wollen Peter, "The Situationist International," *New Left Review*(174), pp. 67-95.

出批判和改变日常生活的布列东、超越布列东和超现实主义的"无意识"实验的约恩（反功能主义建筑和空间）和康斯坦特（提出总体都市主义和新巴比伦方案）。沃伦认为，先锋艺术家们的影响最终导致德波在1968年形成了与阿尔都塞相反的马克思主义解读路线，那就是相信无产阶级的主体性必将、也仅有它才能实现革命。这恰恰与认为历史是一个无主体的过程的阿尔都塞相反。两人的不同立场反映了西方马克思主义在历史客观性和革命主体性上的逻辑上的内部分裂。虽然沃伦写作的篇幅有限，更像是短篇的学术传记。但是，他在20世纪90年代就已经点出的这几个影响德波的关键人物，对我们今天研究德波仍具有重要的引导作用。

第二，马克思主义文化批判理论中的德波。

马克思主义文化批判理论本来就内生于西方马克思主义，包括了早期的卢卡奇、葛兰西、柯尔施、后期的法兰克福学派、存在主义的萨特、日常生活批判的列斐伏尔、弗洛伊德马克思主义的赖希等。他们主要关注的是在20世纪的"发达工业社会"（法兰克福学派语）中，人们如何心甘情愿地进入了非经济剥削、非政治暴力压迫的新型资本主义统治之中，在其心理结构、意识形态、日常消费和大众文化中走向了人的总体的异化。从这个角度来分析德波及其作品的学者，有安迪·梅里菲尔德（Andy Merrifield）、弗雷德里克·詹姆逊（Fredric Jameson）、斯蒂芬·贝斯特（Steven Best）、道格拉斯·凯尔纳（Douglas Kellner）。在他们的研究中，他们都有意识地将德波的先锋艺术经验与马克思主义批判理论相结合。这样，德波就不仅是一位先锋艺术家，而且是一位批判城市空间、批判日常生活、资本主义物化的马克思主义文化批判的学者。

这相对来说，是更加完整和真实的德波。不过遗憾的是，这些研究都篇幅较短，有必要在他们的研究基础上继续深入。

梅里菲尔德，作为一名师从大卫·哈维的马克思主义城市空间研究的学者，他一方面撰写了《居伊·德波》①这样的历史传记类著作，另一方面也在《都市马克思主义：一个关于城市的马克思主义故事》②中的第五章"德波：马克思和可口可乐的城市"中，以德波的生平经历为线索，从头至尾回顾了德波在情境主义国际时期从事的情境、总体都市主义、漂移等城市空间活动，以及后期德波在马克思主义影响下的景观社会理论。他一方面描述了德波早期的情境主义理论和活动，展示了一名左派的都市主义者，如何通过建构情境、漂移、异轨等偶然的强度，来反抗资本主义日常生活的确定性，在资本主义城市空间中进行"活生生"的批判；另一方面也提到了德波的景观，代表着一种以消费广告的图像来代替真实的物的新型拜物教，一种从表面上来看根本不存在的拜物教形式。

而美国著名马克思主义文学批评理论家弗雷德里克·詹姆逊在《文化转向》③一书中曾言简意赅地将德波定位为晚期资本主义阶段诞生的左派人物。他面对的是物质客体被媒体技术所中介的客体所取代的时代，沉默的客体能够自我言说从而形成完美的自我指涉的话语体系。而他认为德波的《景观社会》是最先涉及以"形象"为主导的、"表面、无深

---

① Andy Merrifield，*Guy Debord*，Reaktion Books，2005.

② Andy Merrifield，*Metromarxism：a Marxist Tale of the City*，Routledge，2002.

③ ［美］弗雷德里克·詹姆逊：《文化转向》，胡亚敏等译，北京，中国社会科学出版社，2000。

度、缺乏内涵"的资本主义后现代文化形式的作品。美国哲学家斯蒂芬·贝斯特和道格拉斯·凯尔纳也在《后现代转向》①中认为，德波和情境主义者在从现代社会向后现代社会的过渡阶段，更新了马克思主义对资本主义的批判理论。他力图把内在于商品生产中的抽象化过程追溯到人们的意识、生活之中，重新激活了马克思的革命实践精神。道格拉斯·凯尔纳甚至还以德波的"景观"概念为蓝本，在《媒体奇观》一书中进行了具体的应用，来分析美国现代社会中的媒体文化、信息技术等资本主义新现实。

第三，作为后现代思潮中的一员的德波。

英语学界还有学者将德波视作"后现代思潮"中的一员，将他置于后现代主义的线索中加以研究，主要探讨德波和列斐伏尔、鲍德里亚的利奥塔之间的思想关联。

英国文化史研究者萨迪·布朗特（Sadie Plant）首先在 1992 年的《最激进的姿态：后现代中的情境主义国际》②中，主要呈现了德波和情境主义国际是如何影响了一代最终放弃了左派政治的哲学家和理论家，包括对鲍德里亚、利奥塔等后现代主义大师的影响。在布朗特眼中，德波提出的景观社会理论不仅预见了世界的不确定性、超现实、拟像等后现代观念，而且情境主义国际在先锋艺术活动中的很多观念，比如呼吁对人、生活、世界的直接体验，比如将个体主动创造的真实欲望投射

---

① ［美］斯蒂芬·贝斯特，道格拉斯·凯尔纳编：《后现代转向》，陈刚译，南京，南京大学出版社，2002。

② Sadie Plant，*The Most Radical Gesture：the Situationist International In a Postmodern Age*，London，Routledge，1992。

到日常生活中等，这些也都是后现代理论家和艺术家们所接续的历史资源。

而布拉德利·麦克唐纳德则在 2006 年的著作《执行马克思：活传统的当代角力》[①]中的第四章"马克思和日常生活政治：重新定位情境主义理论"，提出从后马克思文化政治的角度来审视和评价德波和情境主义国际的理论和实践活动。麦克唐纳德认为，德波和情境主义国际所呼吁的"建构情境""异轨""心理地理学"等在微观日常生活层面上发生的集体活动和政治斗争，本身就是当下拉克劳、墨菲所提出的"激进政治"可以采取的一种现实形态，"激进政治"意在让所有社会群体都应该尝试去实现对自己生活的管理和控制。

由上可知，理论在客观传播的历史进程中必然存在差异和失真。但问题的关键在于，这种差异和失真是否会对我们理解德波、理解德波的理论和实践活动造成阻碍。在英语学界研究中呈现出来的德波，在这里并没有出现像"社会主义或野蛮"、五月风暴的革命等主题，也甚少涉及晚期德波对跨国资本主义的综合景观和秘密统治、技术专制的认知。而这些内容，恰恰是德波将自己定位为一名革命战略家而非知识分子的根本。这样的德波，恰恰不是那个革命的、激进的德波。

（二）法国研究：以历史传记为主、批判理论研究为辅

在我们回顾完"法国理论"中被温顺化、被包装化的德波后，就有必

---

① 　Bradly Macdonald, *Performing Marx: Contemporary Negotiations of a Living Tradition*, New York, State University of New York Press, 2006.

要回到"法国理论"的法国本土来探个究竟了。在法国本土关于德波的研究中，近年来由于全球左翼革命的低潮，学界更多以中立、保守的立场进行马克思主义理论研究。这种丧失了左派激进立场的中立化，本身就是左派革命精神被阉割的现实结果。但其中，还是出现了不少有助于客观还原德波和情境主义国际历史的好作品。

在法国，当下研究德波的作品存在两种形态。一种是从社会批判理论角度，也就是从马克思主义角度来定位德波的理论和革命活动的作品。

这种类型的研究作品凤毛麟角。因为法国现在的学术体制内致力于马克思主义研究、社会批判理论研究的生存空间并不大。代表人物是意大利学者雅普，他在 1993 年出版的《居伊·德波》①是唯一受到了德波称赞的研究德波的理论作品②。

雅普的作品结构比较清晰简洁，贯彻了德波理论与实践并重的原则。第一章主要以德波的《景观社会》和《〈景观社会〉评论》作品为参照，从马克思主义理论的角度详细阐发了德波的"景观社会"理论的具体内涵，主要强调的是马克思对商品拜物教的批判—卢卡奇的《历史与阶级意识》中的物化理论—德波的景观拜物教这一条理论逻辑线索；第二章是雅普搜集研究了当时与德波相关的传记作品，详细整理记录了德波一生实践理论的活动及其相关的时代背景，包括第二次世界大战后法国的现代化过程、字母主义国际、情境主义国际、五月风暴等，资料翔实且

---

① Anselm Jappe, *Guy Debord*, Pescara, Tracce, 1992.

② 在 1994 年 4 月 21 日，德波在写给雅普的信中，称自己非常欣赏他写的这本书："理论思想水平很高。"参见 Guy Debord, *Correspondance*, Vo. 7（janvier 1988-novembre 1994），Paris, Fayard, 2008, p. 454。

论述中肯；第三章的内容相对分散，主要陈述了对情境主义的总体批判、景观社会理论的理论缺陷、德波理论的两大理论来源，透露出他对德波思想的理解。

雅普的贡献在于，首先，他最先揭示了卢卡奇对德波思想的重要影响。卢卡奇揭示了在发达工业社会技术的理性管理下，无产阶级丧失了作为主体的阶级意识而被物化的过程，德波也沿袭了卢卡奇在《历史与阶级意识》中批判主客二分、反对主体异化的分析路线，将马克思的"异化"进一步阐释为"分离"，即生活的主体陷入"静默""无干涉性"的日常状态，成为由景观塑造、再现异化了的"伪主体"。这条线索，至今仍是被广泛认可的。其次，雅普最先坚决反对将德波的思想仅仅看作对现代社会的大众媒介的文化批评，或是充斥着异轨、漂移的先锋艺术理论，提出只有在马克思主义对资本主义批判的思想史线索中才能准确地理解德波"景观社会"的革命内涵，"景观"实际上是资本主义商品生产的必然结果，是马克思"商品拜物教"的最发达的表现形式。最后，雅普是首位较为完整和深入地揭示了德波和马克思主义之间在理论上的本质关联之人。他指出了，德波的"景观"是马克思提出的资本主义商品、货币和资本统治的抽象逻辑在日常生活、历史时间、都市空间中的深入，并且在革命的目标上受到了青年马克思、卢卡奇将人的自由存在和资本主义物化逻辑对立起来的影响。

雅普解读德波的局限性在于，他太过强调马克思对商品拜物教的批判—卢卡奇的《历史与阶级意识》中的物化理论—德波的景观拜物教这一条理论逻辑线索，却没有同时关注到如萨特、列斐伏尔等人与德波的重要学术关联，也没有深入讨论德波在景观社会理论之外的重要理论质点。不过，瑕不掩瑜，雅普的《居伊·德波》以其丰富的材料整理和深刻的理论阐释，仍是迄今为止研究德波思想的高峰。

法国学界研究德波的另一种作品，就是现当下非常流行的人物传记、学术传记、艺术电影类的研究。

2010年，法国国家图书馆将德波的全部的原始文献和作品冠上"国家珍宝"的头衔加以收藏，随后开展了题为"阅读德波"的大型研讨会和作品回顾展。在国家的大力支持下，同时也主要得益于德波所有原始文献的披露，法国国内重新掀起了研究德波和情境主义国际的高潮。但这类作品大多是人物传记、学术传记、艺术电影类的研究，能提供的哲学理论资源很有限。如法国近10年以德波为主题的博士论文共43篇（包括已经申请但并未完成答辩的），其中仅4篇是关于哲学的，剩下的大部分论文，都集中在法语文学、艺术、电影、建筑等主题上，离德波的批判理论和革命实践比较远。

近10多年来法国境内出版的关于德波研究的专著共有10本：布兰沙尔（Daniel Blanchard）的回忆录《德波，在时间洪流的喧嚣中》①、多内（Boris Donné）的《致德波的〈回忆录〉》②、玛丽（Guy-Claude Marie）的《德波：在其艺术和时间中的电影》③和《漂移德波》④，达内西（Fabien Dane-

---

① Daniel Blanchard, *Debord, dans le bruit de la cataracte du temps*, Paris, Sens & Tonka, 2000.

② Boris Donné, *Pour Mémoire*, Paris, Allia, 2004.

③ Guy-Claude Marie, *Guy Debord : de son cinéma en son art et en son temps*, Paris, Vrin, 2009.

④ Guy-Claude Marie, *Dérives pour Guy Debord*, Paris, Van Dieren Éditeur, 2010.

si)的《德波的电影和否定性》①、马克里尼（Patrick Marcolini）的《情境主义运动：一个思想史回顾》②、雅菲尔（Laurent Jarfer）和巴兰克（Pierre-Ulysse Barranque）组织的合辑《情境主义国际：德波和范内格姆的理论、景观和电影》③、赫西（Andrew Hussey）的被译为法文的《居伊·德波及其朋克遗产》④、范内格姆和本鲁比（Gérard Berréby et Raoul Vaneigem）的访谈录《一切尚未结束，一切正在启航》⑤、布朗（Éric Brun）的《情境主义者：总体的先锋》⑥。

其中可圈可点者是马克里尼和布朗各自的作品。马克里尼的作品理论性、哲学性更强一些，布朗的作品是纯粹的历史传记作品。

作为一名历史学者，马克里尼在《情境主义运动：一个思想史回顾》中，既以情境主义国际的历史为线索，记录了情境主义国际从艺术转向政治的历史轨迹，同时也很好地穿插了德波的景观社会批判、约恩的反功能主义、康斯坦特的新巴比伦的未来城市理论、范内格姆的日常生活批判等哲学理论内容，作为一本记述情境主义国际的思想史作品十分到位。他的研究对厘清德波和情境主义国际先锋艺术、批判理论和政治活

---

① Fabien Danesi，*Le cinéma de Guy Debord ou la négativité à l'œuvre*，Paris，Édition Paris Expérimental，2011.

② Patrick Marcolini，*Le Mouvement Situationniste：une histoire intellectuelle*，Montreuil，L'Échappée，2012.

③ *In situs：théorie，spectacle et cinéma chez Guy Debord et Raoul Vaneigem*，sous la direction de Laurent Jarfer et Pierre-Ulysse Barranque，Mont-de-Marsan，Gruppen，2013.

④ Andrew Hussey，*Guy Debord et son héritage punk*，Paris，Éditions Globe，2014.

⑤ Gérard Berréby，Raoul Vaneigem，*Rien n'est fini，tout commence*，Paris，Allia，2014.

⑥ Éric Brun，*Les Situationnistes Une avant-garde totale*，Paris，Éditions Globe，2014.

动之间的关系，有较大的理论价值。

而布朗的《情境主义者：总体的先锋》的价值在于它充分利用了最新披露的德波和情境主义国际的原始文献，详细整理了情境主义国际的历史轨迹，但不涉及德波和情境主义国际的社会批判理论的哲学内容。布朗主要论证了德波创立的字母主义国际(1952—1957年)和情境主义国际(1957—1972年)这两个组织之间的连贯性。他不仅参照了法国国家图书馆的最新德波文献，而且还使用了阿姆斯特丹社会历史中心收藏的情境主义国际文献、华盛顿大学收藏的很多未出版的德波和情境主义国际成员之间的通信文献，以及加拿大蒙特利尔文献馆保存字母主义国际成员的重要文献。

(三)国内研究：急需德波思想的全景式研究

国内学界对德波哲学思想的研究，虽数量不算多，但讨论相对集中和深入。主要有一本专题研究德波景观概念的博士论文，即王昭风2004年提交的《德波的景观概念》，40余篇关于德波的景观社会批判理论、艺术活动和电影作品的期刊论文。内容主要是围绕着德波的成名作《景观社会》展开，基本上完成了对德波景观社会批判理论及其革命实践的多层次阐发，在思想史定位、景观社会批判理论、情境主义国际的美学革命实践等不同方面都做出了研究，比较全面地阐发了德波对资本主义消费社会以景观的视觉图像为其新型非暴力统治方式的批判和反抗。

国内学界对德波和情境主义国际思想的介绍和研究，最先是张一兵教授在《"情境主义国际"评述》①一文中提出的。其中详细介绍了情境主义国际发端—成立—五月风暴—解散的历程，将它视为欧洲当代先锋艺术和激进哲学话语的重要发源地，从而也向学术界展示了情境主义国际的核心人物德波及其《景观社会》的理论重要性。在 2004 年，张一兵教授率先指导其博士生王昭风，在国内写作第一本专门研究德波哲学思想的博士论文《德波的景观概念》。王昭风也随之翻译了德波的名作《景观社会》并于 2006 年在南京大学出版社出版。在这个版本中，附译了德波 20 世纪五六十年代情境主义国际时期的《漂移的理论》《异轨使用手册》《城市地理学批判导言》等文章，以及德波晚年写作的《景观社会评论》。而且，张一兵教授为《景观社会》中译本所做的代译序《德波和他的〈景观社会〉》，在国内最早基于文本，完整介绍了德波景观社会批判理论的全景内容、建构情境和日常生活革命的革命浪漫主义方法等，详尽且准确。这使得这个中译本成为国内学界理解德波完整思想的一个重要参考。

从这之后，国内对德波和情境主义国际的深入研究才真正开始。如前所述，南京大学的张一兵教授在其中做出了巨大的贡献。他不仅重点分析了德波的景观拜物教、景观社会的双重颠倒、异化消费的景观时间、颠覆资本主义现实的异轨和情境建构等理论质点，还最为全面地论述了德波和情境主义国际在西方马克思主义思想史上的学术贡献和历史地位、德波的景观社会批判理论全貌、德波的美学政治抗争实践等核心内容。同时，张一兵教授所指导的仰海峰、刘怀

① 张一兵：《"情境主义国际"评述》，载《哲学动态》2003 年第 6 期。

玉、王昭风等学者，也都在国内德波哲学思想研究中做出了有目共睹的贡献。① 国内研究情况具体如下：

第一，在思想谱系的总体定位上，国内研究将德波视为西方马克思主义哲学文化逻辑中的重要学术环节之一，也是向后马克思思潮过渡的代表性人物；德波的景观社会理论及情境主义国际运动，主要被视为20世纪50年代后西方马克思主义中兴起的新动态，构成了对当代资本主义以影像再现的意识形态为主导的消费社会的批判。因而，马克思和德波之间的思想渊源是国内学界讨论的首要问题。总体上认为，马克思描述了资本主义社会中以物质生产为基础的商品流通过程，而德波是在描述当代资本主义中景观图像主导的消费主义的盛行。马克思的"商品拜物教"，指认的是资本主义市场交换的经济活动中人与人之间的社会关系颠倒为物与物之间的关系，德波则是在马克思的基础上指出，景观是"商品拜物教"的法则在生活中的全面延伸：通过景观对人们欲望的建构，人们无意识地将自己生活的每个细节都活在他人的欲望、他人的景

① 例如，张一兵教授的《景观意识形态及其颠覆——德波〈景观社会〉的文本学解读》[《学海》2005年第5期]、《颠倒再颠倒的景观世界——德波〈景观社会〉的文本学解读》[《南京大学学报（哲学·人文科学·社会科学）》2006年第1期]、《虚假存在与景观时间——德波〈景观社会〉的文本学解读》[《江苏社会科学》2005年第6期]、《孤离的神姿：阿甘本与德波的〈景观社会〉》[《马克思主义与现实》2013年第6期]，王昭风教授的《德波的景观概念》（博士论文）、《影像消费的时间和时间消费的影像——试析德波的"景观时间"观》[《南京社会科学》2004年第4期]、《居伊·德波的景观概念及其在西方批判理论史上的意义》[《南京社会科学》2008年第2期]、仰海峰教授的《德波与景观社会批判》[《南京社会科学》2008年第10期]，刘怀玉教授的《消费主义批判：从大众神话到景观社会——以巴尔特、列斐伏尔、德波为线索》[《江西社会科学》2009年第7期]等。

象、他人的生活中，马克思在资本主义经济过程中的"商品拜物教"成了日常生活被全面殖民化的"景观拜物教"。

第二，国内学界已经以德波的《景观社会》文本为依据，全面论述了景观拜物教、异化消费的景观时间、意识形态终结的统治、颠覆资本主义现实的异轨和情境建构等新理论判断和实践活动，这些内容丰富发展了马克思主义对 20 世纪的资本主义社会的分析和批判，构成了 20 世纪西方马克思主义批判理论和革命实践的重要组成部分。

德波的景观拜物教，是将马克思所说的人与人的关系颠倒为物与物的关系，再次颠倒为消灭事物的影像存在，从而通过景观影像展现的主体性诱惑，将人的需要都替代为符合资本主义商品生产的虚假需求和虚假欲望。这一过程实际上就是商品经济成功地把人们的自由时间和日常生活殖民化的过程。因而，与古老社会的自然循环时间和工业社会的不可逆时间不同，被景观的影像所支配的景观时间，呈现出一种伪循环时间，即完全服务于消费商品而被制造出来的闲暇时间。在其中，人们不再可能像马克思预言过的那样在非劳作时间里实现自由人的全面发展和解放的可能性，而是服从于工业改造的消费时间的伪循环。而景观社会所象征的正是资本主义从过去看得见的外在强制统治，转向了物化意识形态的隐性霸权治理。这就终结了过去对经济基础与上层建筑、意识形态的区分，因为景观的物化意识形态统治，与人们生活的现实本身就是同体发生和完成的过程。人们在无意识地跟随景观影像消费自己生活的时候，也无意识地认同了资本主义对他们的意识形态操纵。

此外，德波的电影和艺术活动也得到了国内学者的青睐①，这些研究同样离不开德波的景观社会批判。其观点主要是肯定了德波先锋艺术风格的电影作品是对景观社会统治的反抗的方式，用来建构一个反对景观影像统治的真正的主体，而非旁观和被动的观众。另外，其观点也肯定了德波的景观社会理论对现代媒介理论、视觉文化研究的贡献，认为德波首次确认了当代社会是一个由消费传媒带来的视觉景观化的社会，并对之进行了理论上的批判，倡导实践一场变革日常生活的艺术革命。

由此可见，国内对德波哲学思想的研究以景观社会批判为中心展开，是相对集中和深入的。现在急需的则是在以景观社会批判为核心的研究基础上，提供更为全景式的德波思想研究。

一来弥补以往研究太过集中于德波的《景观社会》文本和景观社会批判理论所带来的空白，需要从第一手的、全体的德波文本群来入手，来提供更为扎实的思想研究。二来也要解决过往研究中语焉不详的部分研究节点。比如，德波的"景观社会"从何而来，即它在思想上的理论支援背景如何。比如，德波早期先锋艺术阶段对自由生活的建构和实践，是否被德波延续到了 1968 年前后的变革社会的革命方案上。更深一层来说，德波曾经青睐的"建构情境""日常生活革命"等先锋艺术活动，是否

① 比如，蓝江教授的《反影像的情境主体——德波的情境主义解析》[《文艺研究》2016 年第 2 期]，王梅芳和刘华鱼的《景观社会：一种视觉传播化的统治》[《当代传播》2017 年第 3 期]，胡翼青、吴欣慰的《"奇观"之于"景观"：论凯尔纳对德波的跨文化解读》[《新闻与传播研究》2013 年第 11 期]、四川大学文学与新闻学院刘扬的《视觉景观的形而上学批判——居伊·德波景观社会文化理论述评》[《社会科学家》2009 年第 2 期]、黄石、杜庆春的《反对电影，还是被烈火吞噬——思想或抽象写作在居伊·德波作品中的影像呈现》[《北京电影学院学报》2007 年第 4 期]等。

对德波的景观社会思想产生了影响，又是哪一种形式的影响，内在的或是外在的，还是被扬弃了的。还比如，列斐伏尔和"社会主义或野蛮"对德波转向马克思主义和景观社会批判的支点作用、德波的无政府主义倾向与无产阶级有组织的革命之间的矛盾性等。

值得关注的是，2015 年 9 月 19 日，南京大学马克思主义社会理论研究中心与南京大学出版社、法国领事馆在南京共同举办了"遭遇景观——居伊·德波的电影空间与情境主义思潮"国际研讨会。此次研讨会是国内第一次系统讨论德波思想和情境主义运动的大型学术会议，不仅聚集了来自国内外研究德波的哲学理论、电影作品、情境主义国际的学者，而且先后在上海二十一世纪民生美术馆、南京先锋书店举办了德波电影展，希望借此把这位法国思想家的理论和作品介绍给中国读者。与此同时，南京大学出版社原已在"当代学术棱镜译丛""情境主义国际系列"中翻译出版了《日常生活革命》①《日常生活实践》②《居伊·德波——诗歌革命》③，此次又精心重译再版了德波的《景观社会》④，书中增添了很多德波写作《景观社会》时未加标注来源就引用改动的内容、情境主义国际历史等资料，以方便读者全面了解德波的思想。

---

①　[法]鲁尔·瓦格纳姆：《日常生活的革命》，张新木、戴秋霞等译，南京，南京大学出版社，2008。

②　[法]米歇尔·德·赛托：《日常生活实践 1. 实践的艺术》，方琳琳、黄春柳译，南京，南京大学出版社，2009；[法]米歇尔·德·塞托、吕斯·贾尔、皮埃尔·梅约尔：《日常生活实践 2. 居住与烹饪》，冷碧莹译，南京，南京大学出版社，2014。

③　[法]樊尚·考夫曼：《居伊·德波——诗歌革命》，史利平译，南京，南京大学出版社，2009。

④　[法]居伊·德波：《景观社会》，张新木译，南京，南京大学出版社，2017。

这些向国内全面介绍德波思想和实践活动的活动，都在传递着一个重要的信号，那就是回应英语和法语学界的德波思想研究，尽可能梳理清楚德波思想的发展历程和全景内容，不再让德波成为那个被分裂开来的研究对象——德波既是先锋艺术的，也是马克思主义的；既是支持无产阶级革命的，也是透露了无政府主义倾向的；既是激进和彻底的，也是固执和矛盾的。

第一章 ｜ 革命的起点：先锋艺术与情境

　　德波的哲学思想起始于从 1952 年到 1960 年在字母主义国际和情境主义国际中的先锋艺术经验，德波的革命激进性最早就是寄居在先锋艺术的感性实践活动中。他相信，先锋艺术对非异化生活的体验等美学政治活动，能够将人的日常存在从资本主义统治中解放出来，并对资本主义现实造成实际的破坏。于是，德波一方面展开了对资本主义规划下的现代城市空间的批判，同时也投身于能够真正改变日常生活，创造出实现人的真实欲望的各种实践之中，比如从事建构情境、心理地理学、漂移等活动。

　　可以说，这段先锋艺术的生命经验，构成了德波反抗现代资本主义压抑生命的革命起点。它既为德波提供了直接行动的激进立场，同时奠定了他贯彻一生的个体本位的新人本主义立场，那就是最终要实现人不被扭曲的真实欲望和由人自由创造的生命存在。并且最终，先锋艺术与马克思主义在批判内容和最终归宿上的殊途同归，构成了德波60年代转向马克思主义的社会批判理论和革命实践的伦理冲动。为了彻底实现先锋艺术改变生活、主体自由的终极目标，德波才选择转向马克思主义激进政治作为实现方法。

一、反抗的开端：自由的主体与对生活的介入

20世纪50年代初，年仅二十岁的德波就加入了欧洲最具创造性、颠覆性的先锋艺术字母主义运动中。在字母主义时期，德波通过自己创作的电影作品《为萨德疾呼》和卓别林丑闻事件，毫不掩饰地展露出他对现实世界的反抗态度，以及对先锋艺术的激进理解。对他来说，主体本该就是自由和积极创造生活的存在，艺术不应该局限在理论体系的更迭之中，也不应该如卓别林般停留在对困难生活的再现上，而是应该服务于解放主体、改变生活的反抗实践。

（一）《为萨德疾呼》：艺术的先锋、反抗的主体

1951年，年仅二十岁的德波，在戛纳遇上了当时先锋电影艺术家伊索创立的字母主义团体。当时法国整个学术界和艺术圈流行的是萨特的存在主义风潮，而对绝不墨守成规的达达主义和超现实主义极为感兴趣的德波，认为唯一能够对抗存在主义风潮、最能创造新的反抗形式的

艺术先锋，就是伊索的字母主义。因而，他加入了字母主义，并跟随伊索的脚步来到了巴黎。另外，德波先锋艺术创作上的天赋和大胆，使得他在 1952 年春天就成为了字母主义的主力，因而在 1952 年 4 月在字母主义期刊《离子》(*Ion*)上面，不仅有伊索的《电影美学》(*Esthetique du Cinéma*)，还有德波的第一部电影作品剧本《为萨德疾呼》(*Hurlements en faveur de Sade*)。以这部电影为开端，德波开始尝试用"挪用""异轨"等艺术手段来制造能够引起人们反抗的情境，目的是解放现代媒介下被灌输的"被动的主体"，来恢复主体间真实的交流。这些艺术手段不仅成为了情境主义国际活动的主要方法，同时也坚定了德波艺术应该服务于解放主体、自由生活的理念，这使得他最终必然和仍想在艺术内部、通过革新各种创作手段来革新艺术的伊索和字母主义分道扬镳。

伊索的字母主义运动之所以得名，直接原因在于，其关键活动之一的"音节诗歌"(poesie phonetique)。因为音节诗歌，就是要以非概念的方式、以字母音节本身的纯粹性出发来组织诗歌。字母主义创作的诗歌旨在解构以字母为构成元素的词汇和概念，来凸显凭着人的意愿而将看起来不相联系的字母连接起来的作品。字母主义因此得名。

不过，看似类似达达主义的字母主义活动，其领导者伊索对第二次世界大战以来的欧洲艺术发展却有着清醒的认知和改革的野心，他实际上想为 20 世纪下半叶以来式微的艺术和文化形式提供新的解释模式和创新方法。

为此，伊索区分了两个艺术发展的阶段，即"丰富阶段"(amplique)和"雕刻阶段"(ciselant)。前者是指，在对艺术创作内容的再现上，可以通过各种新出现的修饰方法(比如色彩的笔触、调色、画面构成比例等规则)来丰富创作成果，此时属于艺术创作的高峰期；后者就是伊索所追求的，要独立突出"再现"背后的各种构成元素，每个画面动作、每个艺术技术、每个基本的元素，都能够成为艺术作品中独一无二的主体。这是对艺术过于依赖于太过泛滥的修饰方法、对这种艺术创作的设置逻辑进行根本的质疑。这一"解构"的理念，从19世纪末就在艺术领域开始兴起，表现主义对夸张失真的色彩的偏爱，达达主义将各种元素进行荒诞的组合等都是这一历史阶段的表现。

因此，我们就可以理解字母主义的另一项极具字母主义"解构"风格的关键活动——"雕刻电影"（film ciselant）。如果说诗歌创作正在经历从"丰富阶段"走向"雕刻阶段"的过程，那么电影领域也是如此。伊索使用了同样的解构方式来制作电影，那就是创造了"不符的蒙太奇"（montage discrépant）的技巧，使电影声带和电影影像不符合，来使电影的各个元素获得独立性。图像和声音的不一致，就可以打破传统电影音像一致的逻辑；同时，在任意"挪用""异轨"独立的图像和音轨元素创作"不符的电影"（cinéma discrépant）时，就可以产生出一种未经后期修饰的美学和意义的效果。而德波的第一部电影《为萨德疾呼》，就是一部向伊索致敬的字母主义电影，带有明显的伊索电影的风格。但从德波制作这部电影的初衷就可以分辨出，他虽然继承了字母主义"解构"的技巧和方法，但他关心的并不是伊索的革新欧洲艺术的理念，而是借先锋艺术之技巧，来宣泄他对现代媒介社会中主体处于完全被动的温驯状态。

1952年6月30日，德波在巴黎超现实主义者喜欢的咖啡馆播放了他的《为萨德疾呼》。实际上，德波1952年4月就已在《离子》上发表的《为萨德疾呼》的最初剧本从未被拍摄。两个月后，也就是在1952年6

月，第一次上映的《为萨德疾呼》已经是被德波删改过的版本。该版本去掉了所有的图像，完全拒斥了电影叙事的基本构成元素，彻底运用了"异轨"。

这部电影没有任何具体的影像，前二十分钟甚至是长时间的黑屏，而后配合音轨播放的是刺眼的白屏；电影中对白和标题中的萨德没有任何关系，而只是通过五道不同的音轨（男声、女声和德波自己的声音）交替念出一些从日常生活中"挪用""异轨"和任意拼接起来的独白，如新闻片段、法庭记录、电影台词和日常交流的短句等。这部电影其实并没有顺利完成放映，因为在一开始播放的时候，现场观众就被长时间的黑屏和后来没有逻辑的对白搞得一头雾水而引起了骚乱。但是，这恰恰是德波所乐见其成的。因为，他在《为萨德疾呼》中就直言道："根本不存在电影。电影已死——不再可能有电影。如果你愿意，就一起投入争论吧。"①

年少轻狂的德波自以为向观众投掷了一枚炸弹：为什么电影中的沉默和不符令人如此焦虑？为什么观众会习惯于特定的流程而面对沉默如坐针毡？他要的就是反抗电影所代表的现代媒介下人们所习惯扮演的"被动的主体"，他要的就是摧毁取代了真实交流的电影灌输下的被动性，观众的惊奇才凸显了电影叙事结构的界限，观众的愤怒恰恰才是真实交流的开端：

---

① Guy Debord, *Œuvres cinématographiques complètes 1952-1978*, Paris, Gallimard, 1994, p. 11.

电影，无论戏剧片还是纪录片，其功能就是呈现一个虚假的、孤立的一致性（une fausse cohérence isolée），填补交流和活动的缺席。为了破除纪录片电影的神秘，必须解决它的所谓主体的问题。①

什么是所谓"主体的问题"？年仅二十岁的德波，凭借其对生活和先锋艺术的极度敏感，就已经感知到了在电影为代表的主流现代媒介下，主体性已经被挖空成为一种等待被灌输的、被动的主体性，先锋艺术所憧憬的直接的、自由的、生命的直接交流，也被电影等现代媒介所中介，成为虚假的、间接的社交活动。这也是为什么，在短短几年之后，在德波成立情境主义国际之时，特别欣赏德国戏剧大师、共产主义艺术家贝尔托·布莱希特（Bertolt Brecht）在戏剧领域中提出的史诗剧。因为布莱希特是第一个明确提出，要在戏剧创作中，利用中断情节、蒙太奇手法等间离效果，阻止观众对舞台表演的移情效果，保持观众的自我批判意识，旨在将被动接受的观众主体颠倒为具有批判意识和积极介入现实的主体。而此时年轻的德波所追求的，也就是这个能够摆脱一切意识形态灌输的激进主体。

至此，我们就能够理解，德波会选择用一部反抗的电影，来揭示当下交流缺席、主体被动化孤立化的现实，来作苏格拉底的"牛虻"：

因此，我不愿意在上千部这样的电影里再添一部，相反我选择

---

① Guy Debord, *Œuvres cinématographiques complètes 1952-1978*, Paris, Gallimard, 1994, pp. 43-44.

在这里揭示我为什么不愿意这么做。因为比起电影讲述的毫无意义的冒险，更重要的是检视一个重要的主体：我自己。有时，人们批评我在制作让人难懂的电影，但他们想错了，我只想用一部电影来终结这一切（je vais pour finir en faire un）。①

不过，短短几年之后，德波在创立字母主义国际和情境主义国际之后，在全面批判包括字母主义、超现实主义在内的先锋艺术流派之时，就提出过《为萨德疾呼》这部作品，在他心中并不是严格意义上属于自己的作品，而是"取决于那个时代的字母主义的复杂因素（伊索、沃尔曼等人的电影作品），因而完全具有解构阶段（le phase de décomposition）的特点"②，也就是以最极端的形式展现了艺术的否定性的功能。以极端否定的方式来实现艺术，这仍然是同属于达达主义、超现实主义和字母主义等先锋艺术流派的阵营。这种艺术上的挑衅，由于切断了与公众沟通、互相理解的渠道，从而最终只能是某种意识上的虚构，对被束缚在资本主义社会剥削中的人们的生活本身毫无增益。所以，德波后来一改对电影的认识，将其看作建构情境和真实欲望的重要方法。

但不可否认的是，伊索、字母主义、《为萨德疾呼》的电影制作经历，对德波和后来的情境主义运动等造成了不可忽视的影响。首先，伊索和字母主义团体，是当时年轻的德波集体实践反叛活动的最初场所，

---

① Guy Debord, *Œuvres cinématographiques complètes 1952-1978*, Paris, Gallimard, 1994, pp. 216-217.

② Guy Debord, *Textes et documents situationnistes*(*1957-1960*), Paris, Allia, 2004, p. 38.

可以说是为德波提供了反抗现存社会的起点。德波后来在多处都中肯地评价字母主义当初对他的吸引力和价值："在法国，字母主义，曾经是坚决反对大众熟知的美学运动的一部分，它因而评价后者处于持续的衰落中。在 1946 年和 1952 年，字母主义团体在所有的领域中，都不断地提出了新形式的创造，引起了令人可喜的骚乱。"①其次，在德波和伊索的相遇中，字母主义在制作电影时对各种元素的"挪用""异轨"等技巧也被年青的德波等人在后期构建情境的实践中发挥到了极致，成为情境主义国际成立的基础。最后，伊索对马克思主义和革命运动的理解，成了 50 年代的青年德波对马克思主义最初的间接认知。伊索在著名的《青年的崛起宣言》(*Les manifestes du soulèvement de la jeunesse*)中就认为，尚未被生产、交换、消费捆绑住的青年个体，是超越马克思提出的工人阶级革命的新方案载体。而 1950—1952 年的德波，对马克思的理解仅仅停留在伊索的描述、当时如日中天的法国共产党的宣传内容和极左派组织分发的些许材料上，因而也只和当时无数热血的左派青年一样，谈论无产阶级、资产阶级、阶级斗争等范畴。可以说，在这个艺术审美、政治革命并行且相互交融的历史语境中，德波及其伙伴逐渐从先锋艺术改变生活走向马克思主义和政治革命，是既合情也合理的。

不过，伊索和字母主义，对德波来说有着更为重要的"试错"意义。那就是，如前所述，德波从《为萨德疾呼》开始，就展现了他与伊索的不一致之处——他最终没有接受伊索关于艺术阶段的区分，也不想要像伊

---

① Guy Debord, "Rapport sur la construction des situations," *Œuvres*, Paris, Gallimard, 2006, p. 319.

索那样对艺术进行任何的革新，因此德波拒绝了"美学应该在和过去相似的一般框架内重新开始"[1]（les disciplines esthétiques devaient prendre un nouveau depart dans un cadre general similaire a l'ancien）这一主张。

相对地，德波此时已经越来越清晰地认识到，艺术仅仅是一种艺术性的手段，不能再妄想在艺术框架内部进行改革，而是应该将艺术服务于解放主体、自由生活的战斗，这才是解决伊索所指认的欧洲艺术危机的正确方法。在制作《为萨德疾呼》中，德波力图展现的对电影图像的拒绝、对大众面对现代媒介的被动性的反抗、让被动的观众转为具有主体意识的个体、对人与人之间不被中介的真实的交流的追求，都是他这一立场的体现。很快，他就在此基础上，提出了重新定义"什么是真正的艺术先锋"，那就是要彻底实现先锋艺术的艺术改变生活的口号，恢复主体对生活的创造性和主动性，恢复生活的多样性和差异性。

(二)字母主义国际与卓别林事件：先锋艺术在于介入生活

就在德波与伊索的字母主义决裂的同年，德波创立了字母主义国际。起因是，1952 年 10 月 29 日，德波和字母主义里其他的左翼激进分子，在巴黎丽兹酒店（Ritz Hotel）举办的卓别林电影《舞台生涯》（Limelight）的新闻发布会上，为了反对战后美国大众文化的入侵，直接打断了发布会的进程，大声叫喊羞辱的言语，在现场到处散发抵制卓别林的宣传册子。伊索和其他字母主义者拒绝为这件"丑闻"负责，并且撰文公

---

[1]　Guy Debord, "Rapport sur la construction des situations," *Œuvres*, Paris, Gallimard, 2006, p. 319.

开向卓别林道歉。德波发现，伊索等字母主义者，归根结底是想用另一套美学理论来统治艺术领域，而非在真正地实践先锋艺术改变生活的实践运动，从而先后创立了字母主义国际，即情境主义国际前身，开始了真正的属于德波自己的先锋艺术的冒险。

众所周知，卓别林，是一位深受左翼知识分子支持的大艺术家。他的大多数作品呈现了资本主义制度下机械麻木的底层群众的生活百态。他在 1947 年的电影作品《凡尔杜先生》(*Monsieur Verdoux*)更是通过描述在经济危机下谋财害命的银行职员凡尔杜先生的生平故事，抨击了资本主义吞噬人性的无情。另外，在 1940 年，他多次在采访中公开表露出对苏联和共产主义的支持，这也使得卓别林饱受国内舆论环境的压力，特别是受到了美国右翼组织的监视和打压。因而，当卓别林在 1952 年因其即将上映的电影《舞台生涯》(*Limelight*)造访欧洲的时候，他不仅在伊索、布列东等当时欧洲的先锋艺术家中享有很高的名望，而且也受到法国当局的大为欢迎。

1952 年 10 月 29 日，在巴黎丽兹酒店(Ritz Hotel)举办的卓别林电影《舞台生涯》的新闻发布会上，德波和字母主义里其他的左翼激进分子，直接打断了发布会的进程，大声叫喊羞辱的言语，在现场到处散发抵制卓别林的宣传册子，标题是《大平脚丫子滚蛋》(*Finis Les Pieds Plats*)，称卓别林是在赚取妇女的眼泪，是通过歌颂苦难来赚取大笔的金钱和名声："因为你说是被压迫的，攻击你就是攻击弱者和被压迫者，但是在你的手杖后面，是棍棒。你既做婊子又立牌坊，我们年青一代，只会把革命指向对我们说苦难的人。"①

卓别林本人并未对此事件做出任何回应，在他的传记中也不见对这段经历的描述。不过，以伊索为首的字母主义成员们，却立刻在法国《战斗报》(Combat)上发公开声明，题为《字母主义者们反对攻击卓别林的侮辱者》(Les Lettristes Desavouent Les Insulteurs de Chaplin)。在文中，首先，他们表明了对卓别林的尊敬和推崇，认为他确实是电影史上伟大的艺术家，卓别林不仅因为和共产党的关联被美国当局压迫，并且也为苦难大众做出了贡献，因而向卓别林致敬，是他们的不变的立场；其次，伊索他们公开表示与这些激进的年轻人划清界限，称他们的行为太过极端，也令人羞愧。用其中的一句话来概括就是："我们与这群伙伴已分道扬镳，我们为苦难大众致敬卓别林先生。"②

因此，卓别林事件直接导致了德波与以伊索为代表的字母主义的决裂，德波随即成立了字母主义国际。不过，卓别林事件，不仅是造成德波从字母主义出走、创办字母主义国际的直接导火索，更重要的是，这件事象征着德波在理解先锋艺术的内涵和目标上发生了一大转折，即真正的先锋艺术在于超越艺术、介入生活，也开始有意识地与只否定艺术而不否定生活的达达主义、超现实主义和字母主义等先锋艺术流派区别开来。

---

① Guy Debord, Gil Wolman, Serge Berna, Jean Brau, "Finis Les Pieds Plats," *Documents relatifs à la fondation de l'Internationale Situationniste*, Paris, Allia, 1985, p. 147.

② Jean-Isidore Isou, Maurice Lemaitre, Gabriel Pomerand, "Les Lettristes Desavouent Les Insulteurs de Chaplin," *Documents relatifs à la fondation de l'Internationale Situationniste*, Paris, Allia, 1985, p. 147.

其实，德波等人之所以会反对其他同时代的先锋艺术家们的态度，根本上是因为在对“什么是真正的先锋艺术”这个问题上发生了根本的分歧。在回应字母主义的公开声明中，德波他们清楚地解释了反对卓别林的原因：

> 我们当然承认卓别林在他的时代中的作品的重要性，但是今天我们知道所谓革新是别的东西，而且“不再有趣的真相，都变成了谎言”。我们相信，现在投身自由最重要的就是摧毁这些偶像，特别是当他们自称是自由的时候。我们挑衅的语气，只是在反对全体一致的、卑躬屈膝的热情。①

在德波这一批新一代眼里，卓别林及其电影作品，本质上代表了面对异化生活的被动性和改变生活的无能，只是在用来调补人们生活意义的缺失。真正的支持共产主义解放的艺术家们，应该致力于带来人们创造新生活的欲望和改变生活的直接介入，而非聚光灯下的溢美之词。

随后，为了能够真正介入生活，以德波为首的字母主义国际不仅选择了在城市中的漂移和心理地理学、对文本进行任意挪用的异轨等建构情境的活动，而且提出了“宣传”（propagande）、“制造丑闻”（scandale）的活动方式，使其成为德波用来与先锋艺术家们决裂、用艺术介入生活的开端，成为德波等人一直延续到 60 年代的行动准则。

---

① Jean-Isidore Isou, Maurice Lemaitre, Gabriel Pomerand, "Position de L'Internationale Lettriste," *Documents relatifs à la fondation de l'Internationale Situationniste*, Paris, Allia, 1985, p. 151.

我抛弃了所有新诗歌的基础——无论是超现实主义还是字母主义。我们要把布列东的美学自由推向更远处。我会超越伊索，通过直接的行动和沉默等。我坚信艺术创造理念的死亡。所有新艺术的宣言，从此之后，都将归为**宣传**的范畴（丑闻和刺激，行动的副产品）。①

艺术的死亡，在于它只能在作品而非现实的世界里否定自身（达达主义、超现实主义、字母主义等）；宣传，其实只是要通过艺术活动的实践行动，来传递改变生活的新的欲望，来借此反对资产阶级统治文化的精神产品、价值形态而已："维持失序是我们唯一的乐趣。我们只为宣传写作……丑闻、刺激、墙上的涂鸦，这些都是新诗歌的序列，从所有合理化的美学中脱离下来，简化为一个标题。"②

而制造丑闻，作为一种反抗的直接行动方式，一向都是欧洲艺术家们用来破坏资产阶级道德伦理观念的主要方式。在制造丑闻事件的背后，是打碎所有现成的社会规则的快乐。臭名昭著的萨德伯爵（Marquis de Sade）成为当时包括巴塔耶、德波等许多艺术家所推崇的对象，就是最好的例证。罗尔德·西格尔（Jerrold Seigel）就曾在《放浪形骸的巴

---

① Guy Debord，*Le marquis de Sade a des yeux de fille*，Paris，Fayard，2004，p. 104.

② Ibid.，p. 114.

黎》①中描述过，19世纪的欧洲，现代性作为一种全新的资产阶级生活方式，革新了包括人的活动、价值、道德准则、文化艺术在内的生活的方方面面，人们普遍参加到了工具理性的关系网之中；与此同时，一种危险的阶级正在形成，许多的诗人和艺术家们逐渐热衷于一种偷盗、放浪、冒险、情感强烈的艺术风格和生活方式：

> 贫穷的生活的独特之处吸引了浪漫主义的想象，因为它意味着，在同时带来了威胁和承诺的新奇和不确定性中，现代生活能够从所有的力量中解放出来……城市的底层群众们，深深地吸引着一种欲望，那就是探究只能从这里暴露出来的人类身上的可能性(Les bas-fonds des villes attriraient les profande désireux d'étudier des possibilités humaines)。②

德波等人所推崇的丑闻，卓别林事件算是一个，而更早之前1950年的巴黎圣母院事件，也是在德波他们成立字母主义国际之后主动承认的事件。当时还未和德波一起成立字母主义国际的贝尔纳和布罗潜入了巴黎圣母院的主教堂，其中一人扮成了主教，在一万多人的信众面前，发表了关于上帝已死的讲话，在群众和报纸媒体上引起了很大的骚乱。

而无论是宣传还是丑闻，从根本上来说，都是想要通过冒险和刺激，把生活当作艺术创造的战场，从资产阶级世界的体验中解放出

---

① Jerrold Seigel, *Paris bohème*, *Culture et politique aux marges de la vie bourgeoise* (*1830-1930*), Paris, Gallimard, 1991.

② Ibid., p. 32.

来——从繁重的工作、量化的时间、功利的交流和严肃统一的伦理道德中解放出来。如果墨守成规成为了现代性的生活方式，那么冒险和混乱的生存方式才能彰显自由的维度。而那些声称自己是改变生活的先锋艺术家们，是否可以在卓别林这样名利双收的偶像面前嗤之以鼻呢？是否可以将艺术作品中的革命和虚无贯彻到生活的经验中去呢？以此，德波开始重新定义他所信仰的先锋艺术，决绝地向浸润他的过去的先锋艺术们告别。

二、建构情境和现代城市批判：对非异化生活方式的体验

从字母主义出走之后，也就是在 1952—1958 年，德波先后成立了字母主义国际和情境主义国际，后者是由 1957 年德波的字母主义国际和约恩的想象包豪斯国际运动正式汇合而成的。在此期间，为了尝试先锋艺术如何可能真正改变日常生活、最大限度地实现主体自由，德波开始投身于在日常生活中实践人的真实欲望的各种体验之中，比如漂移、心理地理学、建构情境等活动。

在一般的解读框架中，这些大多是与超现实主义、达达主义等先锋艺术相关的实践活动，且各自具有不同的内涵。在这里，不仅要探究这些活动的理论内容、实践指向及相互之间的关联。更重要的是，漂移和心理地理学作为字母主义国际延续到情境主义国际的理论和活动，建构情境作为德波创立情境主义国际的核心纲领，其背后凸显的是德波和情境主义国际对资本主义规划下的现代城市空间的批判；其面对的历史现

实是第二次世界大战后法国的现代化城市改造和生活方式的平庸化；其意义是对千篇一律的现代理性规划的合理反抗；其理想是超越资本主义的生活方式，让生活成为充满诗意和热情的自由游戏。这无意中越来越接近马克思主义理论对资本主义现代性的批判，为德波即将与列斐伏尔、卢卡奇等西方马克思主义的相遇奠定了基础。

(一)《建构情境宣言》：走向情境的建构

在年青的德波离开超现实主义和字母主义团体之时，德波就已经意识到，现代艺术及其文化的终结，是 19—20 世纪以来欧洲文化自身发展的逻辑结果，也是资本主义生产关系决定的社会事实。① 这就客观地向先锋艺术者们提出了新的任务，在以达达主义、超现实主义为代表的艺术的否定阶段之后，进入"超越艺术"的阶段。所谓"超越艺术"，和马克思提出的废除哲学的意义一样，一方面是要批判艺术本身，另一方面则是要上升到决定艺术发展的社会层面，整体地超越和革新先锋艺术，即打破艺术和生活的界限，彻底实现其批判现实、追求自由生活的本质，整体地超越当下的生活方式。因此，作为先锋艺术的实践者，德波及其同伴此时的理论和实践活动的目标就是要赋予人们的生活以艺术的（诗意的）形式，充分自由发挥个体的创造力来追求真实的、直接的体验，打破既定的资本主义生活方式。而对于这种艺术创造的新形式，德波及其同伴为其创造了一个全新的范畴——"情境"。

---

① Guy Debord, "Le grand sommeil et ses clients," *Potlatch*（1954-1957）, Paris, Gallimard, 1996, p. 104.

什么是情境？

德波从 1952 年开始就已经提到了"情境"（situation）这一概念。虽然可以说，从德波多次批判萨特的架势中可以看出，德波可能受到了萨特《存在与虚无》中的情境概念的影响，继承了萨特所说的存在是由特殊的情境所决定的看法，从而让个体充满了有意识的自我选择、为自己的情境和行动承担责任的个人行为。但无论如何，德波对建构情境的兴趣可以说由来已久。从 1952 年字母主义国际成立开始，他先后发表了《建构情境宣言》（*Manifeste pour une construction de situations*）、《关于情境构建和情境主义国际倾向的组织和行动之条件的报告》（*Rapport sur la construction des situations et sur les conditions de l'organisation et de l'action de la tendance situationniste internationale*）、《建构情境的初步问题》（*Problèmes préliminaires à la construction d'une situation*）等文章，专门阐述了情境这一概念及其活动。一直到 1957 年字母主义国际与想象包豪斯国际运动合并成立情境主义国际之后，情境建构才正式成为德波及其同伴活动的基本纲领。

简单说来，情境，是指特定时空下的个体所处的物质和精神环境的总体。具体说来，其基本特征就有：第一，情境不是个体主观的结果，而是被社会、政治、经济、文化等条件所决定的复杂综合体；第二，情境是特定时间和空间条件下的具体的情境，是此时此刻、每时每刻，只有现象没有本体，只有实践没有主义；第三，情境是包含了特定情境的物质布置和身处其中的个体的各种行为的统一体，并且物质装饰和个体的行为之间可以互相影响、互为因果。

所以，情境其实是个体、个体所处的环境和将个体和环境关联起来的事件这三者的共同存在，是被社会性地决定的主客体统一，其中的客观和主观、物质和行为等都在相互影响，因而德波等人坚信，可以通过各种技术手段的综合应用来创造特定的情境氛围，以便影响其中的个体的精神和行为。为了研究情境和个体之间的互动关系，德波等人才发明了新的观察手段和理论，即漂移、地理心理学、新都市主义。

但是，这样的定义太过宽泛，容易变成超社会历史的抽象的艺术创作。德波一直都在坚持，真正的情境建构，必须具备对社会历史前提条件的认识，不是任何一种标新立异的艺术表现方式都可以被看作在建构情境。在情境主义国际成立之初，以沃尔特·奥尔莫①（Walter Olom）为首的情境主义国际意大利支部，就曾经提出一种实验艺术的建构情境方式，叫做"有声的体验"。他倡议使用异轨来的小提琴的音乐，与不同磁带上的录音片段相并置，创造出一种特殊的音乐的氛围，它能够在不打扰人们工作的前提下，改变日常生活的总体环境。他为不同的地点（浴室、图书馆、厨房、街道）设置了不同的音乐，这样就可以使每个特定的日常生活环境更具有特质。在此基础上，奥尔莫设想的是一种"有声的城市主义"的艺术。借此，想要将人们的生活方式提升为"在社会性和艺术性上都更为优质的生活方式"。对此，德波在 1957 年 10 月给奥尔莫的回信中毫不客气地写道："这里附有你的文章的译文，以及很不

---

① 沃尔特·奥尔莫，意大利音乐家和作曲家。1957 年和德波、伯恩施坦等人一起成立了情境主义国际，是意大利支部的核心成员。同年，他发表了《音乐体验概念》一文。1958 年 1 月被情境主义国际开除。

幸但必然的对它的批判……我指责的是你接受了一些被证明是蠢事的观念。"①德波又在翌年的 1 月开除了奥尔莫等意大利实验主义者。究其原因，就是因为奥尔莫等人倡导的这种建构情境的方式，是从特定的历史和社会环境中被抽象了出来，他们根本对自己所处的历史阶段，以及该社会历史环境所造成的自己所背负的"前提条件"（conditionnement）一无所知。

> 意大利实验主义者骄傲于自己"在行动之前或是在行动过程中都毫不担心其中的关系是什么"。他不只是将客体从围绕客体的事物之中孤立出来，他还对这样做会带来的后果漠不关心。他们既不想了解我们生活的前提条件（les conditionnements de notre vie）是什么，也不想了解我们如何作用于这些前提条件（comment nous réagissons sur ces conditionnements）。②

德波尖锐地指出，相比于波普尔在《开放社会及其敌人》中描述的历史主义目的论，列奥·施特劳斯在《自然权利和历史》中提出的完整的历史相对主义理论，意大利实验主义者们对于历史理论毫无明确的理论认知；更加丝毫没有认识到，被他们拒绝的历史，"本身是由关系构建起来的"③（dans la mesure ou elle est faite de *relations*）。而对历史和对社

---

① Guy Debord，*Correspondance*，Vol. 1（juin 1957-août 1960），Paris，Librairie Arthème Fayard，1999，p. 33.

② Guy Debord，*Textes et documents situationnistes（1957-1960）*，Paris，Allia，2004，p. 30.

③ Ibid.，p. 31.

会历史条件的忽视，使得他们将问题"原子化"（atomiser）、孤立化，在理论上是典型的唯心主义，而在政治上则是保守的右派。

那么，什么才是建构情境的真正方向呢？不是所有对环境的布置和对个体行为进行影响的活动，都可以被看作建构情境，情境之所以为情境的前提是认识当前社会历史的总体性，即人所在的社会历史前提和当下的既定条件，即德波提出的建构情境的"统一性"（unité）①特征。这种统一性，不仅是反对意大利实验主义者将音乐和其他艺术手段（图像、小说等）相割裂，倡导联合使用各种手段进行集体的活动；更重要的是，德波强调，必须具有历史的、唯物主义的总体视角，将个体、事物或情境的存在，看作是在社会历史中生成变化的结果，是在历史中形成的关系的结果，而不是忽视其历史的起源、陷入无前提的抽象之中。

这种统一性，用马克思历史唯物主义的术语来说，就是特定的社会历史阶段的特殊性，就是资本主义这个特定的社会统治形式的特殊性。因为德波已经清楚地看到，情境建构绝不是从一个抽象的开端开始去反抗一切限制人的现实存在，而是要针对特殊的社会历史前提，那就是资本主义的现代生产力和生产关系之间的矛盾对我们的生活所造成的种种禁锢。德波和其同伴们在未经马克思主义政治经济学批判理论熏陶的情况下，所能看到的就是最直观的现代都市生活衍生的一系列问题。比如，现代技术进步的同时，必然带来了城市生活中的功能主义、理性主

①　"unité"，该词既可以理解为统一性，也可以理解为强调个体、单位的单一性。在德波这里，该词既具有上述的统一性的内涵，同时也强调了在特定的历史条件下建构具体情境的偶然性、单一性、独特性，和同时期的列斐伏尔所提出的"瞬间"理论具有异曲同工之妙，都追求转瞬即逝中生命绽放的美丽。

义；现代化城市的建设规划完全服从于功能主义的目的而丝毫不考虑个体居住条件的增益；资本主义的工业生产和商品经济活动，正在把人们原本的自由的游戏欲望，转变为对都市产品的肤浅的需要；人们的家庭—工作—休闲娱乐的循环的生活方式，象征着"人们的境遇、他们的欲望、他们的责任，已经完全被生存（subsistance）的问题所规定了"①。如何组织起娱乐的问题，甚至成为使大众更为高效工作的社会必要条件。

　　情境建构的核心任务，就是要研究和打破资本主义现实将人禁锢起来的社会历史的前提条件，即特定的生产力和生产关系的现实状况。德波在 1957 年发表的《如果你愿意成为情境主义者，就再试一次》中指出：

　　　　我们被禁锢在生产关系之中——生产关系和生产力的必然发展互相矛盾，同时在文化的领域之中也是如此。我们应该打破这些传统的关系，这些争论和它们所维系的这些模式。我们应该走向当下的文化的彼岸，通过能够对现存领域的批判，通过将它们统一整合到统一的时-空建构之中（une construction spatio-temporelle uni-taire）（即情境——环境和游戏行为的动态体系），这将会实现形式和内容的内部统一。②

────────────

　　①　Guy Debord, "Manifeste pour une construction de situations," *Œuvres*, Paris, Gallimard, 2006, p. 111.

　　②　Guy Debord, "Encore un effort si vous voulez être situationnistes," *Potlatch* (*1954-1957*), Paris, Gallimard, 1996, p. 274.

建构情境的终极目标，就是要通过在选择特定的时空和布置环境，营造特定的情境氛围，从内部影响其中的个体的精神和行动，从而能够引导人们发掘被资本主义现实压抑的基本欲望，同时引发与未来理想社会相匹配的欲望的新内容。既然资本主义带来了都市主义功能化、人们的欲望被生存问题所统治等现实问题，那么心理地理学、漂移等临时的微-环境的建构，为人们生活的瞬间赋予独特的"质性"①的活动，才是真正的情境建构。

(二)体验新的生活方式：心理地理学和漂移

打破 20 世纪以来资本主义生产力和生产关系对人们生活的禁锢，是情境建构被提出的根本原因。但与传统的马克思主义强调的生产力决定生产关系、经济关系决定意识形态的模式不同，德波等人坚信着包含意识形态、文化在内的上层建筑，具有独立的发展逻辑和引起革命解放的可能性。因而，在德波他们 50 年代的情境建构计划中，以个体的主体意识、情感为根本动力的心理地理学成为了他们变革生活方式的主要计划。这也是他们对资本加速流通而分散和组织新的时空秩序，以同质化的生活方式取代个体经验的合理反抗。更重要的是，以漂移为主要活

---

① 德波很早就已经开始注重通过创造性的活动，为生活的每个瞬间赋予独特的质性；所谓的"质"，相对的是资本主义工业化生产的无区别的"量"，是将个体被化约了的"数量""符号"。这和 1947 年首次出版《日常生活批判》的列斐伏尔提出的"瞬间"理论有关，德波是赞成将情境建构看作引入日常生活的丰富性（即不同的质性）的革命。日后，在《景观社会》中，德波多次提到"质"的概念，也是从这个意义上来说的。

动方式的心理地理学，是德波从字母主义国际时期走向情境主义国际的代表性成果；以现代城市空间为主要实验场地的心理地理学及其实践活动的不断成熟，也标志着情境主义国际的情境建构理论在 50 年代末的成熟。

心理地理学，最初是来自字母主义国际和情境主义成员哈提卜[①] (Abdelhafid Khatib)命名的概念。在哈提卜看来，心理地理学作为建构新的情境的关键方法，其主要的研究工具就是体验式的漂移活动，借此能够重新将城市环境的组织纳入作为主体的人的创造性之中。这和德波所向往的建构情境的方法如出一辙。因此，自 1953 年开始，德波等人围绕着心理地理学具体展开了许多的活动，来探索现代城市的深层改造及其带给人们情感、精神和行为上的影响。在这期间，伊万的《新都市主义宣言》(Formulaire pour un urbanisme nouveau，1953)和德波的《城市地理学批判导言》(Introduction à une critique de la géographie urbaine，1955)都对"心理地理学"做出了详细的解释。直到 1957 年，德波正式成立情境主义国际之后，才通过《回忆录》(Mémoires)等作品回顾，总结了这几年间字母主义国际围绕着心理地理学开展的研究。

一般来说，地理学研究我们所处环境的客观条件，如土壤、气候、植被等，而心理地理学主要研究的是客观形成的或是人为布置的环境本身及其所带来的对个体的情感和行为的具体影响。因而，和一般的地理学记录的客观数理数据不同，心理地理学记录的是城市不同的"环境氛

---

① 哈提卜，字母主义国际的成员之一，后来是情境主义国际阿尔及利亚分部的成员。主要的作品是《巴黎雷阿尔的心理地理学说明》(Essai de description psychogéographique des Halles)。

围"(ambiance)和建筑向人们传递的，以及在其中自由穿行的人们向环境传递的情绪。"有些地方让人心情愉悦，而有些地方让人沮丧，这是人们一般的理解。但是实际上，不同环境的组合的各种可能，能够唤起完全不同的情感。"①在建筑中穿行，就不可能只产生一种样式的感情。由于个体的主观因素和每天发生的事件的不同，各种建筑中总是展现出一种具体情境下的独特之美。这种美是瞬息万变的，是不被驯服的"灵韵"。所以，在城市里不断移动的过程中，捕捉所处环境的各种元素施加在个体心理上的影响，同时为环境标上具体的情感基调，这就是情境主义者的心理地理学的基本要求。

据此，德波提出要按照人在穿越城市中所感受的不同情绪，重新制作新的巴黎地图。比如，德波在 1957 年发表的《赤裸城市》(*The Naked City：Illustration de l'hypothèse des plaques tournantes en psychogéographie*，异轨自朱尔斯·达辛 1948 年的同名电影《赤裸城市》，美国黑色电影代表作)、《巴黎心理地理学指导手册：爱的热情絮语》(*Guide psychogéographique de Paris：Discours sur les passions de l'amour*，其副标题异轨自帕斯卡 1652—1653 年创作的作品)，以及 1958 年发表的《回忆录》，都是这样的作品。在这些心理地理学的地图上，原先巴黎的不同分区都支离破碎地被撕裂了开来，中间通过红色的箭头重新连接在一起。而这些箭头，代表的就是主体在穿越这些空间时的主动意识；红色，象征的则是情境主义国际心之所向的人的根本状

---

① Guy Debord, "Introduction à une critique de la géographie urbaine," *Documents relatifs à la fondation de l'Internationale Situationniste*, Paris, Allia, 1985, p. 290.

态："热情"（passion）①。与用数理方式测量和展示世界的地理学不同，心理地理学正是想要重新生产一种以主体的认知和感受为坐标轴的空间——不是既定的城市空间布局决定了人们的生活路线和方式，而是人们自己在城市中穿移成行决定了不同地点之间的联结，决定了城市空间的意义的生成：

> 雄巴尔·德洛夫在他的《巴黎及其郊区》一书中指出，城市地区并不只是由地理和经济因素所决定的，也是由其居民的再现所决定的。②
>
> 建筑群应该是可调整的，可以随着居民的意愿部分或整体地调整。③

而为了进行心理地理学的非功利性的主体探索，德波等人提出了"漂移"的核心实践方法。

漂移，作为心理地理学的研究工具，是一种毫无目的的穿行和移动，是在"不同的环境之间快速通过"④的方法，从主体感受到的不同情

---

① 德波的第一任妻子伯恩施坦，曾在信中特别叮嘱过，情境主义国际成立的奠基性文件《关于情境构建和情境主义国际倾向的组织和行动之条件的报告》的封面，必须是代表了热情的红色。

② Guy Debord，"Théorie de la dérive," *Documents relatifs à la fondation de l'Internationale Situationniste*，Paris，Allia，1985，p. 312.

③ Gilles Ivain，"Formulaire pour un urbanisme nouveau," *Documents relatifs à la fondation de l'Internationale Situationniste*，Paris，Allia，1985，p. 260.

④ Guy Debord，"Théorie de la dérive," *Documents relatifs à la fondation de l'Internationale Situationniste*，Paris，Allia，1985，p. 312.

感来感知和认识城市空间。漂移的组织是，两三个具有共同意识的人组成一个小组，反复确认不同的感觉，来得出更客观的漂移内容；但是如果超过四五个人，漂移的独特性就会大大地降低，因而十多个人不能一起漂移而应该分成几个漂移的小组。而漂移持续的时间，从一两个小时到两三天皆可。除了连续的暴雨，其他的气候变化都不会影响漂移的行动。漂移的场地，根据是记录环境本身还是个体的情感反应来确定是事先选定某个地方，还是未先确定的场所。因而，"漂移"就被看作对另一种解放的生活方式的体验方法和观察手段，去认识和引导被特定建构的环境对人的精神所带来的效果。

这也就是"心理地理学"，人们可以依据漂移的经验标记出城市的心理地理学地图：

> 除了能够发现不同的环境体及其内部构成、空间位置，人们还能够开始认识到主干道、出口和禁止，也就是来到了心理地理学的关键之处。人们可以真实地丈量城市的两个区域之间的距离，这种距离和两个区域之间的物理距离毫无关系。在以前的地图、航拍照片、漂移的体验的帮助下，人们可以完成现在所缺的记录对人们带来影响的地图。这种地图必然和第一代的导航图一样不够精确，但唯一的区别在于，这不再是要精确地刻画陆地上的情况，而是要改变建筑和都市主义。①

---

① Guy Debord, "Théorie de la dérive," *Documents relatifs à la fondation de l'Internationale Situationniste*, Paris, Allia, 1985, p. 315.

在心理地理学的领域中，被人类所搭建的建筑和空间，并不是中立的物理环境，建筑和空间天然就具有属人的性质，能够对人的情感和精神产生影响的结构，并且能够借此确立一种生活方式的植入。而功能主义的建筑师们则忽视了建筑和环境本身所带来的心理学的功效，妄图用单一的理性形式一劳永逸地回避这一难题。其实，正如德波欣赏的建筑师约恩在他的作品《图像与形式》中所说："建筑一直都是精神和艺术发展的最终实现；它也是经济发展阶段的物质化产物。（L'architecture est toujours l'ultime réalisation d'une évolution mentale et artistique ; elle est la matérialisation d'un stade économique.）建筑是所有艺术活动实现的最后阶段，因为创造一个建筑意味着建构一种氛围，并且固定一种生活模式。"①这种对城市和空间的原创性的理解，就打开了情境主义国际的一个乌托邦计划——和统治地位的生活模式相断裂，将本该属人的时间致力于漂移的冒险之中，来建构一种全新的城市形态，其中建筑应当对在其中活动的人的行为施加影响，从而能够大大增加充满"诗意"和"情感"的多种相遇的可能性。

因此，德波和情境主义国际所推崇的心理地理学、漂移和新的都市主义的价值，本就不在于其具体的实践活动及其成果，而在于要求本自具足的人能拿回自由创造的能力，他们本就该将属于自己的而非资本规制的生活转变成城市各个未知的角落中的漂移，完全可以任意随着环境，以及路途中的相遇来调整每日的出行活动。

---

① Asger Jorn, "Une architecture de la vie," *Potlatch*（*1954-1957*），Paris, Gallimard, 1996, p. 96.

这就是在反对为资本主义服务而组织起来的现代城市空间和生活方式。资本主义已经发展了这样的社会历史阶段，现代城市空间是由为资本主义服务的生活方式组织起来的。通过大规模的现代交通网、功能区分块等规划，城市空间在分散和再组织的秩序中加快着资本的流通。伴随着这一过程，公共时空的同时性、同质性开始大量取代个体对时空、生活的私人体验，资本主义的家庭—工作—娱乐的生活方式开始成为标准的生活方式。

所以，对德波他们来说，人们如何才能从资本主义规范化的生活方式中解放出来，当然也只能通过对城市空间和建筑进行改造的心理地理学，借助新的空间结构和情境，向大众传递新的超越陈旧的社会组织之上的欲望，使对新的生活方式的想象成为现实。如果说，在以理性和计算为风格的资本主义统治下，现代主义建筑师们整齐划一地设计了现代建筑和空间规划，用千篇一律的形式主义挤压了个体创造的感性和自由，那么，心理地理学和漂移，就是要彻底消除这些设定好的建筑参数和区域界限，打开一种新的外在、一种"异托邦"的空间，在那里"人们丢掉了他们的关系，丢掉了他们的工作和娱乐活动，丢掉了惯常行动的所有动机，任由自己被所遭遇的场所吸引"①。城市中的建筑并不只是供人居住和娱乐的物理场所，建筑本身应该是流动的，可以依照人们自由的欲望不断调整，从而"未来的建筑将会是一种调整时间和空间的概念的手段，将会是一种**认识的方法**和**行动的方法**(un moyen de *connais-*

---

① Guy Debord, "Théorie de la dérive," *Documents relatifs à la fondation de l'Internationale Situationniste*, Paris, Allia, 1985, p. 312.

sance et *un moyen d'agir*）"①。

　　总而言之，德波等人凭借对城市建筑和空间的重新解读，打开了一种乌托邦式的城市规划：用漂移的偶然性和主体性来阻击占统治地位的生活方式。这也就是名副其实的情境建构，去赋予生活以丰富的诗意和想象。在此时的德波眼中，只有在这样的经验中，才能生长出具有革命性的未来生活方式，"漂移的情感就自然地和采取一种生活方式相关联……漂移的艰难在于自由的艰难。这一切都让人相信，未来将会加快现存社会的行为和装饰带来的必然变化。总有一天，人们将会依漂移建构城市"②。这是作为革命的先锋艺术者的德波在 50 年代所能想象到的，摆脱了现代生活体系"一般架构了人们的行为的分工和娱乐"③的唯一选择，也是德波在《回忆录》中回应的一百年前马克思致卢格信中所提的理想："让死人去埋葬和痛哭自己的尸体吧。而最先朝气蓬勃地投入新生活的人，是令人羡慕的。但愿这是我们的命运。"④

（三）建构情境的理论基石：对现代城市的批判

　　在 1957 年德波正式成立情境主义国际和建构成熟的情境理论之前，是他在不断地与一批具有创造性精神的先锋艺术家们合作和共同实践的

①　Gilles Ivain, "Formulaire pour un urbanisme nouveau," *Documents relatifs à la fondation de l'Internationale Situationniste*, Paris, Allia, 1985, p. 260.

②　Guy Debord, "Théorie de la dérive," *Documents relatifs à la fondation de l'Internationale Situationniste*, Paris, Allia, 1985, p. 316.

③　Guy Debord, "Quatrième expérience du M. I. B. I（plans psychogéographiques de Guy Debord），" *Œuvres*, Paris, Gallimard, 2006, p. 289.

④　《马克思恩格斯全集》第 47 卷，56 页，北京，人民出版社，2004。

岁月。在这段时间里，德波和先锋艺术家约恩等人在现代城市批判、反对功能主义、反对与资本主义和解的艺术形式等共同话题上的交汇，成为德波、约恩等人共同合作成立情境主义国际的根本原因。而这群先锋艺术家们关于城市空间和建筑的创造性活动，都是建立在对现代城市进行批判的理论之上的。因此，以心理地理学、漂移为代表的情境建构的理论价值，其实只有在先锋艺术家们对现代城市的批判中才得以彰显。

首先，德波、约恩等人所发起的对现代城市的批判，其直接攻击的目标就是第二次世界大战之后巴黎进行的现代主义城市改造，柯布西耶、马克斯·比尔作为其中的执牛耳者，也成为他们批判的对象。

20 世纪上半叶，特别是第二次世界大战之后，法国社会经历了 70 年代调节学派所肯定的"福特主义模型"，其特征是贸易活动的国际化、金融业的活跃、大众生产和消费的普及化等。而由于这一现代化进程在法国的快速兴起，使得从中世纪时期发展起来的巴黎，无论从交通运输、居住环境、空间配置等方面，都已大大落后于现代社会经济发展的需要。因此，继 19 世纪的奥斯曼城市改造之后，巴黎的空间、建筑、道路、交通都进行了全新的改造。这次的巴黎改造计划，其遵循的原则主要就是功能主义，即按照不同的功能划分城市空间，最大限度地开发巴黎城市的空间可利用性（垂直发展），提高居住密度，同时配以现代城市道路系统的建设，根据不同的运输需要和车行速度分类设计，加速城市各个区域之间的流通。马克斯·比尔在乌尔姆设计学院中推崇的艺术和科学、技术之间的融合，抽象而标准的几何建筑形式，以及柯布西耶在 CIAM 国际现代建筑协会上提出的"居住、工作和娱乐三大功能分区"

和"集体住宅"计划，都是这次巴黎城市改造遵循的基础理论。这里必须要提及，CIAM 国际现代建筑协会的城市规划主要奠基于其于 1942 年提出的《雅典宪章》，该宪章意在确保城市规划的目的是解决居住、工作、游憩与交通四大功能活动的正常进行问题。因此，建筑师和城市规划者必须通过限制自己的主观创造性来服从于这几大基本城市功能，来规划城市空间的区域分配和建设。其结果就是，城市变成了这样一种看似理性的空间分割——必然有一个用于居住的区域，一个用于工厂和办公事务的区域，还有一个专供娱乐的区域。

而被 CIAM 国际现代建筑协会所主导的巴黎，正是德波和情境主义国际在 50 年代体验非异化的生活方式所直接反对的对象。比如，50 年代法国为解决战后住房资源短缺的问题，提出的"低租金住房制度"（HLM, habitation à loyer modéré）和"集体住宅"计划，就是以柯布西耶为首的现代建筑师们的杰作。这些建筑坐落在巴黎郊区，建筑风格都是整齐划一的几何形式，总是以最低的造价和最快的速度完成，以便让更多的工人入驻。这种集体的大型建筑的创造，直接导致大量的工人被隔离在城市中心地带之外，资本却可以借此快速且低成本地再生产和规范劳动力。巴黎的萨塞勒（Sarcelle）区的建设就是当时最典型的例子。那里的建筑都像是统一流水线上生产出来的标准产品，道路也是宽阔笔直到一览无余。所以，当德波和范内格姆试图在新建的萨塞勒区进行心理地理学的探索时，他们发现这里简直如地狱一般。在这样的城市中，德波他们感受到的只剩下冷冰冰的机器和工业化的线条，是垂直发展的贫民窟，丝毫看不到任何自然的惊喜和诗意：

当人们觉察到柯布西耶想要的是消灭街道，就发现当下监狱的建筑样式成了住宅的统一风格，基督教的道德大行其道……随着柯布西耶先生，我们本来应该从真正震撼人心的建筑中获得的游戏和认知，却都被门口的垃圾管道取代了。①

更严重的是，在德波他们看来，这些庞然大物一般的集体建筑和交通线路，不仅简单地摧毁了老巴黎诗意的空间，而且本身就执行着维护资本主义的经济、政治和意识形态功能：一方面，城市空间的改造，是资本快速且低成本地再生产劳动力的症候；另一方面，这一改造的根本目的是新的"平庸化"（banalisation）的生活方式的成功植入，它使人们自动臣服于现代城市改造的所有后果而放弃了追求自身的欲望，是资本主义剥削的新形式。

对巴黎的左派知识分子来说，1852—1870 年奥斯曼伯爵指导的巴黎城市改造，根本上就是一项杜绝无产阶级革命的治安计划。圣米歇尔那样的大道，很难再次进行法国大革命时期无产阶级的巷战和放置路障，同时也方便军队和大炮的快速行动。而眼前的这次现代化的城市改造，在德波他们看来，则是一场新奥斯曼主义的规划：

奥斯曼只给了我们更加容易架起大炮的林荫大道。而今天，监狱正在变成受喜爱的住房类型……把生活分割成封闭的和独立的单

① Gilles Ivain, "Conclusion," *Documents relatifs à la fondation de l'Internationale Situationniste*, Paris, Allia, 1985, pp. 169-170.

元，分割成处于永久监视下的社会；再也没有相遇和反抗的机会；强制推行一种自动的臣服。①

和奥斯曼伯爵将住在巴黎城中心的居民低价赶走的做法不同，新奥斯曼主义的现代城市规划，是通过让人们梦想着能够拥有现代化的生活方式而自动臣服。人们完全沉浸在现代化生产带来的便利之中，先进的下水道系统、方便的电梯和洗衣机等，让人们从物质的贫困中解放了出来，同时掉进了资本主义在新生活方式口号伪装下的统治。德波一针见血地指出，这些现代化的城市设施，实际上都是资本主义新型意识形态扩散所依据的物质产物：

> 所有都市主义者的错误是本质上把个人汽车(及其副产品，小型摩托车)看作交通工具。这实际上就是发达资本主义试图在社会总体中扩散的"幸福"观念的主要的物质化结果。汽车，是异化的生活的统治者，同时不可分离地也是资本主义市场的主要产物，它因而处于全球资本主义意识形态宣传的中心——今年我们总是说，美国的经济财富很快将会依存于"一个家庭靠两辆车"口号的成功。②

这场生活方式的变革，让人们彻底抛弃了自由、热情和诗意，陷入

---

① Internationale Lettriste, "Les gratte-ciel par la racine," *Potlatch* (1954-1957), Paris, Gallimard, 1996, p. 38.
② Guy Debord, "Positions situationnistes sur la circulation," *Œuvres*, Paris, Gallimard, 2006, p. 502.

了"平庸化"之中。平庸化，是你我皆一样，是人们选择用统一工业化生产的消费产品、生活方式、娱乐活动来填补欲望的缺口，而放弃了自由定义生活的权利。就像是在这个城市空间中，所有的地点成为一个无内容的点，城市中的生活则被简化为从一个定点到另一个定点的直线。从居住点到工作场所再到娱乐场所，人们在其中凭借着各种便利的交通工具更快地穿行，但仅仅是在服从资本主义的工具理性：没有具体的、个性化的内容，只是在选择最有效率的手段。对此，字母主义者们曾经调侃道，在爱情和垃圾桶之间，欧洲的年轻人毫不犹豫地选择了后者。

面对这样的现实，尚未与列斐伏尔相遇的德波，将现代城市批判的最终归宿，定位在了建构情境、心理地理学、漂移等实践行动中，寄希望于其中找到新的生活方式的可能性，能够从资本主义固化的生活方式中逃离出去。在 1959 年的电影《关于在短时间内的某几个人的经过》剧本里，德波写道：

> 街道被认为是通向工作和家的、通向他们可预见未来的道路。对于他们来说，这种义务已经变成了一种习惯，习惯也成了一种义务。他们自动地相信了他们生活的这种欠缺。我们想要从这种条件中逃离出去，寻找另一种城市风景的使用方式，以及新的热情。①

---

① Guy Debord, "Sur le passage de quelques personnes à travers une assez courte unité de temps," *Œuvres cinématographiques complètes 1952-1978*, Paris, Gallimard, 1994, pp. 29-30.

正因为这一共同的目标，德波和想象包豪斯国际运动的创立者约恩才得以会合，共同创立了情境主义国际，更有组织性地开展了一系列建构情境的活动。

总体来说，一方面，正如马克思、恩格斯在《共产党宣言》中所说的，"从封建社会的灭亡中产生出来的现代资产阶级社会并没有消灭阶级对立。它只是用新的阶级、新的压迫条件、新的斗争形势代替了旧的"[1]，20世纪以来发达资本主义扫平一切时空障碍的发展，在科技革命、管理革命中催生了资本主义生产方式的变迁，使得城市空间成为新的历史主题，成为现代理性规划的囊中之物。城市并不只是供人居住和娱乐的物理空间，城市通过区域划分规划和建筑设计成为了资本主义组织时间和空间、塑造现实的有效方法。被精确定位的领土边界、土地所有权、交通线路和社会治安，已然构成了组织和安排空间的抽象体系，人们对城市空间的使用和认识被固定在一个单一简化的框架内。在这样的历史条件下，德波、约恩等人的努力，显得尤其可贵。他们保留了先锋艺术改变生活、直接体验的传统，致力于在建构情境、漂移、心理地理学等实践活动中来反抗资本主义现代性对日常生活的统治和对人的自由存在的压抑。德波及其同伴对现代城市的批判和重新探索，本身就属于这一代知识分子面对实践和理论相区别所带来的挫折，面对已经发生了巨大变革的资本主义生产方式，而采取的回应方法。

而另一方面，我们也必须认识到，并不是所有批评和反抗资本主义现代性的内容，都是马克思主义式的。虽然德波及情境主义国际的成员

---

① 《马克思恩格斯文集》第2卷，32页，北京，人民出版社，2009。

们，在50年代从未排斥、忽略过马克思主义理论，约恩甚至在《政治经济学批判》①一书中从艺术价值的角度探讨过马克思的价值理论，但是，只有随着越多地接触马克思主义思想，他们才开始认识到，从本质上来看，资本主义是如何决定和改变了他们所身处的环境，发展出了都市主义、现代生活方式和领土安排的："都市主义之所以产生，就是因为资本主义占有了自然环境和人类环境，合乎逻辑地发展成为绝对的统治，现在可以也应该重新用**自己的装饰**来重构空间的总体性。"②

三、真正的先锋艺术：超越艺术、改变生活

德波在和伊索分别后，在20世纪50年代先后创立了字母主义国际和情境主义国际，在字母主义国际的期刊《冬宴》和情境主义国际的期刊《情境主义国际》上发表了一系列的文章，来记录此阶段内他们的建构情境等实践活动。毋庸置疑，建构情境、心理地理学、漂移等德波及其组织成员所开展的非异化生活的试验活动，构成了德波批判和反抗资本主义统治的正面建构的活动。但早期的先锋艺术活动，更为德波在60年代初转向马克思主义激进理论提供了契机和必然性。契机在于，先锋艺术本身就与马克思主义在揭露和反抗资本主义压抑人这一主题上存在

---

① Asger Jorn, "Critique de la politique économique suive d la lutte finale," *Textes et documents situationnistes*(*1957-1960*), Paris, Allia, 2004, p. 156.

② ［法］居伊·德波：《景观社会》，张新木译，108页，南京，南京大学出版社，2017。译文有改动。

"同谋"关系。而必然性在于，德波批判性地超越了包括达达主义、超现实主义等传统先锋艺术流派，提出要实现"真正的先锋艺术"。那就和马克思所说的只有在人类解放之下才可能真正实现政治解放一致。德波认为只有当先锋艺术服务于真正改变生活的政治革命目标，只有真正实现了颠覆资本主义社会的政治革命时，才可能实现先锋艺术的本质追求。可以说，德波为了实现他所执着的"真正的先锋艺术"的目标，会必然转向马克思主义的社会批判理论。

(一)先锋艺术和马克思主义的"同谋"

20世纪50年代的德波，即在字母主义国际和情境主义国际成立早期，在革命的先锋艺术原则指导下，展开了对资本主义社会的革命性批判，同时也投身于能够颠覆资本主义社会、创造出自由实现人的真实欲望的各种行动之中，比如建构情境、心理地理学、漂移等实践活动。正如上文所提到的，德波此时所实践的真正的先锋艺术，关系着他在60年代转向马克思主义的社会批判理论。究其原因，一方面是因为先锋艺术和社会批判理论之间的"同谋"（complicité）关系，资本主义对人的自由的压抑和对不平等的现实的生产，构成了这两者共同的关注旨趣；另一方面，在先锋艺术批判现实的革命传统的影响下，德波在50年代就已经开始密切地关注资本主义新形势下的工人阶级运动和革命形势等问题，形成了工人阶级被资本主义意识形态收编的经验的日常观念。这些都为他后来转向马克思主义理论提供了不可缺少的条件。

首先，从20世纪前后欧洲的先锋艺术发展史来看，现代艺术，比其他的社会批判理论和工人阶级运动，一直都更敏锐地捕捉并反思资本主义现代性给日常生活带来的变化，将艺术融入和改变生活来创造其差异性和丰富性，一直都是先锋艺术追求的目标。兰波在他早熟而忧郁的诗句里，早早就发出了感慨："这是什么生活啊！真正的生活缺席了。我们不在这个世界上。"①（Quelle vie! La vraie vie est absente. Nous ne sommes pas au monde）随后，超现实主义的布列东在《超现实主义宣言》里也引用了兰波的这句诗句，以此来开启超现实主义"必须改变生活"的美学目标。众所周知，布列东最先清晰地确立了先锋艺术的根本原则，即"绝不因循守旧"（non-conformisme），但在这一张扬却抽象的口号背后，是先锋艺术想要介入现代生活、改变人们当下毫无生气的生活的目标："追随自己的脚步的超现实主义，不仅是在艺术中，也是在生活中大肆扩张自己的领地，它已经引起了新的意识的状况，摧毁了阻挡人们认识意识的墙，它已经改变了感性，它已经为个性的统———这是越来越遭受着分离的个性——迈出了决定性的一步。"②其实，亟须改变的生活和等待被统一的个性，潜藏着的是这些艺术家们对现代化进程中人类生活中爆发的病症的关心。

兰波本来就是法国大革命的支持者，他对真正的生活的追求，本身就带有着追求新的自由平等的社会秩序的内涵。而后来的超现实主义者们，更是直接明确了反对资产阶级、反对劳动剥削等原则，他们在《最先的、也是永远的革命》（La Révolution d'abord et toujours）中写道："我们不接受经济或是交换的规律，我们不接受劳动的奴役，我们将在

---

① Arthur Rimbaud, *Rimbaud: complete works, selected letters*, US, The University of Chicago Press, p. 280.

② André Breton, *Quest-ce que le surréalisme?*, Le temps qu'il fait, 1986, p. 32.

更广阔的领域中反抗大写的历史。"布列东也公开回应过超现实主义和马克思主义之间的关系问题，认为当然两者具有共同的批判对象："在力图将资产阶级的权力转交给无产阶级手上这一点上，我们没有谁不希望实现这个目标。"①但当下法国共产党太过关注革命的社会现实问题，而不诉诸艺术力量。因而，超现实主义正是要实现一场精神革命。阿拉贡也加入了法国共产党，批评以福特的汽车、底特律的文明、流水生产线为代表的美国现代化过程，正在肆无忌惮地侵蚀欧洲的文明和日常生活。

可以发现，这种对日常生活和现代劳动的反思和批判，并没有直接发生在同时期的工人运动之中，也没有最先发生在法国共产党当局的意识形态之中，而是出现在同时期的先锋艺术的作品和实践之中。而且，艺术家们已经在这种实践中看到了新的解放的可能性，看到来自生命和经验中尚未被挖掘出来的潜力（达达主义的"达达"，超现实主义的"非理性"，字母主义的"自动写作"和字母主义国际、情境主义国际的"新都市主义""建构情境"）。这种对不平等的社会现实进行批判、追求自由的生命的传统，才构成了所谓的"先锋"（avant-garde）的真正本质，自由和平等的生活才是艺术的最高追求。这就是利奥塔在《冲动的装置》中写道的，比正统的左派政治运动更加重要的是当下新的革命主体和运动："比左派政治运动更重要、更容易引发强度的，乃是一场规模巨大的地下运动，波澜壮阔，汹涌澎湃，由于这场运动，价值规律**失去了作用**。

---

① André Breton，"Légitime Défense，" *La Révolution Surréaliste*，No. 8，1926，p. 36.

阻挠生产、把无偿占有(偷窃)作为一种消费方式、拒绝'工作'……这就是'挥霍的人'，今天的'主人'；边缘人、实验画家、通俗艺术家、嬉皮士和雅皮士、寄生虫、狂人、疯人院里的疯子。"①

年少开始就深受达达主义、超现实主义影响的德波，因此才会在1952年巴黎的墙上写上"决不工作"，所办的《冬宴》也是只赠给同道中人，这些都是在直接拒绝参与资本主义的生产活动和实现价值规律。德波，终其一生都在追求解放的自由和平等的生命，同时也为真正实践了先锋艺术的精神而自豪。德波和他的伙伴，正是继承了这一革命的传统并且真正实践了下来。

先锋艺术的浸润让德波先天接受了反抗资本主义秩序、变革日常生活的革命主题，但德波及其同伴并不止于此。我们可以从字母主义国际期刊《冬宴》中看到，德波及其同伴在50年代时就已经表现出强烈的对研究资本主义社会下工人生活现实的兴趣，并且已经在讨论资本主义如何在日常生活的层面上隐秘地剥削工人和消解无产阶级的革命性，积极地倡导推动当下的工人革命运动。可以说，在情境主义国际运动早期德波的作品就已经展示出了比较宽泛意义上的对马克思主义思想和革命计划的靠近。

比如，德波及其伙伴在1954年7月的《冬宴》里，记录了当年7月14日发生在东京的工人运动状况。他们注意到，当代资本主义在公司、工厂为了提高生产率，实行了新的管理工人日常生活的方式，引起了工

---

① Jean-Francois Lyotard, *Des dispositifs pulsionnels*, Paris, Éditions Galilée, 1994, pp. 226-227.

人们的不满。东京公司招募了大量年轻的工人们，他们生活在集体宿舍中，并且受到严格的管理。公司为了避免"可能会带来生产效率的降低"，禁止工人们之间恋爱和结婚；禁止使用口红和粉底；为保证翌日的工作顺利展开，必须在每天晚上九点前上床睡觉；工人离开工厂必须向七个不同的部门申请；等等。这种对工人的非劳动时间的管控及其带来的工人的生存方式的变化，引起了德波的极大关注，因而在同年 8 月的《奇特的生活》(*Drôle de vie*)中，德波写道："对我们来说，'双重怀疑'画廊的展览，和人们必须顺从的生存条件相比，它并不更'异常'也并不更'奇怪'。"①真正让人生奇的不是什么画作的展览，而是当下人们的日常生活也被规范和管理，成为资本主义生产和再生产展开的场所。

而且，德波敏锐地注意到，在资本主义入侵人们的日常生活之后，资本主义的统治模式开始表现为个体对资本主义体系的自动的臣服。在工作之中，人们必须接受来自工厂科层制的密切管控，在现代都市规划下，"把生活分割成封闭的和独立的单元，分割成处于永久监视下的社会；再也没有相遇和反抗的机会；强制推行一种自动的臣服"②。而在工作之外的日常娱乐，到处是人们被强迫退化到围观电视节目或体育场的活动，"娱乐的组织……已经成为资本主义国家的必要性"③。德波坦言，这是一种生活的堕落，是真正的贫困，因为生活之中不再有真正的自由冒险，也不再有奋起反抗的工人运动。

---

① Guy Debord，*Potlatch*(*1954-1957*)，Paris，Gallimard，1996，p. 53.
② Ibid. , p. 38.
③ Ibid. , p. 50.

所以，为了实现自由的生活，为了重返赫伊津哈的"游戏"（jeu）的自由领域，德波进一步提出了应该支持无产阶级革命，摧毁造成这样生活的资本主义体系本身。"我们的政治口号只有一个，那就是法国工人的革命精神。"①人们应该关注的问题不是关于工人的工资增加，而是强加在工人身上的现代工作条件，"应该要拒绝为了得到资本主义立即给出的妥协而选择在体系内部斗争，应该从根本上提出生存的问题或是摧毁该体系的问题"②。

行文至此，不难发现，包括德波在内的真正的先锋艺术家，无论是在革命目标上，还是在批判现实的理论上，都和马克思主义有着某种"同谋"关系。其实，对于被后世归类为艺术家③的先锋者来说，在资本主义全盛时期，商品关系的全面铺展，使得人与人之间的关系都被非人化和制度化了，那么真正想要改变人们生活方式的艺术先锋，就必然会和马克思主义者们一起，共同对抗资本主义现实，一同致力于创造出能够让人自由实现自身的生活及其前提条件。而马克思主义，无疑是当时超越艺术介入生活，理解和批判社会现实的最好的工具。马克思主义为理解现实提供了完整的理论，展现了从经济基础到上层建筑，到在此基础上形成的阶级斗争、意识形态、文化等的现实整体。所以，这是为什么马克思主

① Guy Debord，*Potlatch*（1954-1957），Paris，Gallimard，1996，p. 63.

② Ibid.，p. 30.

③ 资本主义顺利进驻日常生活的表现之一就是专业化的分工及其带来的人与人之间的无法沟通。因而，将人划分为各个科目的专家，本身就是资本主义以管理和技术为新的生产力的必然产物。因而，德波拒绝被贴上任何哲学家、艺术家的标签；相应地，也就可以理解，德波所追求的"先锋"不是局限在专业艺术领域（绘画、诗歌等），而是以各种艺术、理论方法来创造自由的生活方式。

义本身对包括德波在内的很多激进先锋者具有极大的吸引力的原因。

其实，这一时期德波及其所发起的先锋艺术运动，正如丹尼尔·贝尔在《资本主义文化矛盾》①中所分析的那样，是面对资本主义的文化危机先锋艺术所必然表现出来的一种新的"感性"（sensibilité）。贝尔认为，资本主义的文化危机是来源于以理性化为原则的资本主义经济体系和以个人创造为原则的文化领域之间的断裂，因而20世纪的先锋艺术对此表现出一种新的感性，表现为酷爱引起争议、打破艺术和生活之间的界限、艺术与政治相融合，等等。特别是，这种感性的规模大小和强烈程度在20世纪60年代达到了顶峰，带有着高度敏感的政治自治倾向。而德波等人在50年代发起的字母主义国际运动和情境主义国际运动，都已经明确体现出了这种新的感性和革命倾向，最终和拥有共同敌人的马克思主义相汇合。当然，这种汇合并不是偶然的，而是先锋艺术和革命精神的久别重逢。

(二)《超现实主义是死了还是活着》：先锋艺术的"忧伤病"

先锋艺术与马克思主义的"同谋"关系，其实并不能必然使德波走向马克思主义的理论和革命，因为同时期的文学创作都会触及对资本主义现实批判的主题。不过，早期的先锋艺术经历却为德波提供了走向马克思主义的必然因缘。这就关乎什么是德波所批判性理解和继承的"真正的先锋艺术"。

---

① ［美］丹尼尔·贝尔：《资本主义文化矛盾》，严蓓雯译，南京，江苏人民出版社，2012。

在前面已经看到，德波在 20 世纪 50 年代先后创立了字母主义国际和情境主义国际，通过在字母主义国际的期刊《冬宴》和情境主义国际的期刊《情境主义国际》上发表了一系列的文章，来记录关于此阶段内他们在建构情境、漂移、心理地理学等先锋艺术中的体验活动。从当时欧洲的历史背景来看，德波尝试的这些实践，在形式上脱胎自当时欧洲盛行的先锋艺术流派，达达主义、超现实主义、想象包豪斯等都是德波熟知甚至参与过的。但是，德波并未全盘接受同时代的先锋艺术的活动方式和社会立场，而是对达达主义、超现实主义为代表的先锋艺术发起了总体批判。

首先，德波坚定地认为自己是这批先锋艺术的继承者、摧毁者和实现者，是通过超越艺术的方式来实现先锋艺术。因而他对先锋艺术的理解就主要体现在他对这些先锋艺术流派（主要是超现实主义）的批判之中。

在 1959 年 11 月 18 日诺埃尔·阿诺①（Noël Arnaud）组织的一场主题为"超现实主义是死了还是活着？"②（*Le surréalisme est-il mort ou vi-*

① 诺埃尔·阿诺（1919—2003），真名是雷蒙·穆勒（Raymond Valentin Muller），法国出版家和作家，也是 20 世纪先锋艺术流派作品的收藏家。曾参加过后-达达主义和超现实主义的各种小团体，还是乌力波的成员。

② 这是一场离奇的学术研讨会。根据该研讨会的海报，原本是邀请了查拉（Tristan Tzara）、列斐伏尔、德波、阿马杜（Robert Amadou）和斯滕伯格（Jacques Sternberg）。不过列斐伏尔和阿马杜都因感冒卧病在床无法前来，斯滕伯格则是因为食物中毒也未能出席，查拉直接缺席，只剩下了德波和主持人阿诺。阿诺介绍德波时，表明是希望通过德波的字母主义国际经验和情境主义运动，来回应超现实主义的现状。而德波的这篇发言风格一如既往地离经叛道，他的发言是通过一个事先录制的磁带播放出来，他自己则在旁边坐着并且不断喝酒，引起了现场很多超现实主义者的抗议。

vant ?)的讲座中，德波通过事先录制好的磁带，播放了他对达达主义、超现实主义等先锋艺术流派做出的历史性总体评价，并借此确立了字母主义国际和情境主义国际所力图实现的真正的先锋艺术的内涵和特定的历史革命任务。

在德波看来，达达主义虽然代表着资产阶级统治文化的终结阶段，被视为第一次世界大战后欧洲社会和文化秩序崩溃的产物，但实际上第一次世界大战和达达主义之间并不是因与果的关系，而是现代社会的极端矛盾的两大产物而已。达达主义所倡导的"反艺术"、偶然的创造和对虚无主义的偏爱，反映的是现代社会在物质丰富的前提下，逐渐走向了文化的枯竭。但是，德波指出，达达主义所未完成的历史任务是"由于对武器的批判没有摧毁这种进行剥削的经济上层建筑"和"虽然意识到了文化上层建筑的枯竭，但并没有注意到其实践维度的消失"①。换言之，达达主义只是简单反映了尼采在 20 世纪转折点上宣告的"虚无主义"，即世界的破碎、生活的废墟和艺术的摧毁，而并未真正介入和改变现实本身。

而超现实主义，恰恰接续了达达主义面临的历史任务是，要进入积极的行动阶段，能够真正介入和改变资本主义生活。在德波眼里，超现实主义确实代表了近一百年来现代艺术的巅峰，因为它不再重复艺术作品，而是超越艺术本身——超现实主义从一开始就明确了艺术的本质在于实现人的总体的自由，在于通过艺术创造对生活进行积极的改造、创

---

①　Guy Debord，*Textes et documents situationnistes*（1957-1960），Paris，Allia，2004，p. 85.

造。但是遗憾的是，超现实主义虽然确立了先锋艺术改变生活、实现自由的目标，他们却选择了“无意识”作为所有活动的源泉。正是由于他们太过依赖人们的“无意识”对改变生活和改造社会的功能，使超现实主义最终陷入了抽象的、自我独白的创作之中。比如最典型的就是超现实主义者布列东的“自动写作”。自动写作，从表面上来看，这是一种失序的表达。它是一种不受人的理性意识所管控的诗歌创作，凭借无意识的自动流露来连接诗歌中的意象。实际上，他们是在质疑人类交流的所有方式的真实性。自动写作，是为了创造一种没有最终目标导向的自动的交流。但事实是，在德波看来，这只成了一种对现实毫无照看的独白而已，成了一种哗众取宠的先锋姿态而已。

> 超现实主义的根本错误是关于无意识的想象的无限丰富性……相信无意识在生活中具有巨大的力量……我们最终发现，无意识的想象十分贫穷，自动写作也只是独白。①

最糟糕的是，以达达主义、超现实主义为代表的先锋艺术将自己局限在艺术领域之中的“独白式”创造，他们对“非理性”的偏爱，对感觉缺失和世界不可理解性的反映，反而滋养了资本主义社会中工人阶级革命失利后冒起的“隔江犹唱后庭花”的小资产阶级精神：

---

① Guy Debord, *Textes et documents situationnistes* (*1957-1960*), Paris, Allia, 2004, p. 86.

在精神方面，小资产阶级总是掌握了权力；在几场严重的危机之后，它越来越扩大了它的垄断统治——表现在，这个世界上的所有的事情，无论是资产阶级文化、社会-现实主义的文学、错误的形式主义的先锋艺术（错误在于完全掉进了大众领域的各种形式之中），或者对最近解放运动表现出来的冗长和神学的痛苦——这些都滋养了小资产阶级的精神。在这样一个时代的现实压力下，非常有必要终结这种精神。从这个角度来看，所有的手段都是好的。①

或者说，这恰恰是革命失利在精神、艺术世界的反映——由于工人阶级的失利和革命政治发生了严重的倒退，使得小资产阶级精神在战后愈加巩固了其统治地位，助长了其在文化、艺术领域内的泛滥。先锋艺术由于其在艺术姿态上的激进、在行动上的保守，就沦为了现实统治机制的有机组成部分："非理性，曾经一度用来对抗占统治地位的价值逻辑，现在却服务于变了样的统治体系的非理性。"②

所以，在德波眼里，以达达主义、超现实主义为代表的先锋艺术的根本缺陷在于，他们胆怯地将自己局限在各种纷繁杂乱的艺术形式中，无法带来任何改变现实的力量。而现实生活中直接感官的缺失和对世界的失语，使得这一批曾经辉煌的先锋艺术家们的批判走向了一种形式上的"艺术的忧伤病"（nostalgies artistiques），虽并非无病呻吟，但确实自动放弃了尝试颠覆资本主义现实的激进性：

---

① Guy Debord, *Potlatch*（1954-1957）, Paris, Gallimard, 1996, p. 176.

② Guy Debord, *Textes et documents situationnistes*（1957-1960）, Paris, Allia, 2004, p. 86.

超现实主义的梦，对应的是资产阶级的无能，是艺术家的忧伤病，是拒绝尝试我们这个时代更高层级的追寻自由的技术手段。掌握了这些技术手段，集体的、具体的体验，这些对新的环境和行为进行的体验，才是文化革命的开端；在这场文化革命之外，根本不存在任何真正的革命文化。①

更不用说，在小说、诗歌、电影等其他艺术文化领域中，

那些制造丑闻的文学写作的副产品，现在赢得了短暂，但是有力的赞赏……电影声称在几部意大利电影中发现了创新的可能性，但是在这些意大利电影中，拍摄方式是如此地毫无创新……那些不会在洞穴里跳舞的教授知识分子们，都致力于对现象进行修改的艰涩工作。②

一句话，达达主义、超现实主义等先锋艺术已经提出了自己的时代任务，即反抗统治、改变生活，追求自由，但却并没有在现实生活中实践其终极目标，沉浸在艺术领域的自我创作中臆想革命的未来。因此，德波和情境主义国际的成员们，自诩为先锋艺术的继承者和完成者，当

---

① Guy Debord, *Textes et documents situationnistes*(*1957-1960*), Paris, Allia, 2004, p. 86.

② Guy Debord, "Pourquoi le lettrisme?," *Potlatch*(*1954-1957*), Paris, Gallimard, 1996, p. 175.

然就义不容辞地确认，真正的先锋艺术，在于彻底实现传统先锋艺术改变生活的终极目标，恢复生活的多样性和差异性的属人本质，只不过该目标的实现，绝不能再像传统先锋艺术那样仅从艺术谈艺术解放。

(三)什么是真正的先锋艺术

德波在回顾了达达主义、超现实主义等先锋艺术的历史贡献和根本缺陷后，就提出了他所理解和坚持的"真正的先锋艺术"。德波及其同伴的立场非常明确，做先锋艺术，决不能重复达达主义或超现实主义怯于行动、拘于艺术的老路。

德波所坚持的"真正的先锋艺术"是：

第一，真正的先锋艺术必然是要打破艺术专业的自律性，直接融入生活、改变生活的真实体验。这也是对达达主义、超现实主义提出"将艺术融入生活"的历史任务的真正延续。对德波他们来说，艺术创作的主体不再应该是在画室里、在咖啡馆里、在教室里的艺术家，而应该是消弭了艺术和生活的界限的每个创造的个体；艺术创作的客体不再应该是过去的永恒流传的作品，而应该是当下的、临时的生命体验的过程；艺术创作的真实性，来源于创作的"直接性"(immédiateté)、主体的真实意向和对周围环境所造成的真实效果。"掌握了这些技术手段，集体的、具体的体验，这些对新的环境和行为进行的体验，才是文化革命的开端；在这场文化革命之外，根本不存在任何真正的革命文化。"①因此，

①　Guy Debord，*Textes et documents situationnistes*(*1957-1960*)，Paris，Allia，2004，p. 86.

德波和其伙伴们才会将情境定义为"临时的和真实的"①（provisoire et vécue），才会将新都市主义在大城市中进行漂移的活动看作在建构生活中的令人热情的结构②。

正是在这样的先锋艺术立场下，20 世纪 50 年代的德波，即在字母主义国际和情境主义国际成立早期，才会沉迷在能够颠覆资本主义社会的自由行动之中：和反对功能主义建筑的想象包豪斯、批判性继承超现实主义的实验派合作，提倡建构情境、心理地理学、漂移等实践活动。他亲眼所见的字母主义的"自动写作"、超现实主义用"不可见的画笔"描绘的"蓝色的玫瑰"③，这些都不能撼动现实一分一毫。因此，德波想要超越和实现的先锋艺术，并不是什么文化研究或者新的艺术表达，而是通过尽可能多的集体行为和片刻真实的体验，去打破资本主义社会现代性的舒适牢笼，去探索一种有着多样性、可能性的自由的生活方式。

第二，真正的先锋艺术必然是"总体的"（unitaire）的先锋艺术。所谓总体，具有两大基本内涵。一方面要求联合所有的艺术和技术手段、艺术家和其他个体来参与到活动中去。"所有的手段都是可利用的，只要它们能够服务于总体和统一的行动。艺术方法和科学方法的互相配合，就应该是两者的完全融合。艺术研究和科学研究应该捍卫全面的自由。"④在这样的联合中，所谓的专业的艺术家必然会失去过去的专业优

---

① Guy Debord, *Potlatch*（*1954-1957*），Paris, Gallimard, 1996，p. 42.

② Ibid. , p. 86.

③ André Breton, *Quest-ce que le surréalisme*？, Paris, Le temps qu'il fait, 1986，p. 18.

④ Guy Debord, Constant Anton Nieuwenhuys, "Programme adopté à Munich par la IIIe Conférence de l'I. S. ," *Œuvres*, Paris, Gallimard, 2006，p. 491.

势地位，融入集体的自由活动中去，这是一场真正的属于大众的艺术运动。

另一方面是指活动目标上的全面性和总体性，即艺术家和所有人联合起来，消灭资本主义现代性造成的人与人之间的分离和孤立（分工、专业等），建构自由的生命、生活方式，全面地恢复人类对日常生活所有领域的主动权和支配权。后来，德波和情境主义者康斯坦特①提出的"总体都市主义"（urbanisme unitaire）②就是这样一场旨在总体颠覆都市生活的革命运动，虽然在 1960 年最终宣告失败。

第三，最重要的是真正的先锋艺术，必然是"革命的先锋"③（une avant-garde révolutionnaire），必然是艺术和政治的融合；并且，只有颠覆了资本主义现实的政治革命，才可能真正达及先锋艺术解放生活、追求自由的本质。先锋艺术的终极目标，只有在政治他律性的革命前提

---

① 康斯坦特，荷兰艺术家、画家、建筑师，曾经参加过眼镜蛇运动和情境主义国际运动，主要的艺术活动包括"总体都市主义"和"新巴比伦"。

② "总体都市主义"主要是指由荷兰情境主义者康斯坦特提出的批判现代都市主义的实践活动，后来德波和康斯坦将总体都市主义命名为"新巴比伦"计划。其内容主要是拒绝不可移动的建筑，拒绝专业分工的社会生活，打破所有现成社会关系的限制，让社会空间变成以人的欲望为唯一导向的场所，处于永久的流动和变化之中。用德波在《景观社会》中的描述最为恰当："在游戏的这个流动空间中，在对游戏规则自由选择的不同变种中，地点的独立性可以重新获得，不需要向土地重新注入专有的依恋，并借此将旅行的现实，以及生活的现实引向一次自身具有完全意义的旅行。"（[法]居伊·德波：《景观社会》，张新木译，112 页，南京，南京大学出版社，2017。）在 1960 年，当德波转向马克思主义的理论和革命运动后，德波决定将新都市主义的计划从都市主义的空间探索转向无产阶级的政治行动，因而在康斯坦特 1960 年离开情境主义国际后，这一计划也随之告终。德波则坚持，要以无产阶级革命为前提来实现艺术活动，而非以局部的艺术活动为前提来实现推翻资本主义社会。

③ Guy Debord, *Potlatch*(*1954-1957*), Paris, Gallimard, 1996, p.265.

下，才能得以真正实现。

从达达主义、超现实主义等传统先锋艺术介入生活的失败案例汇集中，德波越来越意识到，无论是建构情境，还是漂移和异轨，这些旨在消除异化恢复自由的活动，只有突破艺术领域的边界，才可能避免沦为小资产阶级精神的帮凶。范内格姆后来在回忆录《没有结束，刚刚开始》中就证实了这一点："1960—1961年，我们来到了必须'超越艺术'（le dépassement de l'art）的重要阶段……在那个时候，艺术运动开始幻想成为情境主义的标签。但它们的意向和我们越来越清晰的革命计划完全不相容。当时，工人委员会的想法、对《社会主义或野蛮》的研读和对官僚体制的批判，开始生根结果。"①情境主义国际从先锋艺术中吸收了其激进性，"并且意识到了需要把这种激进性（radicalité）更加向前推进"②。

那么，如何才能够推进先锋艺术介入生活的激进性，能够真正具备颠覆资产阶级社会的革命力量，让所有人重获热情生活的能力呢？德波认为，不可避免，必须借助于反抗资产阶级的革命理论和行动，正如他在介绍《冬宴》中所做的先锋活动的目标时所说的："是为了创造一种新的运动，那就是能够同时实现先锋流派的文化创造和社会的革命性批判的重新统一。"③

而且重点是，仅在实现颠覆资本主义统治的政治革命之后，才可能存在他们所崇尚的集体的自由活动：

---

① Gérard Berréby, Raoul Vaneigem, *Rien n'est fini*, *tout commence*, Paris, Allia, 2014, p. 187.

② Ibid., p. 187.

③ Guy Debord, *Œuvres*, Paris, Gallimard, 2006, p. 130.

资本主义社会和它分配的产品、它的道德价值观，一起消失后，可行的就只会是我们所倡导的"集体的建构"(les constructions collectives)……我们将会促进资本主义社会的解体，通过对资本主义社会的"娱乐"概念的总体批判和总体颠覆，也通过为群众的革命行动提供有用的信条。①

其实，对德波来说，进行一场彻底颠覆资本主义统治的革命政治运动，才是先锋艺术从形式和内容上实现自身的内在要求的结果。和马克思所说的只有在人类解放之下才可能真正实现政治解放的思想一致，德波坚定地认为，只有真正实现了反对资本主义社会的政治革命，才可能实现先锋艺术的自由解放。

从这个角度出发，我们才能理解，德波从 1960 年开始一手主导了情境主义国际的理论和实践重心，从先锋艺术的自由体验，转向了马克思主义的激进政治。这并不是艺术和政治之间彻底的逻辑断裂，而是在德波与马克思、西方马克思主义、"社会主义或野蛮"、欧洲工人运动等相遇后，他才找到了真正能够在现实中彻底实现先锋艺术、改变资本主义现实的理论分析工具和革命实践方法。

总体来看，20 世纪 50 年代末仍处在先锋艺术框架内的德波，一方面，他所实施的激进批判和活动，还是遵从了简单的人本主义逻辑，也是青年马克思在《1844 年经济学哲学手稿》中的批判框架，即人的本质

---

① 　Guy Debord，*Potlatch*(1954-1957)，Paris，Gallimard，1996，pp. 86-87.

的"应该"对抗坏的现实的"是"——现实是被组织化的资本主义生活和被规训的大众，革命是通过游戏(建构情境等活动)的实践活动来打破组织化的生活，来唤醒被规训的大众的反抗意识。另一方面，缺陷也就很明显，由于缺乏对资本主义现实的整体把握和马克思主义理论的认知，德波仅仅是根据工人运动现实，相应地提出零散的批判声音。至于大众是如何被资本主义社会重新分化和再组织起来的，德波尚且缺乏系统的理论去深入地分析其统治的内在机制，也还没有形成完整的理论图式和革命实践纲领。因此，在 1950 年，德波只是通过很多二手资源初步接触了马克思主义，对无产阶级、资产阶级、阶级斗争等概念有着最直观和现实的理解，因而这些概念会零碎地出现在德波早期的文章中。只是在随后的岁月里，德波似乎下定决心系统地学习马克思及其继承者的作品。此外，德波和情境主义国际逐渐走向马克思主义的社会批判理论，也是他想要真正颠覆当代资本主义社会、实现先锋艺术自由和解放人性的必然要求。

(四)先锋艺术给德波带来了什么

由于先锋艺术阶段的内容混杂了很多不同的主题和细节，在这里有必要总体回应一下一个关键问题，那就是 60 年代早期的先锋艺术经历，到底给德波的激进哲学提供了何种力量？

首先，个人本位的新人本主义成为其激进的革命力量的源泉。在导论中我们已经提到过，德波所处的时代思潮是西方马克思主义中透露出的个人本位的新人本主义，日常情境中的个体所具有的欲望、感性，以及追求自由的生命冲力，这些被认为是资本主义新统治下无产阶级革命力量的源泉所在。

个人本位，并非是指强调数量上的个体的单数性，而是在从本体论的角度强调，每个个体的存在结构中先天共享着追求自由、反抗压迫的主体能动性。因而，在个体看似破碎的日常生活的感性经验中，潜藏着和感性欲望糅合在一起的、追求自由解放的生命冲动。

但个人本位的新人本主义立场并非是与集体的革命行动对立，恰恰相反，它是极力希望通过各种中介，将个人的自由解放与集体的革命实践融合在一起。比如，马尔库塞的"新感性"就是强调在大众之中形成一种独立的感性能力，能够孕育出反抗社会不公正和剥削的超越性力量，从而将个体反抗转化为集体革命。

与此一致的就是德波早期参与的字母主义国际和情境主义国际的艺术-政治活动。建构情境，本来就是希望创造出一个独立于资本主义日常统治的独立的革命情境，能够唤醒人们身上被压抑的感性欲望和自由冲动；心理地理学和漂移，也是为了创造出一种与资本主义统治的生活方式相断裂的城市空间和情境，提醒人们他们先天就具备的自由创造城市空间和生活方式的能力。

所以，在德波早期的先锋艺术经验，为他奠定了个体本位的新人本主义的革命立场，无论是德波一开始就倡导的情境建构、新都市主义、日常生活革命的艺术-政治的先锋实践，还是后来转向的推翻资本主义的无产阶级运动的革命实践，都可以看到其中对直接的生命经验、对人创造自由的实践能力的肯定。这是混合了尼采、克尔恺郭尔等具有本能创造冲力的、非理性的个体存在后，新人本主义思潮对马克思主义的自由全面发展的人的重新塑造。

其次，在反对先锋艺术的无干涉性的景观关系中，明确了直接行动的激进的革命实践冲动。

其实，从最初德波与伊索的字母主义决裂、制造卓别林丑闻事件，就可以看出，从一开始叛逆的德波就已经亮出了他的底牌，那就是，直接行动、现实反抗是其从事先锋艺术的根本目的："我会超越伊索，通过直接的行动和沉默等。我坚信艺术创造理念的死亡。所有新艺术的宣言，从此之后，都将归为**宣传**的范畴（丑闻和刺激，行动的副产品）。"①

而后德波在批评先锋艺术走向了一种形式上的"忧伤病"，放弃了尝试颠覆资本主义现实的激进性中，也更加明确了他的直接行动的激进立场。德波认为，在一般的艺术作品（如电影）中，在艺术家和大众之间不过是建立起了一种无干涉性的景观关系，也就是大众作为观景者必然无条件、无批判性地接受艺术家输出的所有内容，这并没有达到先锋艺术所提出的改变生活的目标，反而是加剧了资本主义社会对个体的主体性、革命性能力的剥夺，真正的先锋艺术恰恰是要打破这种景观的无干涉性，让每个人都能够直接参与到革命行动中去：

> 革命并不是将生活"展示"给人们看，而是让人们生活起来（La révolution n'est pas « montrer » la vie aux gens, mais les faire vivre）。一个革命组织，有义务时时刻刻都记着，它的目标不是让他的成员们都听到专业领导人的具有说服力的演讲，而是让他们自

---

① Guy Debord, *Le marquis de Sade a des yeux de fille*, Paris, Fayard, 2004, p. 104.

己说，为了能够起码实现同等程度的参与。电影的景观，就是伪-交流的形式之一。①

德波的这个直接行动的激进立场，后来导致了他在《景观社会》中对马克思主义思想史和无产阶级斗争史进行了误读，将马克思主义的革命原则改造为他所倡导的革命实践优先于理论建构。同时也使德波自此之后都积极地投入"将组织的集体经验提升到他所定义的更高程度的行动，即成为有效的革命组织（要求具有基本的理论，同时也拥有一批有足够的觉醒艺术的战斗分子）"②中去。

最后，先锋艺术直接构成了德波转向马克思主义的伦理冲动。

这一点在前面已经做过比较详细的分析，但由于其重要性在此再简单提及。关于德波前期的先锋艺术经验和后期转向景观社会批判之间的关系，并没有仅仅停留在前者为后者提供激进的革命立场之上。更深入来说，正是由于德波从一开始就是一位真情实感的先锋艺术家，他从一开始就坚决反对在毫无现实力量的艺术创作中打转。为了能够真正实现先锋艺术介入生活，让所有人直接行动，成为颠覆资产阶级社会的革命力量，德波就无法再停留在艺术的自律性中"等待戈多"，而是选择了最具现实性的马克思主义社会批判理论和革命纲领。只有实现颠覆资本主义统治的政治革命之后，才可能实现德波所追求的先锋艺术的自由和解

---

① Guy Debord，"Pour un jugement révolutionnaire de l'art，" *Œuvres*，Paris，Gallimard，2006，p. 561.

② Guy Debord，*Correspondance*，Vol. 2（septembre 1960-décembre 1964），Paris，Fayard，2001，p. 93.

放。所以，早期先锋艺术的经验和德波对"真正的先锋艺术"的制作，促成了德波从先锋艺术转向马克思主义激进政治，也是德波发起对景观社会的批判和革命的内在伦理冲动。

第二章

他者镜像中的马克思主义话语：日常生活批判与文化革命

1960 年前后，德波发生了一次重大的转变，那就是从先锋艺术的直觉批判和经验反抗，转向了马克思主义的社会批判理论和革命运动。因为德波随即就发现，先锋艺术在唤醒大众革命意识、颠覆资本主义上作用有限。作为一名彻底的先锋艺术者，为了实现先锋艺术改变生活、自由解放的终极目标，必须借助马克思主义的批判理论和革命规划，所以德波在 60 年代初转向了马克思主义。这一时期是德波激进哲学的"试水"阶段，他尚未形成独立的激进话语，而是在"社会主义或野蛮"和列斐伏尔的他者镜像中提出了现代劳动异化批判、日常生活批判。

在这里，德波第一次借用马克思主义理论批判了发达资本主义给人带来的总体异化问题，即资本主义统治已经渗透到了劳动过程之外的人的认知、需求、文化等领域。这既是德波批判资本主义的激进话语的凸显，也为他后期独立的景观社会批判理论奠定了基础。没有现代劳动异化批判、日常生活批判等中介，德波绝不可能转到对广告媒介和大众消费问题上去，形成独特的景观社会批判理论，许多《景观社会》中的关键概念，如景观、分离等，都已经出现在此时德波的文本中。

一、转向马克思主义：《关于定义革命规划统一体的纲要》

从德波此时的手稿笔记来看，在 1960 年前后，他开始系统地接触马克思主义理论，其中包括了西方马克思主义的卢卡奇、柯尔施、马尔库塞、列斐伏尔、利奥塔等。德波的思考明显是跟着西方马克思主义批判资本主义的思路走的。在全面进入马克思主义视域之后，在与"社会主义或野蛮"的布兰沙尔的合作中，德波开始关注组织化资本主义下"整体异化"的现实。那就是随着现代劳动经历了分块化、等级化、专业化的新变化，以及劳动之外的日常生活服务于消费社会的景观机制，资本主义将人物化为服从资本生产指令和消费代码的被动客体，磨灭了人的批判意识和革命精神。因此，德波和布兰沙尔提出要发动一场总体的文化政治革命，将人们从"被殖民的日常生活"中解放出来，将人的真正的欲望投射到自身的生活的创造实践之中，恢复人对生活的权力。

(一)全面转向马克思主义

1960 年前后，对于情境主义国际来说，是一个从先锋艺术转向马克思主义的关键时期。这直接体现在，伴随着这一转向，情境主义国际内部成员和实践任务都发生了巨大的改变。首先，情境主义国际在 1957 年到 1962 年，陆续开始了艺术家的出走(有的是被开除，有的是主动退出)。直到 1962 年，情境主义国际发布《情境主义艺术不再存在》的决议，是这一清除过程最后完成的标志。同时，情境主义国际迅速吸收了新的成员，比如范内格姆、卡亚提、柯唐伊，他们都不再是来自艺术领域，而是更为关心社会批判理论和政治实践。其次，在这一阶段之前，情境主义国际的活动主要是围绕着超越艺术、建构情境(包括漂移、心理地理学和总体都市主义等)展开。而在 60 年代之后，德波和部分情境主义者开始密切关注欧洲各地的工人运动，并且还积极参与到 60 年代欧洲各地的工人运动中去。

推动情境主义国际转向的根本原因在于，在理论和实践活动上，德波都开始密切接触马克思主义批判理论、马克思主义激进左派组织和工人革命运动。

第一，在 1960 年到 1961 年 2 月，德波开始在马克思主义激进左派组织"社会主义或野蛮"的年轻成员布兰沙尔的引荐下，以个人身份加入了卡斯托里亚蒂的"社会主义或野蛮"及其分支工人权力小组中去。德波和布兰沙尔在这段时间里，共同讨论和写作，都非常希望能够与对方的"工人运动的革命激进分子相联合"。因此，两人各自负责将讨论结果和合作愿望传达给各自所属的组织。德波也开始支持情境主义国际中具有无产阶级政治革命倾向的成员，甚至一度主动出手想要促成情境主义国际和"社会主义或野蛮"的工人权力小组联合成一个革命组织。在与这批左派激进分子接触的过程中，德波及其当时的夫人伯恩施坦，一起积极参与了工人权力小组支持的几场欧洲工人运动，特别是在 1960 年到 1961 年夏天在比利时发生的百万工人罢工运动。后来，范内格姆、卡亚提等人都迅速加入了在比利时的这场声势浩大的运动①。最终由于在革命组织问题上的不一致、布兰沙尔的暂时离开，也由于"社会主义或野蛮"中大部分成员对德波的敌视，德波很快在 1961 年 2 月就退出了该组织。

不过，这一段经历，对德波起码造成两大影响：一方面，德波和布兰沙尔一见如故，双方合作写作了《关于定义革命规划统一体的纲要》，描述了当前资本主义的政治经济剥削已经从生产劳动领域转移到了文化领域，因而当下的无产阶级革命，必然是一场总体的革命，即无产阶级必须从日常生活的所有层面组织起暴力革命；另一方面，"社会主义或野蛮"对苏联官僚体制的激进批判让德波认识到，只有彻底批判和抛弃官僚制，采取直接民主形式——工人自我管理的工人委员会，才可能真正有效组织起工人运动，防止工人组织陷入官僚主义。这一点最后成为德波在 1968 年五月风暴中革命活动的实践原则，因而这块内容放到第五章来描述。

第二，1960 年前后，也是德波开始系统地接触马克思主义理论的

---

① Guy Debord, *Correspondance*, Vol. 2（septembre 1960-décembre 1964）, Paris, Fayard, 2001, p. 91.

时期。德波对马克思主义理论涉猎很广，从他这阶段所做的手稿笔记来看，最重要的莫过于西方马克思主义的乔治·卢卡奇、卡尔·柯尔施、赫伯特·马尔库塞，以及当时法国正受热捧的非教条马克思主义学者亨利·列斐伏尔、利奥塔等人。其中值得注意的是，卢卡奇的《历史与阶级意识》最先是分别以章节的形式陆续发表在 1957—1958 年的杂志《争鸣》(Arguments)上的，虽然德波等情境主义者后期曾经对《争鸣》做出过多次批评，但当时几大法国国内的左翼期刊，都是德波所熟知的和批判的对象。利奥塔，是德波在 1960 年以个人身份加入"社会主义或野蛮"中的时候所结识的，在现在保存在法国国家图书馆的德波手稿中，可以看到德波特别重视利奥塔在 1960 年前后关于阿尔及利亚问题的文章。而列斐伏尔，则更是和德波渊源极深。特别是在 1960—1962 年，两人保持了非常亲密的交往和共同的学术探讨。列斐伏尔也甚是欣赏德波这位亲马克思主义的青年，不仅长期保持通信讨论问题，还在书中引用了德波的"日常生活殖民化"理论，甚至在 1961 年 5 月还邀请了德波在他所召集的关于日常生活研究的研讨会上发言。虽然，在 1963 年，因为列斐伏尔将他们共同商讨过的关于巴黎公社的文章私下发表在《争鸣》上，直接导致了列斐伏尔和情境主义国际的决裂。但是，在德波保存在法国国家图书馆的笔记手稿里可以直观地看到，列斐伏尔年出版的《形式逻辑、辩证逻辑》(Logique formelles，logique dialectique)、《马克思主义的当前问题》(Problemes actuels du marxisme)、《总和与剩余》(La somme et le reste)，这些都大量地出现在德波的阅读笔记中。可以说，在这一段时间里的交流和合作，也为德波彻底转向马克思主义社会理论批判的政治革命，奠定了基础(比如在日常生活成为无产阶级斗争的领域、反对消费社会和娱乐社会、瞬间理论等主题上，他们都留下了互相影响的轨迹）。

总体来说，这些理论和实践活动，为德波带来了一个相对宽阔的马克思主义视域，让他看到了经典马克思主义在分析当代资本主义，以及在进行革命运动的巨大优势。因此，跟随卢卡奇和列斐伏尔等人对资本主义社会发起物化批判、日常生活批判等，成了德波 60 年代初的工作重点。下面，我们就通过德波此时期关注的马克思主义理论的共同点，来概要性地把握此时德波进入马克思主义理论的基础平台。

此时德波所研读的马克思主义理论，都具有一些鲜明的共同特征。

其一，反对苏联教条主义式的马克思主义。这种教条主义式的马克思主义过于强调思维和存在何者第一性的问题，忽视了马克思主义的历史辩证法，忽视了马克思主义对资本主义社会的社会批判理论。而在现实中，苏联无论是在对内统治上还是在对东欧各国的统治上，都采取了从上而下的方式，由之所带来的社会矛盾，在 20 世纪中叶彻底爆发了。特别是 1956 年苏共二十大对斯大林路线的全面否定、摆脱苏联政治控制的波兰事件、苏联出兵介入的匈牙利事件，象征着苏联开始走向衰落。而面对这些现实，西方马克思主义理论家们，从卢卡奇、柯尔施到列斐伏尔、卡斯托里亚蒂，通过强调无产阶级的主体性、强调日常生活潜在的革命性，试图重新恢复马克思主义理论与实践的统一，回应当前的现实危机和哲学危机。德波就在这批人的影响下，保留了先锋艺术直接实践自由生命的文化革命观点，强调包括劳动者在内的所有人在日常生活的所有层面上应发起革命。

其二，面对韦伯意义上的组织化资本主义现实，如何更新马克思主义理论和实践的形式与内容，是这一批马克思主义理论家们的共同理论课题。以万国博览会为标志的跨国资本主义浪潮，不仅带来资本主义生产组织和制度上的巩固，而且为其统治背书的大众文化，也直接参与到了人们日常生活，甚至自我认知的连续性的重构之中。换言之，在马克思所处的自由放任的资本主义时代，无产阶级主要面对的是经济上的剥削和政治上的压迫。而迈入 20 世纪的资本主义，相继在泰勒制、福特制的引入下，不仅要在剥削劳动力的剩余价值的基础上生产出与劳动者相对立的客观力量，同时更要生产出消费和生活的主体，从而形成自我增殖的体系。无产阶级所面对的已然主要不是生产与劳动过程的异化，而是日常生活（文化活动、娱乐活动等）、消费过程的异化。

对此，卢卡奇的《历史与阶级意识》、马尔库塞的《爱欲与文明》和列斐伏尔的《日常生活批判》，都试图分别从无产阶级主体的意识结构物化过程、从需求和欲望机制的社会历史变迁、从消费社会的科层制来解释揭示新的资本主义剥削机制，来探讨新的革命解放的可能性。而在尚未形成完整的景观社会理论的德波，在第一次尝试系统地应用马克思主义对现代资本主义社会进行批判时，就在这几位西方马克思主义者的理论逻辑之内展开，提出对资本主义消费社会的批判、文化革命和日常生活批判。

其三，对马克思主义方法论的深入理解。其实，不难发现，从 50 年代成立字母主义国际、情境主义国际开始，虽然德波由于先锋艺术而与马克思主义在一些社会问题的分析上有着相似的判断和分析，但是，也正是由于先锋艺术出身，德波在理论问题分析上擅长的是感性认知和主观体验，因而他会大量地关注和分析工人的具体生活细节，会痴迷于漂移、建构情境等实践活动。但是，从 1960 年前后，德波已经认识到以马克思主义为主的理论抽象在批判资本主义现实时的科学性和深刻性。

正如德波自己在 1959 年制作的电影作品《关于在短时间内某几个人的经过》里所说的："对经验事实的认知，仍然停留在抽象和肤浅的阶段，因为它还没有被纳入整体性而被具体化——只有后者能够帮助超越部分和抽象的问题，达到其**具体的本质**和意义。"①对经验事实的具体认识，由于还没有被纳入社会历史的统一逻辑中，只能是抽象的、表面的和个人的认识。而只有整体地把握了社会历史的动态发展过程，看到人类的社会历史实践活动及其中所产生的各种历史性的动态关系，才能把个体所认识的经验，还原到社会历史的现实总体中从而真正把握其"具体的本质"。这象征着德波开始进入马克思主义的理论语境。

（二）劳动的嬗变、异化与分离

1960 年，布兰沙尔着迷于情境主义国际，"当我们共同分享他们的周报时，我的目光立刻就被这份小而精悍的出版物吸引住了"②。从中他看到了对先锋艺术表达方式的超越，对现代都市主义的批判的共同内

---

① Guy Debord, "Sur le passage de quelques personnes à travers une assez courte unité de temps," *Œuvres cinématographiques complètes 1952-1978*, Paris, Gallimard, 1994, p. 23.

② Daniel Blanchard, *Debord dans le bruit de catarate du temps*, Paris, Sens Tonka, 2005, pp. 13-14.

容，于是立刻写信给德波，表示想要结成一种友好的合作关系。他们随后就频繁地碰面，经常在巴黎的圣·热内维埃芙山（Montagne Saint Genevieve）的咖啡馆里一起讨论，想要创办一份情境主义国际和"社会主义或野蛮"的工人权力小组这两个组织的共同期刊①。因而，这两位"大使"在 1960 年 7 月 20 日，在穆夫塔路（Mouffetard）的饭店里签署了一份奠基的文本，即《关于定义革命规划统一体的纲要》（*Préliminaires pour une définition de l'unité du programme révolutionnaire*），作为两个组织之间合作的开端。不过，他们两人之间的合作不得不中断，因为布兰沙尔作为历史学师资合格候选人，必须要离开巴黎一年履行其职务。在一年后回来时，他非常惊讶地发现德波已经加入了"社会主义或野蛮"，不过，德波很快就自动请辞离开了"社会主义或野蛮"，布兰沙尔对此倒并不吃惊。

在德波和布兰沙尔的《关于定义革命规划统一体的纲要》这一纲领性文本中，我们可以看到，德波和布兰沙尔是如何从现代劳动的嬗变出发，揭示出资本的工具理性物化了人的活动和意识，从而导致一种普遍的异化、分离和文化缺失的结果。而面对资本主义对无产阶级的物化已经从生产劳动领域转移到了认知和文化领域，他们都不约而同地选择了要发起一场"文化的先锋和无产阶级的先锋之间的联合"②的文化革命，

---

① 德波在 1961 年 12 月 8 日写给友人的信中，对他和布兰沙尔之间的合作，以及他当初以《关于定义革命规划统一体的纲要》作为情境主义国际和工人权力小组合作的开端，做了回顾。参见 Guy Debord, *Correspondance*, Vol. 2（septembre 1960-décembre 1964），Paris, Fayard, 2001, pp. 112-113.

② Daniel Blanchard, *Futur antérieur*, No. 39-40, 1997-1998.

它是直接体验的，是乌托邦浪漫主义的，也是最为激进和现实的革命。

在生产劳动领域中，现代劳动越来越体现出"分块化"（parcellarisation）和"等级化"（hierarchisation）、专业化的特征。[①] 劳动的分块化，是指劳动被量化精确到每一单位的劳动行为，成为片段式的、重复式的、专业化的活动；劳动的等级化，则是在车间、办公室和管理部门所代表的科层制下，各个被分割开来的活动，被重新归入一个遵循普遍规律、有着专业化技术的统一系统，严格听从上级的命令和组织的纪律，最大限度地清除劳动过程中的个人主观影响。但实际上这个系统是由不同层级的、各成一体的许多局部组成，将其勾连起来的只是合理性的外在形式关系，偶然且抽象。用德国社会学家马克斯·韦伯（Max Weber）的术语来说，这就是所谓的现代科层制（bureaucratie）中的理性精神、效率原则等。

在现代科层制主导的生产劳动中，具备一套非人格化（血统或是世袭的人格化）的普遍纪律，实行分层-集权、命令-服从的统治方式，对个体形成匿名的、多层级的统治，其目的就在于降低人的特质所带来的干扰因素，根据量化的科学原则来达到资本主义经济理性的利润最大化。比如明确规定内部分工、职位分等、权责分明、严格服从、减少摩擦、降低人耗等所谓的现代科学管理方法，皆是如此。

在这样的现代劳动体系中，劳动者，就不再是生产过程的真正的主体；劳动，也就不再是创造性的生产活动，越来越变得单向和荒谬，只

---

① Guy Debord, Daniel Blanchard, "Préliminaires pour une définition de l'unité du programme révolutionnaire," *Textes et documents situationnistes*（1957-1960）, Paris, Allia, 2004, p. 223.

是一种纯粹对上级命令的机械行为罢了。"劳动因此就被归为纯粹的执行，因而劳动也变得荒谬。随着技术追求自己的发展，劳动越来越简单化，而劳动的荒谬性就越来越深。"①其荒谬性在于劳动活动的抽象性和单向性：当劳动活动成为纯粹的对上级命令的执行后，人的思想和行动都只需要服从于单一的经济与效能，服从于单一的科学和技术，归根结底就是服从于资本追逐更多剩余价值的理性原则。劳动者，不过就是服从于机械的指令，被整合到机器大工业生产中去的非人化的零件而已，不再具备超越理性之外的主观创造性。

除此之外，资本家，似乎是掌握了科学技术的全能领导者，但实际上只是一样地作为资本发号指令的代理人而已，也根本不具备任何作为人、作为主体的创造性。"专家们，他们手里拿着理性的几个碎片，但也只能承认没有能力互相传递其含义。"②在专业化分工越来越细的时代，他们也如同生产流水线上被隔离的劳动者，仅仅掌握着科学和技术的某个片段，根本不足以形成对世界如何运转的总体认识。人，真正地不再是作为人存在，而是作为机器的存在。

就这样，德波和布兰沙尔描述了一幅组织化资本主义的现代劳动体制中的"整休异化"的景象，所有人，包括劳动者和资本家，无论他们今天披着白领、蓝领还是 CEO、高级管理人员的外衣，其在劳动过程中的生命存在，都被外在的资本的工具理性所绑架，成为了机械控制的物化工具。

---

①　Guy Debord, Daniel Blanchard, "Préliminaires pour une définition de l'unité du programme révolutionnaire," *Textes et documents situationnistes*（1957-1960）, Paris, Allia, 2004, p. 223.

②　Ibid., p. 223.

在这里插一句，德波和布兰沙尔显然是受到了卢卡奇的《历史与阶级意识》的影响[1]。卢卡奇是第一位提出在经过了泰勒制、科层制的组织变化之后，量化和机械化的劳动过程，会造成劳动者观念和意识层面上的量化和机械化，也就是心灵、人格上的物化。这和马克思所说的资本主义生产方式中社会关系（交换层面而非生产层面）的物化完全不同。德波和布兰沙尔，正是借着卢卡奇而非马克思的物化概念，从韦伯的劳动生产过程的工具合理性出发，来进一步揭示遍及社会中所有的个体（劳动者、资本家、艺术家等等）的"整体异化"。

这种"整体异化"，就不再只是如卢卡奇所说的劳动者或资本家对外在的工具理性的单向度的服从，还体现在德波和布兰沙尔所说认知层面的"分离"（séparation），即整体异化的基础上，人们被隔离成为无法互相沟通，也无法认知世界总体的原子，事实上已经无法获得批判的、革命的阶级意识了。

这就是《关于定义革命规划统一体的纲要》中的第二个关键要点——分离。分离，其实是后来被德波单独列为《景观社会》一章的关键概念，用来指认资本主义消费社会从生产到消费再到生活的总体异化。但在1960年德波和布兰沙尔合作的这篇文章中，"分离"还仅仅是基于执行和管理之间的现代劳动分工的概念，强调人的认知能力的异化，并未成为取代社会关系物化的基础概念。所以，在1960年的文本中，德波和

---

[1]　从一个小小的细节就可以看出，"观众"（spectateur）这一从"景观"（spectacle）获得的衍生词，似乎就是从《争鸣》第十一期上翻译卢卡奇的文章内容时而来的。

布兰沙尔未加区分地混用了"异化"①（aliénée）、"物化"②（réification）和"分离"③（séparation）。分离就是：

第一，前面所分析的"分块化""等级化"的现代劳动，本身也就代表了在劳动过程中，劳动者和资本家处于"做"和"理解"之间的分离。在德波和布兰沙尔看来，在生产过程中，资本主义不仅让劳动者成了单纯服从外在命令的执行者，让资本家成了脱离于实践的、发号施令的领导人，而且，这种单向的垄断，客观上就导致了劳动者和资本家之间的分离，各自成为孤立的劳动或资本的代理人，消解了人与人之间真实沟通的可能性：

> 今天，资本主义社会的所有形式，似乎都建立在坚固的分离之上，泛化为领导者和执行者之间的分离，领导是指发出指令的人，执行者是指执行指令的人。把这换到文化领域上来说，这就意味着是"理解"和"做"之间的分离（la séparation entre le "comprendre" et le "faire"）。④

第二，在社会关系上，劳动者之间、资本家之间在同一个阶级之内也存在互相分离的隔绝状态。劳动者们成了做而不自知的执行者，越来

---

① Guy Debord, Daniel Blanchard, "Préliminaires pour une définition de l'unité du programme révolutionnaire," *Textes et documents situationnistes*（1957-1960）, Paris, Allia, 2004, p. 224.

② Ibid., p. 223.

③ Ibid., p. 222.

④ Ibid., p. 222.

越像是理性的机器，只服从一切生产指令进行生产活动。甚至劳动过程被越来越细地分解到某个具体的劳动动作上，比如卓别林在《摩登时代》中演绎的那个工人只负责扭紧螺帽，劳动者之间互相分离成为某个生产流水线的片段，客观上互不关联、主观上互不理解。而资本家，似乎是掌握了科学技术的全能领导者，但实际上"只有专家们，他们手里拿着理性的几个碎片，但也只能承认没有能力互相传递其含义"①。在专业化分工越来越细的时代，他们也如同生产流水线上被隔离的劳动者，仅仅掌握着科学和技术的某个片段，根本不足以形成对世界如何运转的总体认识。

第三，在人与自然的关系上，人与整个世界之间也处在"分离"状态。德波和布兰沙尔质疑的是，所谓的启蒙、现代性和文明，到底是让人从猿进化成了具有独立意识、具有自由和尊严的人，还是相反地隔绝了人对世界的真正鲜活的认知，让人类进入真正的无知、愚昧和"文化的缺失"(inculture)。

在现代生活中，人们似乎可以凭借现代科学技术的发展解决一切进步中的问题，但德波质疑的是，这种人的理性能力，到底是不是一种对人自身、对外在世界的全面认知。实际上，人类偏执地通过专业化、理性化的方式去组织和认识客观世界，这本身就是对世界的偶然的、片面的，甚至是错误的认知。资本主义的理性和科学，如阿多诺和霍克海默的"启蒙辩证法"那样，根本没有为人类带来对世界总体的认知，反而是进入了新的愚昧的阶段：

---

① Guy Debord, Daniel Blanchard, "Préliminaires pour une définition de l'unité du programme révolutionnaire," *Textes et documents situationnistes* (1957-1960), Paris, Allia, 2004, p. 223.

> 科学，不再被执行；科学，不再理解自身。科学不再是对人和世界之间的关系的真实实质的阐述；科学摧毁了所有古老的再现，而没有能力提供新的再现。世界像是一个不可被理解的同一体。[①]

以现代科学为代表的启蒙和理性，在德波和布兰沙尔的眼里，只是人类对世界的片面的认知，而并不能达及世界的总体；甚至，通过工具理性而来的对世界的单一认识，垄断了人们面对世界的思考能力。我们不再幻想，我们不再吟诗，我们不再敬畏，而真正的文化正是建立在人的诗意的、批判性的、创造性的思维之上。所以，德波才会说："这些变化的结果，与其表象完全相反，代表的是在所有认知层面上的文化的缺失。"[②]因为，这些所谓的高科技的现代技术，在资本主义社会的条件下，本身就存在着"技艺（technique）——作为物质过程发展自身的逻辑（而且主要是指科学发展自身的逻辑），和技术（technologie）——为了剥削工人、为了降低工人的抵抗而严格挑选的应用——之间的冲突"[③]。这些现代技术，遵从的是资本加速增殖的发展逻辑，是为了"更高更快更强"地实现利润，而非服务于人类的诗意、生命和自由，根本不会为人类带来真正的文化。

但是，对世界的真正的总体的认知，该是如何，他们并未在文本中

---

① Guy Debord, Daniel Blanchard, "Préliminaires pour une définition de l'unité du programme révolutionnaire," *Textes et documents situationnistes（1957-1960）*, Paris, Allia, 2004, p. 223.

② Ibid., p. 223.

③ Ibid., pp. 223-224.

正面描写。这可能就是德波所追求的真正的先锋艺术，不是为了得到一个单一的对世界的认知模式，而是为了打开人类认识自身、认识客观世界的自由度和可能性。换言之，认知，总该是一个多元的过程，而非单一的结果。正如德波在 1963 年写作的《1963 年及之后的先锋艺术》中定义的先锋艺术那样："先锋艺术描述和**开启**的是一个充满可能性的当下，是随后历史将会在更宽广的领域中去实现的当下（也通过一系列的错误来实现）。"①

第四，分离的必然恶果就是个体认知能力的彻底丧失。每个人都失去了独立认识、批判事物的能力，变成了只服从于资本指令的盲众。所以，德波他们才在文中强调，当人们失去了凭借自身认知世界、认知自身的能力，成为毫无批判精神的平庸之众，这里就潜藏着极权主义和平庸的罪恶的可能性。

这不得不让人想到，汉娜·阿伦特的平庸之恶、齐格蒙·鲍曼的现代性与大屠杀。第二次世界大战中纳粹在集中营中对犹太人的种族灭绝行为，虽说是阿甘本所说的"例外状况"，但根本上是现代性的理性之蚀本身所酝酿出来的恶果。科学管理的科层制组织，带来的劳动主体的非人化（只听从组织命令、将个人的道德判断悬置的非人化）、个体行为与行为所造成的实际后果之间的隔离，从中导致的个体的道德豁免感，是催生这场人类灾难的必然前提。

基于分离的整体异化，就不再是马克思在《1844 年经济学哲学手

---

① Guy Debord, "L'avant-garde en 1963 et après," *Œuvres*, Paris, Gallimard, 2006, p. 658.

稿》中描述的人与劳动的异化，也不是马克思在《资本论》中分析的人所
创造出来的经济力量对人的外在统治。现在异化的特征在于，日常生活
中的每个个体都被剥夺了独立、自由的认知能力。不过，德波和布兰沙
尔，从先锋艺术的激进革命立场出发，更乐观地认为，在普遍异化的现
实境遇下，每个个体就都可能是无产阶级革命的革命主体。

(三)生活的景观与意义的荒漠

德波和布兰沙尔并没有仅仅停留在现代劳动的生产过程，来揭示组
织化资本主义对人的意识、生活的物化和垄断。如果说，在科层制、组
织化的劳动过程中，每个个体都被降解为服从经济理性的"单向度的
人"，丧失了批判和超越现实的能力。那么，在劳动过程之外，资本主
义运用"景观"机制，完成了对人的需要的生产和转移，进一步将单向度
的个体降解为欲望着他者的永动消费者，同时将人真正的具有革命性的
欲望转移和消解，制造出一片物质丰裕，却意义丧失的消费社会的荒
漠。这也是德波第一次提出消费社会中的景观机制，虽然所占篇幅并非
很多，但很多内容都与德波的《景观社会》分析相一致。只不过，此时德
波还认为，景观是在生产劳动之外的消费活动中发挥作用，还并未将景
观看作接续马克思的拜物教理论的范畴。

什么是景观机制呢？它是资本主义社会为了提高自己运作的效率而
掩盖自身利益追求的复杂机制，它主要以人的欲望和消费活动为作用对
象，将过去的政治经济的残酷剥削转为文化消费中的隐性统治。比如，
现代资本主义社会里，发达的旅游业和脱衣舞的色情表演，就是当代景
观的物质实体之一：

现代的旅游业只不过让人们去看看城市的风景，而从来不是为了满足生活在这个环境里的人们真正的欲望（désir authentique de vivre），只不过给人们快速的表面的景观（最后只不过是留下了对景观的回忆）。脱衣舞表演是最简单的景观。①

因此，在日常生活中，这种景观机制通过生产和再现消费、娱乐和生活方式的伪-需求，来对人的需求进行再生产，从而使资本主义的统治渗透到日常生活的每个细节之中。

在德波和布兰沙尔看来，消费过程中的景观，虽然采取了眼花缭乱的宣传和广告形式，其背后却是资本主义生产出的一套完整的需求链条——广告的秘密就在于将所谓的"幸福"的生活观念转化为链接到对电视机、汽车、别墅等商品的需求上。这样，每个商品，既是客观的物品，同时也是一种再现的符号，指向对幸福的永久欲望，指向幸福的永久匮乏，也是指向抽象的、符合工业生产需要的伪-需求。这也是罗兰·巴特（Roland Barthes）在《流行体系》中分析的大众文化将物抽象为形式符号的运行机制。表面上从劳动领域解放出来的娱乐活动，却转化为了对被制造出来满足资本增殖的伪-需求的消费，而非任何属人的自由的解放：

---

① Guy Debord, Daniel Blanchard, "Préliminaires pour une définition de l'unité du programme révolutionnaire," *Textes et documents situationnistes*（*1957-1960*），Paris, Allia, 2004, p. 226.

资本主义，从车间到实验室，掏空了所有生产性活动的意义，将生命的意义取代为娱乐活动，并且将原来的生产活动重新确定在娱乐提供意义的基础上。由于在现在流行的道德解读模式中，生产是地狱，因而真正的生命只能是消费，是对消费品的使用。①

其结果就是，个体对自我的认知、对完善自身的需求、对真实生活的理解，都转变成了生产消费所提供的商品的欲望。商品的消费取代了人的自由发展，符号取代了内容，再现取代了实质；人的生命、人的价值、人的生活方式，都是根据他们所购买和消费的产品而定。"对消费品的真正使用，只是用来作为一种社会性的装饰，买来作为权威的象征和区别，也同时变成了每个人的强迫症。"②事实上，消费者是被市场所消费，而非相反。这也是加尔布雷斯的《丰裕社会》向德波传递的信息——当一个社会越来越物质丰裕时，这并不必然代表绝对贫困的减少和自由的增加，却是越来越多的虚假需要被以消费以主要导向的资本主义社会所创造，每个人的生活就越来越成为一场毫无意义的荒漠：

大部分消费品，没有任何使用性，只是为了满足一些自私的需要，大部分消费品为了回应市场的要求而畸形地发展……消费

---

① Guy Debord, Daniel Blanchard, "Préliminaires pour une définition de l'unité du programme révolutionnaire," *Textes et documents situationnistes* (1957-1960), Paris, Allia, 2004, p. 224.

② Ibid. , p. 225.

的地方就是一片荒漠(Le lieu de la consommation est le désert)。[1]

更可怕的是，制造伪-需求的过程，同时也是消灭革命性的过程。完整的景观机制不仅要制造为消费而服务的伪-需求，同时也是在转移、替换和禁止危害资本主义体系的真正的欲望，二者是同一过程的正反面：

> 资本主义消费，通过持续地满足人们认为被制造出来的需要，而强制地普遍减少了欲望，这就剩下了从来没有成为欲望的需要；真正的欲望就被约束在未被实现的阶段(或是通过景观的形式被补偿)。[2]

德波似乎是受到了弗洛伊德马克思主义(主要是指赖希、马尔库塞)的影响，认为景观转移人的真实的欲望的方式，就是在劳动活动之外，将人们的有闲生活转移为各种娱乐活动，实质上是一种"现实补偿"。换言之，制造亟待被消费满足的伪-需求，既是对无趣的劳动过程进行现实补偿，同时也是转移人天生所具有的对自由和革命的欲望。这既是为资本主义社会源源不断地提供劳动者和消费者，同时也是为维系资本主义统治而转移和稀释每个人身上的反抗性、革命性和对自由的本原

---

① Guy Debord, Daniel Blanchard, "Préliminaires pour une définition de l'unité du programme révolutionnaire," *Textes et documents situationnistes* (1957-1960), Paris, Allia, 2004, p. 225.

② Ibid., p. 224.

欲望。

　　但是，在德波和布兰沙尔这批激进的先锋艺术革命家的世界观中，工业流水线上生产出来的粗糙的伪-需求，归根结底是无法与人类真正的欲望所抗衡的。正如德波后来在 1967 年的《景观社会》中所说的那样："强加给现代消费的伪-需求，它不能够与任何真正的需求或欲望进行对抗，因为这种需求本身都是社会和历史制造出来的。"①这就是为什么，他们都乐观地相信，在资本主义普遍压抑人的生命存在的当下，艺术家、劳动者等所有人一定会联合起来，共同发起一场日常生活各个领域中的文化革命。

　　所以，总体来说，德波和布兰沙尔的立场仍然是革命浪漫主义的，因为资本主义的根本矛盾，在他们看来，是资本对人性的戕害——对自然的征服、现代技术的进步，以及人的劳动、生活的合理化，从根本上就无法最终消除机械化的异化劳动的存在，也无法真正消解人在现代化城市中的孤独和无意义。而他们也坚信，人性中对自由的渴望、本自具足的创造性和革命性，终将带来一场真正的社会革命——这是一场新的无产阶级的文化革命，将人的真正的欲望投射到自身的生活的创造实践之中。

(四)在没有文化的资本主义社会中发起一场文化革命

　　《关于定义革命规划统一体的纲要》分为两节，第一节的标题是"资本主义，没有文化的社会"(Le capitalisme, société sans culture)，第二

---

　　①　［法］居伊·德波：《景观社会》，张新木译，38 页，南京，南京大学出版社，2017。

节的标题是"革命政治与文化"（La politique révolutionnaire et la culture）。很明显，德波和布兰沙尔就是想要：第一，揭示当前资本主义的政治经济剥削已经从生产劳动领域转移到了文化领域，资本主义是如何将人类和社会变成没有文化的被动客体的，这就是前面两节我们分析的内容。第二，因而必然要发起一场总体的无产阶级的文化革命，通过文化革命，从日常生活的所有层面组织起总体的革命。这就是后来布兰沙尔对他与德波合作的这篇作品的评价，就是要建立"文化的先锋和无产阶级的先锋之间的联合"①。

首先，让我们来看一下第一个命题，为什么说资本主义是一个没有文化的社会。文化，本来就是一个宽泛的概念，一般来说是指人类的精神活动及其产品的总体。古文有云，文化即人文化成："刚柔交错，天文也；文明以止，人文也。观乎天文，以察时变，观乎人文，以化成天下。"文化，其本质就在于把人类从野蛮状态中解放出来，不断走向真正的文明与自由。但是，在资本主义社会中，一方面，在劳动生产的过程中，个体被剥夺了独立认识自身、活动及世界的认知能力，成为无条件服从经济理性的"单向度的人"；另一方面，在日常生活中，个体更是被景观机制的欲望链条所捆绑，个体定义自身存在的自由转而成了符合工业生产的伪-需求的满足和消费的意义。在这样的社会中，个体只是听从资本指令的奴隶而已，在劳动中活得像机器，在生活里拼命用华丽的消费品和标签来弥补缺失的生命意义，谈何自由独立的文化精神？而资本主义社会，唯一感兴趣的目标就是资本增殖，更快、更高、更好的增

———————————

① Daniel Blanchard，*Futur antérieur*，No. 39-40，1997-1998.

殖，因而它从不关心具体的生命内容是什么，谈何真正的文化？

德波和布兰沙尔不仅认为资本主义是一个没有文化的社会，而且资本主义社会中的"文化"，俨然已经成为了服务于最大限度创造和实现剩余价值的组织：

> "文化"是一个诸种工具的总体，通过这些工具，社会可以认识和展现自身；因此，选择任何可供于利用剩余价值的方面，即用来组织超出社会再生产的直接需要的组织。①

文化的功能就是在生产剩余价值的劳动过程中垄断劳动者的认知，在社会再生产的日常生活领域中垄断人们对生活的认知，从而为资本提供维系社会秩序、实现剩余价值增长的生产者、消费者等。

在这里，"文化"倒是成了和同时代的阿尔都塞的"意识形态"极为相似的概念。众所周知，在《保卫马克思》(*Pour Marx*)的《马克思主义和人道主义》(*Marxisme et Humanisme*)一文中，阿尔都塞集中描述了"意识形态"(idéologie)的概念。在阿尔都塞看来，意识形态，其实是人类与世界联结所必要的体验方式，是对人们现实的生存关系的体验关系，是人类社会不可缺少的客观组成结构。人们只有通过意识形态的无形中介，才能体验并且依据具体的社会形态调整同世界的体验关系。而"在阶级社会中，意识形态是统治阶级根据自己的利益调整人类对其生存条

---

① Guy Debord, Daniel Blanchard, "Préliminaires pour une définition de l'unité du programme révolutionnaire," *Textes et documents situationnistes*(*1957-1960*)，Paris，Allia，2004，p. 222.

件的关系所必需的接力棒和跑道，在无阶级社会中，意识形态是所有人根据自己的利益体验人类对其生存条件的依赖关系所必需的接力棒和跑道"①。德波和布兰沙尔所说的文化，也是如此，它调整着人类与世界之间的认知和体验方式，"文化的构成机制归根结底是人类活动的物化，它为商品的传播传送了固定的群体；力图保证过去对未来的统治"②。

其实，无论是德波和布兰沙尔的"文化"概念，还是阿尔都塞的"意识形态"概念，都是在客观反映资本主义剥削的重点，已经从劳动生产领域转向了更为广泛的文化消费领域。所以，在德波和布兰沙尔看来，资本主义社会中，文化越来越成为一个维系资本主义统治的异化存在。因为垄断文化，就是垄断了人们对劳动、生产、生活的认识，为资本主义社会再生产提供了强有力的保障："资本主义的文化整体都是异化的，是因为——所有活动、生活中的所有时刻、所有想法、所有行为，都只可能在自身之外寻找到意义。"③

这种对认知的垄断，其实说的就是在知识专业化分工的时代，将大众塑造成社会所需的"专家""管理人员""研究者"等，让其成为社会权力的维护者，而非反抗者。20 世纪五六十年代的法国社会，正是这样一个知识专业化和膨胀化的时代。伴随着法国第五共和国的上台，各大学以 300％的超负荷速度吸收学生，并且各个大学本身也明确了自己不同

---

① ［法］阿尔都塞：《保卫马克思》，顾良译，232—233 页，北京，商务印书馆，2010。

② Guy Debord, Daniel Blanchard, "Préliminaires pour une définition de l'unité du programme révolutionnaire," *Textes et documents situationnistes* (*1957-1960*), Paris, Allia, 2004, p. 223.

③ Ibid., p. 224.

的专业发展类别，目的在于为社会、政府、现代企业培养和输送不同类型的人才。但就在这样的扩张之中，所有人都成为了艾略特笔下的"空心人"，成为了一个个提供服务、提供数据的机器人，而非自由的个体。德波自己本人就是这个教育体制、社会体制的出走者，在他眼中，那些贩卖专业知识和技能的学校和工厂，不过就是阿尔都塞的"意识形态国家机器"，生产出来的根本不是知识（所谓爱智之识）、智慧和人本身，而是资本主义规训下麻木、被动、失去了灵魂的平庸之辈。

这当然就必须发起一场总体的文化革命。

第一，文化革命，不在于指以文化或艺术的手段去革命，而是指无产阶级暴力革命的终极目的在于实现真正的自由和属人的欲望。

> 这样的革命规划，只期望人们的生存，只是人们自己建构他们自己的生活，别无他因。这不仅是，人们应该从现实的需要（饥饿的问题）中客观地解放出来，而且特别是，人们能够开始把欲望投射到他们自己面前，完全取代什么现实的补偿；他们要拒绝所有其他人发出指令的行为……他们不再把生活看作为了维系某一程度的平衡，而是他们能够在毫无限制的行动中追求充实。①

无产阶级革命与文化革命的同质性，几乎从德波成立情境主义国际后，一直延续到《景观社会》和五月风暴之中。德波和情境主义者们都认

---

① Guy Debord, Daniel Blanchard, "Préliminaires pour une définition de l'unité du programme révolutionnaire," *Textes et documents situationnistes* (*1957-1960*), Paris, Allia, 2004, p. 227.

为，新的无产阶级革命，就是要创造自由和真实的生活，就是允许每个人自由地创造和实践自己的欲望。比如，情境主义国际中德波的挚友约恩在1957年指出，情境主义国际活动的目标在于反对对生活的漠视，是"对意外的纯粹欲望、对惊奇的欲求、对荒谬的渴望、对反常的诱惑，即朝向消遣、休闲和漂移"①。又比如，德波在1969年的《一个时代的开端》中回顾五月风暴时指出，革命就是"将我们的欲望转变成现实，是一项具体的历史工作，和那些知识分子强加到现实中、永久幻觉的论述完全相反"②。

第二，革命必然是"文化的先锋和无产阶级的先锋之间的联合"③的革命，是先锋艺术家们和无产阶级都围绕着推翻资本主义统治的革命实践而广泛地联合在一起。一方面，艺术领域已经成为资本主义商品化的殖民地，艺术被划归为一种孤立的创造活动，"但是，这个只为'自由的创造的活动'所保留的领域，也是唯一一个，我们怎样去生活的问题和我们交流的问题被真正提出和深入研究的地方"④。因为革命的艺术家们在不断追问的就是为了摧毁景观统治的革命介入，是直接创造出另一种自由生活的经验。另一方面，"革命运动就是无产阶级的斗争，为了争取当下的统治和改变社会生活的方方面面——工人们自己管理生产和

---

① Asger Jorn, *Pour la forme*, Paris, Allia, 2001, p. 77.

② Debord, "Le commencement d'une epoque," *Œuvres*, Paris, Gallimard, 2006, p. 920.

③ Daniel Blanchard, *Futur antérieur*, No. 39-40, 1997-1998.

④ Guy Debord, Daniel Blanchard, "Préliminaires pour une définition de l'unité du programme révolutionnaire," *Textes et documents situationnistes*(*1957-1960*), Paris, Allia, 2004, p. 226.

工作，直接决定所有事情"①。至于文化和革命为什么必然走向联合的革命实践，是因为"那些寻求一种体验文化的艺术家们，不可能脱离革命运动的胜利中实现其目标。同时，革命运动也不可能脱离先锋文化对日常生活的批判和自由建构，孤立地创造真正的革命"②。

第三，革命的方法就是"通过对自由的生命的体验和实践的形式，组织起反对资本主义秩序的斗争"③。之所以这场革命是一场文化革命，就在于它要求群众直接粗暴地打断现实和创造历史，无须等待任何外在的命令；在于它要求"直接的经验，像是节日一样"④。在这里德波和布兰沙尔并未过多展开，但这其实就是列斐伏尔所说的"让日常生活节日化"的文化革命，从日常生活中驱逐出商品化、等级制和异化，让日常生活和自由狂欢的节日水乳交融，重现每个个体生命中被压抑的诗意、自由和热情。

第四，革命的性质必然不是乌托邦的，也必然是乌托邦的。之所以说革命必然不是乌托邦的，是因为在日常生活中，无产阶级选择在所有方面拒绝和反对资本主义的统治，一些年轻人和先锋艺术家们也通过极端的反抗活动表现出了革命的热情和可能。

而之所以说是乌托邦的，是因为在还未确定是否所有革命的现实条件都已具备，要去尝试创造一场解决现存问题的革命，这本身就带有乌托邦的性质。但是，在德波和布兰沙尔看来，这种暂时的、历史的乌托

---

① Guy Debord, Daniel Blanchard, "Préliminaires pour une définition de l'unité du programme révolutionnaire," *Textes et documents situationnistes (1957-1960)*, Paris, Allia, 2004, pp. 226-227.

② Ibid., p. 228.

③ Ibid., p. 228.

④ Ibid., p. 228.

邦性质，恰恰是当下革命实践所必需的。因为，"它是用来培养欲望的投射，没有欲望的投射，自由的生活将会是缺乏内容……革命斗争的实践如果没有乌托邦的实践一起，也只是贫瘠的、不结果的实践而已"①。

从这里也可以发现，这是德波和布兰沙尔所说的"文化革命"，与50年代情境主义国际早期的德波所提出的"真正的先锋艺术"在艺术和政治融合、日常生活革命等内容上有些相似，但此时他们所说的"文化革命"，无论从内容还是从方法的角度来看，都已然是对马克思主义的无产阶级革命的文艺版改写。

二、转向日常生活批判：《论对日常生活的有意识的改变》

一提及德波，我们都会自然而然地想起他的景观社会批判理论，但很少有人会注意到，德波曾在列斐伏尔的直接影响下提出过日常生活批判理论。1961年，在列斐伏尔在法国国家科学研究院（C. N. R. S）举办的日常生活研讨会②上，德波面对社会学家们发表了《论对日常生活的

---

① Guy Debord, Daniel Blanchard, "Préliminaires pour une définition de l'unité du programme révolutionnaire," *Textes et documents situationnistes*（*1957-1960*）, Paris, Allia, 2004, p. 228.

② 这场列斐伏尔举办的日常生活研讨会，实际上是属于法国国家科学研究院首次创办的社会学研究中心的学术活动。列斐伏尔刚从法国共产党退出，在法国国家科学研究院内工作，因此他当时是将德波和情境主义国际视为自己十分亲近且重视的同路人，才邀请德波前来参会。当然，因为德波当时也将列斐伏尔视为亲密战友，所以他才会欣然前往，且将其看作情境主义国际与社会学研究相撞击的机会。

有意识的改变》(*Perspectives de modifications conscientes dans la vie quotidienne*)的演讲。这篇文章作于 1961 年上半年，德波在 1961 年 2 月 4 日写给比利时的情境主义者的信中提到，他正在准备列斐伏尔向他邀约的这篇日常生活批判的文章，将在法国国家科学研究院向列斐伏尔的日常生活研究小组公开。德波认为，这是"情境主义能够渗入所有开放的领域"①的机会，他想要让那些社会学家们感到不适(打破其规范)。为了达到这一目的，德波在 4 月 3 日的研讨会上，在他本人在场的前提下，用录音带播放自己提前录制好了的演讲内容。这是一种故意安排的装置，用情境主义的术语来说就是"异轨"，据此，德波想要让人们会自然而然地去向我们习以为常的日常生活提问。这就是哲学始于惊奇，始于拷问理所当然之"理"。

在此，德波提出了与列斐伏尔极为相似的日常生活批判观点。他认为新资本主义，凭借消费体系和技术官僚体系，通过对人的时间的全面占有、人的消费需求的制造、技术扩张等手段，使日常生活围绕着资本主义阶级社会的对立和贫乏的逻辑进一步被组织了起来，个体彻底丧失了对自己的日常生活的自由创造和支配的权力。只不过，相比于列斐伏尔，德波更为强调日常生活中蕴藏的革命主体性的存在，他相信，新的资本主义社会的主要矛盾和革命动力，已经变成了以消费市场、技术官僚为代表的资本主义现代体系与人的主体性——自由创造并实现自己真正的欲望——之间的根本对立。

---

① Guy Debord, "Lettre à Maurice Wyckaert(4 févriér 1961)," *Correspondance*, Vol. 2(septembre 1960-décembre 1964), Paris, Fayard, 2001, p. 70.

(一)日常生活：尚未被认真研究的理论对象

日常生活，并不是一个天然的领域，而是现代性的产物。直到 20世纪资本主义从自由竞争走向组织化、垄断化之后，资本主义的剥削和统治也从以往的生产劳动领域，转向了人们私人的日常生活领域。换言之，日常生活，也才在现实生活中成为一个被总体组织起来的"抽象"，也才得以成为马克思主义思想家研究的理论对象。

在这种情况下，在 20 世纪四五十年代的法国，日常生活研究就成为了社会理论研究的一个新兴分支。特别是列斐伏尔这位较早地向法国学者介绍马克思主义的哲学家、社会学家，从 1947 年开始，连续不断地出版了《日常生活批判导论》《日常生活批判》《现代世界的日常生活》等著作，揭示了资本主义理性统治从生产劳动领域向隐性支配消费领域、日常生活领域的转变，从而在法国掀起了日常生活研究的潮流。1961年，列斐伏尔在法国国家科学研究院举办了一场讨论日常生活的研讨会，邀请了德波前来发表其关于日常生活的社会学研究的观点。

对此，1961 年参加了列斐伏尔举办的这场研讨会的德波，毫不留情地指出，日常生活研究在法国兴起以来，最令人讶异的事情是，"日常生活"作为研究的现实存在，它是否真实地存在，这仍然是一个未被解释清楚的问题："至今我们听到最多的就是，人们至今为止并不相信日常生活是存在的，因为他们还没有在任何地方遭遇过日常生活。"①

---

① Guy Debord, "Perspectives de modifications conscientes dans la vie quotidienne," *Œuvres*, Paris, Gallimard, 2006, p. 572.

究其原因，德波认为，这和此时学界对日常生活的错误认知有关。

在 1961 年，列斐伏尔还没有将日常生活确定为现代社会的主导现象，也就是并没有在作品中明确重复性、量化、被官僚所控制的现实（包括劳动、消费、娱乐在内的所有人类活动）就是现代性的日常生活本身。此时，列斐伏尔仍然认为，日常生活就是当人们排除掉所有专业化的活动之后的残余，潜藏着人类原始的创造性和乌托邦的可能性的残余：

> 日常生活，是除了专业化、结构化的活动之后还剩下的内容……日常生活是和所有活动深层地联系在一起的，它包含着它们同时包括着所有它们的差异和冲突；这是它们彼此相遇的地方，有着它们的血缘和共同之处。正是在日常生活中，让人成为总体的关系总和才最终形成了其形式。①

因此，对于绝大多数的社会学家和一般的听众来说，他们一面承认列斐伏尔对日常生活的规定，即排除了高度专业化的内容后的才是日常生活，但是他们从这一规定性出发得出了和列斐伏尔完全不同的结论，那就是这样的日常生活毫无研究的价值："可以肯定的是，每个人都承认，某些行为每天都在重复(certains gestes répétés chaque jour)，比如打开门或是给杯子倒满水，这些都是十分真实的行为；但是这些行为在

---

① Henri Lefebvre, *Critique of Everyday Life*, Vol. 1 "Introduction", London, Verso, 1991, p. 97.

现实中是如此微不足道，以至于不可能成为社会学研究的新的专业分支。"①

对此，在德波看来，这些专业的社会学家对日常生活的研究，就像人类学家热衷于研究野人的探险活动一样，带有强烈的优越感来开展研究，错误地幻想自己在参与到的社会研究的专业领域中高人一等。为了研究所谓的"日常生活"，他们只会将每时每刻发生在他们身上的事情，从日常生活中抽离出来，超拔到与此分离的专业领域中进行抽象的讨论。这就导致了这些自以为是的知识分子讨论日常生活之时使用的"专业概念"都是被现代劳动分工所产生的知识概念，本身就处在日常生活的异化之中而不自知：

> 这些知识分子身上被强加上的异化让他们以为，他们从社会学家的高度（云层中）去思考，似乎那样他们就一直处在普通人的日常生活之外了，或是这种异化赋予了他们一种夸张的想法，认为他们处在人类权力的高层中，他们就不会是**贫穷之人**。②

那么，真正的日常生活到底在哪里呢？德波说，日常生活不在别处，就在当下，就在此时此刻，就在这场研讨会之中，我们从未处在日常生活之外。

德波先是明确了作为研究对象的日常生活的特定社会历史性质，那

---

① Guy Debord, "Perspectives de modifications conscientes dans la vie quotidienne," *Œuvres*, Paris, Gallimard, 2006, p. 572.

② Ibid., p. 573.

就是20世纪不断加速的资本主义工业社会的现代化产物，因而日常的私人活动与非日常的专业活动之间的分离，这本身就是日常生活的根本内容和呈现方式。这也就是列斐伏尔后来在《现代世界的日常生活》中所说的，20世纪50年代的新资本主义条件下，日常生活本身就是日常性和非日常性、生产与工作、私人事务与公共事务的分离。

认识不到这一点的社会学家们，将日常生活这个研究对象，从真实生活中的专业化活动中分离出来片面讨论。德波对此嘲笑道，当考究的社会学家们将日常生活这个研究对象，当作存在于"他者"身上的特殊存在时，他们就不可能真正理解将日常生活生产、组织起来的世界本身：

在异国人身上寻找日常生活来研究普通人的这种具有优越感的研究方式，这种天真地自称为自我奉献，这种幼稚地参与文化的方式，根本上不可能理解产生这种文化的世界，所以惊奇不会终结。[1]

取而代之，德波指出，日常生活是这样一种得以让人不以为意、隐藏自身的机制，它是此时此刻装置了我们的日常存在，是让我们习以为常又不以为意的那些前提。日常生活在本质上是依据资本主义剥削的必要性被历史性地组织起来的结果，但同时它在经验中通过日常性、重复性的活动呈现自身，因而使得身处在经验生活的当事人的我们，难以在

---

[1]　Guy Debord, "Perspectives de modifications conscientes dans la vie quotidienne," *Œuvres*, Paris, Gallimard, 2006, p. 573.

线性流动的日常生活流中抽身、辨识出真实的存在。

比如，在每天重复性的、看似毫无价值可言的日常生活中，我们选择何种食物服饰、如何推进工作、投入何种休闲活动消磨时光，这些种种的细节，就是我们的研究对象；只不过，日常生活这个研究对象本身，在呈现给我们的同时，必然采取了一种日常性、重复性的表象，造成了人们身处这一日常惯性之中无法认识到日常生活这一特殊的存在，所谓"只缘身在此山中"。

在这里，有必要借助朗西埃的理论工具，来区分日常生活的两个层面，来准确把握德波所说的日常生活不被人所认识的神秘化结构。朗西埃曾经在《批判的概念和政治经济学批判》中，依据马克思的《资本论》中对资本主义运动过程的描述，区分出**完成形态**（fertige gestalt）和**核心形态**（Kerngestalt），前者是事物的关系、经济运动的表象所处的现实层面，后者则是事物的内在关系和真正的运动所处的本质层面。关键在于，在资本主义社会中，事物之间的内在关系必须有且只能采取颠倒的表象的形式，才能呈现在现实层面上。因此，资本身上所具有的神秘化、思辨化，或者说，资本得以掩盖其历史的剥削起源的形而上学本质，并不是认识论的问题，而是存在结构本身的神秘化。由于经验的现实层面上，只是颠倒地表现出了事物的内在规定性，因而同样身处在现实层面上的社会关系的当事人的主体，也就必然只能看到颠倒的现实。

日常生活也是如此。在完成形态的现实层面上，日常生活，已经是采取了特定的表象形式的日常生活经验现实，它表现为专业化的分工、碎片化的活动、多样的消费等重复性的日常物质生活。但实际上，在本质层面上发生的是德波所说的，日常生活依据资本主义剥削的必要性，被历史性地组织起来。因而，在经验层面上作为当事人的我们，很容易就陷入这样的数量化的、重复性的生活表象，而形成一种"这就是唯一真实的生活"的错误意识，即现代资本主义社会所造成的日常生活中主体的集体无意识。最终，

> 日常生活，通过各种的手段被治安所管控、且被神秘化，成了为原始的人类所设立的保护区；之所以说是原始的人类的保护区，是因为在日常生活中，人们支撑着现代社会的正常运转却丝毫没有真正理解它。①

那么，既然作为当事人的我们，包括那些所谓研究日常生活的社会学家们，都沉浸在经验层面的日常生活幻象之中，那德波所说的每时每刻装置了我们的存在的那些前提，也就是被忽视的作为研究对象的真正的日常生活，到底去哪里寻找呢？

德波并没有选择哲学形而上的方法，像是理论的先知、像是具有优越感的专家们那样，去向愚昧的群众揭示出日常生活的真理，而是非常巧妙地借用了先锋艺术中"异轨"的技巧，来让装置着我们的前提的日常生活在所有人面前出场。

就在这场研讨会上，德波本该如其他社会学家一样出席，向观众陈

---

① Guy Debord, "Perspectives de modifications conscientes dans la vie quotidienne," *Œuvres*, Paris, Gallimard, 2006, p. 575.

述自己的观点，但德波选择通过一个录音机来传递自己提前录好的演讲内容。这当然不是在刻意地特立独行，也不是为了彰显先进的现代技术如何便利生活，而是为了进行一次简单的异轨，让“与演讲者和听众之间的伪合作、伪交流的日常生活经验表象断裂”①，让装置了我们的日常生活的条件原形毕露：

> 这种和常规的日常生活的断裂，让你们以稍觉不舒服的方式，就可以直接带入对日常生活的质疑——（否则这种质疑将会落入抽象）会议本身，就像是我们在使用的时间、各种对象、形式这些“正常的”东西，甚至是不被注意的东西，但正是这些东西才装置了我们（qui finalement nous conditionnent）。②

鉴于日常生活是这样一种被历史地组织起来的总体存在，我们就必须借助异轨和改变，才能揭示出被掩盖起来的如何组织其日常生活的根本条件：

> 在这样的一个细节中，也就是把日常生活作为整体，改变永远都是能够清楚地展现出我们研究的对象的必要条件和充分条件，如果不通过改变，那么这个研究的对象将会成为不确定的——因为这

---

① Guy Debord, "Perspectives de modifications conscientes dans la vie quotidienne," *Œuvres*, Paris, Gallimard, 2006, p. 572.

② Ibid., p. 572.

个对象本身更多地应该被改变而非被研究。①

(二)日常生活是一个被殖民的领域

20世纪以来，通过泰勒制、福特制扩张起来的资本主义使人们的现代的日常生活被全面地组织到生产与消费的社会总环节中去。相应地，马克思主义的社会批判也就从对生产与劳动过程的异化批判，转向了对消费过程、日常生活的异化批判。此时的德波所做的正是关于新资本主义的批判工作。在德波的眼中，自从第二次世界大战以后，一场消费至上的现代化和工业化的浪潮方兴未艾，日常生活成为了资本主义市场经济和消费体系的殖民地，成为资本主义组织化再生产的客体对象，而不再是活生生的、属人的生活。具体来说，消费主义的工业化社会，通过对个体的自由时间的全面占有、对个体的消费需求的塑造，将个体全面整合到消费社会的客观运转之中，使个体的日常生活成为工业化流水线生产的千篇一律的样式，而失去了个体支配自己的日常生活的自由性、创造性和独特性。

德波指出，资本向外扩张殖民地，根本上是因为在对外贸易上投资的资本能够提供更高的利润率，所以资本主义才会向外扩张殖民地贸易，日常生活的被殖民及其落后状态，也与资本主义的社会经济实践直接相关，"落后发展和殖民化是在全球经济的层面上相互关联起来的因

---

① Guy Debord, "Perspectives de modifications conscientes dans la vie quotidienne," *Œuvres*, Paris, Gallimard, 2006, p. 572.

素"①。因而，德波接续着列斐伏尔关于日常生活的定义，将其看作一个被殖民的领域："列斐伏尔因为日常生活是一个落后发展的领域，是对历史性的分叉而非与历史性的断裂，所以对此他延伸了不平衡发展的思想。我认为，可以接着把这个水平上的日常生活定义为一个被殖民的领域(secteur colonisé)。"②

随后，德波从日常生活的时间被使用的角度来展现资本主义是如何完成对日常生活的殖民统治的。也就是说，德波将日常生活的殖民化，处理为在资本对活劳动的必要劳动时间的不平等占有的基础上，资本主义对"被浪费的时间"(le temps perdu)的全面占有和整合。

德波认为，在过去的古典资本主义时代中，被浪费的时间是指工人并未用于生产、消费和储蓄的时间，资产阶级社会早就形成了提倡对被浪费的时间进行贬斥和压缩的行为规范和道德风俗，比如巴尔扎克写于19世纪上半叶的《欧也妮·葛朗台》中，那位大资本家葛朗台，就是一位十足的吝啬鬼，吝啬到命悬一线、奄奄一息之际都要把教士手里为他祷告的镀金十字架抓到自己的手中。但是，随着资本主义越来越加深对劳动者的生产条件的层级分工和计时管控，这种肉眼可见的阶级压迫使资本主义社会越来越无法为自身的非人道行为和道德所辩护。因而现如今，新资本主义的消费时代改变了这条"金科玉律"：

> 现代资本主义，却需要刺激消费，需要"提高生活质量"(记住，

---

① Guy Debord, "Perspectives de modifications conscientes dans la vie quotidienne," *Œuvres*, Paris, Gallimard, 2006, p. 575.

② Ibid. , p. 575.

这种表达方式严格说来根本毫无意义）……新的道德已经在各种宣传、广告和占据统治地位的景观形式中被传递出来，那就是坦白承认被浪费的时间就是工作时间。[1]

从前被批判的被浪费的时间，现在成了另一种被组织起来用于"工作"的时间，那就是组织起人们用于消费商品而制造出来的非劳作的闲暇时间。过去，马克思曾经区分出必要劳动时间和剩余劳动时间，并且在剩余劳动时间中，马克思认为还存在着工人可以自由支配的非劳作的闲暇时间，赢得闲暇时间的自由支配，是人类达及自由解放的必要不充分条件。但在新资本主义时代，闲暇时间反而成为了进一步加深资本对活劳动的剥削和奴役的领域，因为非劳作的闲暇时间并不是用于人类的智力发展或创造性的直接生产活动，而是诱惑人们有效地消费商品的异化时间。

结果是，人们的时间本身成了一件越来越稀缺的商品，人们只有通过对商品的消费，才可能买到休息、娱乐和放松的自由时间："被浪费的时间就是工作时间，后者只通过不同等级的所得来表达，因为凭借所得人们才能够买到休息、买到消费、买到娱乐。"[2]在这里发生了一次可怕的颠倒，为了获得马克思所说的非劳作的闲暇时间，人们必须通过商品消费才能"购买"到这种稀缺的对自由时间的支配权。表面上是人们在休闲、娱乐、消费的活动中获得了在劳动之外的自由和解放，但实际上

---

[1]　Guy Debord, "Perspectives de modifications conscientes dans la vie quotidienne," *Œuvres*, Paris, Gallimard, 2006, p. 579.

[2]　Ibid. , p. 579.

却是人们非劳作的自由时间被资本主义重新组织为服务于商品消费的异化时间。

德波认为，正是将人们非劳作的自由时间转变为一种只能通过消费才能获得的稀缺商品，人们才对此趋之若鹜，主动地将自己支配日常生活的自由权力转交给市场经济和消费体系，资本主义才成功地将人们非劳作的日常生活殖民为服务于商品消费的新领域。德波称这种新的统治方式为一种**"对稀缺性的统治"**（le règne de la rareté），即新的资本主义统治重心已然不再是对活劳动在劳动时间中所创造的剩余价值的占有，而是对人们稀缺的自由时间的支配和占有：

> 日常生活——在活生生的时间的消费这一意义上的——的使用，是被一种关于稀缺性的统治所支配：自由时间的稀缺性和能够使用自由时间的可能性的稀缺性。①

再深一层分析，资本主义对日常生活的殖民，并不仅仅在于将人们的生活时间改造为符合资本主义经济发展需要的消费时间，它还直接将人们在日常生活的消费时间中的消费活动，都塑造为通过景观的宣传和广告的展示来诱惑人们产生错误需求、剩余需求的"图像消费"。所有的商品成为了景观中诱惑人们欲望的符号对象，它们通过景观的再现来制造人们的错误需求和错误的消费意识。因此，资本主义更多是在生产对

---

① Guy Debord, "Perspectives de modifications conscientes dans la vie quotidienne," *Œuvres*, Paris, Gallimard, 2006, p. 575.

商品的错误需求，并将这种需求通过景观潜移默化地移植到作为自由消费者的人们的心中。"如果我们考虑到消费需求的人造性，现代工业从不停止地制造虚假和刺激的消费需求。"①这一点，德波在此时并未完全展开，在《景观社会》中我们将看到德波详细描述资本主义如何通过对伪-需求的塑造来完成对人的身体和心理的全面操纵。

简言之，正是对人的生活时间和消费需求的制造，使日常生活不再是属人的活生生的生命经验场所，而是被资本主义组织起来的客体对象，成为了资本主义经济与消费体系用以实现自身增殖的殖民地。并且，这为现代资本主义提供了新的整合和控制大众的方式，这是一种全面且软化阶级矛盾的操控方式，它不仅继续了在生产领域中对作为劳动者的主体的剥削，而且更是在消费过程、再生产过程中完成了对"自由的消费者"的塑造；人们在消费行为中实现了自由消费的主体幻象，同时也在认同消费社会的符号体系中成了被动的当事人："这就是被资本主义制造和控制的一种日常生活的被动性。"②

(三)日常生活的危机：需求的人造性、诗意的消失、去政治化

德波和列斐伏尔同样认为日常生活是一个被殖民的领域。他们都目睹了现代性的发展，无论是丰裕社会的物质累积和消费热潮，还是技术革命的蓬勃发展，虽然改变了人们的日常生活的方式和内容，但却使日常生活变得更加虚无乏味、贫富对立，且彻底脱离了人们的控制。换言

---

①　Guy Debord, "Perspectives de modifications conscientes dans la vie quotidienne," *Œuvres*, Paris, Gallimard, 2006, pp. 579-580.

②　Ibid., p. 579.

之，资本主义的发展，在改变日常生活的同时，加剧了日常生活的矛盾和危机，成为产生新的社会异化的场所，"现在日常生活的危机是资本主义危机的各种新形式的一部分"①。

首先是消费社会的基本问题，人们的需求不再是个体依照自身境况所必需的需求，而是成为了资本主义体系生产的客观对象。资本主义通过景观的宣传和广告的展示，使所有的商品成为诱惑人们欲望的符号对象，来制造人们的错误需求、剩余需求的消费意识。因此，资本主义更多是在生产对商品的错误需求，并将这种需求通过景观潜移默化地移植到作为自由消费者的人们的心中。"如果我们考虑到消费需求的人造性，现代工业从不停止地制造虚假和刺激的消费需求。"②这一点，德波在此时并未完全展开，在《景观社会》中我们将看到德波详细描述资本主义如何通过对伪-需求的塑造来完成对人的消费心理和行为的全面操纵。

而个体对自我的认知、对日常生活的需求都成了依照市场的统一标准加以组装的结果，那么随之而来的就是个体行为的独特性、真实性的意义的消失（这也是列斐伏尔详细阐述过的风格的消失）："这个社会通过其工业产品而挖空了工作行为的所有意义。而且，在日常生活中的任何一种人类行为的模式，都失去了真正的现实性。"③这也就是随着19世纪以来资本主义商品经济凭借商品、货币、资本的量化的力量侵入一切的事物之中，使得事物丧失了"灵韵"（本雅明），用德波的话语来说，

①　Guy Debord, "Perspectives de modifications conscientes dans la vie quotidienne," *Œuvres*, Paris, Gallimard, 2006, p. 579.

②　Ibid., pp. 579-580.

③　Ibid., p. 576.

就是丧失了"诗意"。当然，德波所倡导的诗歌、诗意，并不是文化理论中狭隘的诗词歌赋，而是彰显人的自由度、创造性的活动的统称：

> 问题是谁想要被动的"感受"？而且难道不可以等待有或是没有核裂变的"原创的诗歌"吗？……我们不想要更新表达的内容本身，特别是写些关于科学的表达内容：我们想要的是让日常生活更富有热情。①

其次是技术被广泛应用于组织现代日常生活，而使生活成了一个真空地带，成了资本主义合理化的官僚体系的附属。人们都被隔绝在了真实生活的沟通和责任之外，以致连左派分子都在这种专业化、合理性的官僚统治中，产生了"去政治化"（dépolitisation）的革命政治异化。这在政治上就表现为太过依赖于技术官僚体系和专家系统，彻底压缩了个体的主体性的存在：

> 是从总是被他人操纵的专业化的政治领域中撤退——在这个政治领域中，他们唯一承担过的责任就是不负责任、委托给不受控制的领导，共产主义的计划遭到背叛和打击……此时真正关键的问题是革命政治本身已经异化了（l'aliénation de la politique révolutionnaire

---

① Guy Debord, "Les souvenirs au-dessous de tout," *Œuvres*, Paris, Gallimard, 2006, pp. 980-981.

elle-même)。①

　　需求的伪造性、诗意的消失、官僚资本主义合理性所带来的一系列异化现象，都指向了日常生活的根本危机，也是新资本主义社会的主要矛盾，那就是以市场消费、技术官僚为代表的资本主义现代体系与人的主体性——特别是包括工人阶级的革命主动性和创造性——之间的根本对立："生活本身被剥夺了，它残忍地缺席了。人们被剥夺了交流和自我实现的可能性。应该说，人们被剥夺了他们亲自创造他们自己的历史的可能性。"②这就是德波最为愤慨的现实，那就是作为主体的人们，彻底丧失了对自己的日常生活的自由创造和支配的权力："日常生活中的人们是他们所不能控制的历史的产物。很明显的是，人自己创造了这个历史，但并不是自由地创造。"③

　　在这里，马克思所指出资本主义社会的主要矛盾，即不断增殖和积累自身的资本，与挣扎在贫困线上、经受剥削的活劳动之间的根本对立，被德波改写为凭借技术官僚和消费体系而得以不断加强其统治的资本主义，与日常生活中越来越贫乏的人的主体性之间的根本对立，且"最关键的是日常生活的这种贫乏绝非偶然……日常生活的落后和墨守成规的趋势，是主导着这场工业化的法则和利益的产物"④。德波在这

---

①　Guy Debord, "Perspectives de modifications conscientes dans la vie quotidienne," *Œuvres*, Paris, Gallimard, 2006, pp. 580-581.

②　Ibid., p. 578.

③　Ibid., p. 575.

④　Ibid., pp. 574-575.

里所说的"主体性"，就是相信人的本质就在于能够自主地创造，并实现自己的真实欲望；这里所说的"贫乏"，也不再是马克思所指的物质财富意义上的贫乏，而是在阶级的贫富差距基础上，越来越严重的生活的不由自主，"所有人都在不停地被托管监视中……人们总是活在一种不被他们所自由选择的生活之中"①。

这其实是资本主义现代性所招致的人的存在性的根本问题，是每一个生活在现代社会中的个体都能感受的主体的"被剥夺感"的问题。用吉登斯的话来说，就是在符号标志、专家系统这些现代性机制中（也就是德波提到的消费体系和技术官僚体系）所产生的主体的"抽离化"：

> 现代社会系统越来越得到延伸，每个独特的个体便越会感受到所有的自主性都被剥夺去了……现代性的剥夺是无法抗拒的。抽象性的时空分野以及操作化效应是两个重要的影响……剥夺的过程是现代制度成熟的一部分和一阶段，它不仅进入到日常生活的领域中去，而且还进入到自我的核心中去。②

问题起于主体，必然终于主体，这是德波从始至终坚信革命必将到来的信仰。德波虽然看到了日常生活成为了资本主义消费市场和技术体系所宰制的客体，抹杀了人的创造性、主动性和自发性，但是他仍然相

---

① Guy Debord, "Critique de la séparation," *Œuvres cinématographiques complètes 1952-1978*, Paris, Gallimard, 1994, p. 45.

② ［英］安东尼·吉登斯：《现代性与自我认同》，赵东旭、方文译，225—226页，北京，生活·读书·新知三联书店，1998。

信，在这种统治中会制造出一种根本的裂缝，这种力量来自必然要成为主体的人——主体是不可能在其中实现自身的真实的欲望和需求，因而随着资本主义的发展及其让人难以忍受的要求，人们会自然而然地选择日常生活革命的方式来改变无法忍受的现状。这似乎就回答了哈姆雷特的生死抉择：“生存还是毁灭，这是一个值得考虑的问题；默然忍受命运暴虐的毒箭，或是挺身反抗人世无涯的苦难，通过斗争把它们扫个干净，这两种行为，哪一种更加高尚？”

德波的答案当然是，高尚地挺身而出：“这场变革将标志着任何被禁锢在商品形式中的单向的艺术表达形式的终结，同时也标志着所有专业化政治的终结。这将是，从一开始就是一场全新形式的革命组织的任务。”①

(四)德波与列斐伏尔：道不同不相为谋

德波和列斐伏尔之间的学术渊源，可谓是“情深缘浅”，或者是列斐伏尔自己说的，“结局太过糟糕的爱情故事”②。这两人之间难分难解的关系，可以用安迪·梅里菲尔德（Andy Merrifield）的话来总结：

很多人都会问我，他们两人到底是谁影响了谁？实际上根本就不可能说清楚，在1957—1963年他们之间的事情，他们互相成就了对方。他们曾经具有相似的灵魂，一阴一阳，是不联合的辩证联

---

① Guy Debord, "Perspectives de modifications conscientes dans la vie quotidienne," *Œuvres*, Paris, Gallimard, 2006, p. 582.

② Henri Lefebvre, "Interview: Henri Lefebvre on the Situationist International," *October*, Vol. 79(Winter 1997), pp. 69-70.

合，正题和反题，肯定和否定，从内部融合在一起发出火花。①

　　因为这两人其实在理论上是一见钟情且惺惺相惜的。在同时代的法国左派分子中，他们都关注着资本主义现代性和消费社会的问题，并且在日常生活批判、都市主义、文化革命等主题上都各有建树，相互影响着对方。但是，在现实生活中，列斐伏尔是一位从法国共产党出走的西方马克思主义正统学者，而德波从二十岁进入先锋艺术圈开始就是"偏向虎山行"的先锋派，而非埋在枯纸堆里的老学究。因而，两人在介入革命实践的现实问题上的根本分歧，最终导致了他们的分道扬镳。

　　从思想上来看，德波基本上是赞同列斐伏尔所开辟的对日常生活的讨论和研究的。在 1962 年德波给列斐伏尔的信中，他肯定了列斐伏尔关于现代资本主义所带来的新的统治和危机，它出现在城市规划、都市主义、技术官僚等日常生活的主题中：

　　　　我们面前的是一个整个生活方式的必然的变动（une inévitable mutation de tout mode de vie）。生产的目标、消费的水平、现代世界人们所生活的方式，都已经深刻地改变了，并且朝着完全不同的组织发展。②

---

　　① Andy Merrifield, "Lefebvre and Debord: a faustian fusion," *Space*, *Difference*, *Everyday life*, NY, Taylor and Francis, 2008, p. 176.

　　② Guy Debord, "Pour Henri Lefebvre: Sur la consultation visant a définir« La région parisienne à la fin du siècle » ," *Œuvres*, Paris, Gallimard, 2006, p. 602.

最初吸引德波和列斐伏尔交往的，也是因为列斐伏尔在《总和与剩余》(*La somme et le reste*)中介绍的瞬间理论(moments)，和德波当时实践的建构情境"志同道合"。德波在给好友的信中评价列斐伏尔的瞬间理论"十分有趣"，并且"和我们十分接近——我说的是：瞬间理论"。[①] 列斐伏尔在批判现代欧洲缺失生活的一种连续的"风格"——在资本主义以商品和货币的经济力量同质化所有的事物之后，所有的生活片段都只是日常性的、单调的碎片——之时，他强调要寻找一种日常生活缺失的丰富性，那就是要代表着绝对质性的不同瞬间的创造："在日常生活的层面上，通过最佳地分配瞬间的元素和时刻，来加强日常性的根本效率，加强它的共同、交流，特别是愉悦的能力，来定义自然和社会生活的愉悦的新模式。"[②]德波在《瞬间理论和情境建构》(*Théorie des moments et construction des situations*)中就坦诚，虽然列斐伏尔的"瞬间"，更加强调的是一种自由生命的时间性的建立，而德波的"情境"是一种"生命的空间-时间性"[③](l'espace-temps d'une vie)的展开。但是，归根结底，情境和瞬间一样，都是旨在建起一种独特的质性，通往"情势和结构的统一体"[④](une unité du structural et du conjonctural)。情境中的所有瞬间，也可以用来服务于个体的日常生活革命。

---

① Guy Debord, "Lettre à Frankin(14 févriér 1960)," *Correspondance*, Vol. 1(juin 1957-août 1960), Paris, Librairie Arthème Fayard, 1999, p. 313.

② Henri Lefebvre, *La somme et le reste*, Paris, MéridienspKlincksieck, 1989, pp. 654-655.

③ Guy Debord, "Théorie des moments et construction des situations," *Œuvres*, Paris, Gallimard, 2006, p. 996.

④ Ibid. , p. 995.

归根结底，对列斐伏尔和德波来说，瞬间和情境只是换了一种表达方式而已。两者都是旨在打破线性的时间逻辑或空间结构，因为时间和空间现今已成为异化的载体，极大地压缩了生活的差异性和丰富性。因此，节日的瞬间、革命的情境，都彰显了一种可被创造的直接性、质性，这就像是在枯燥的线性生活中情感的瞬间迸发，它是活生生的、真实的生命经验。

同时，列斐伏尔也非常欣赏德波和情境主义国际。据列斐伏尔回忆，他当初之所以被德波所吸引，是因为他在《革命浪漫主义》(*Le romantisme revolutionnair*)的宣言中宣称，1956年卡斯特罗领导的古巴革命，象征着未来的无产阶级革命将会发生在共产党、工会所组织的运动之外，革命的主动权将会掌握在具有极大自主性、创造力的党外组织手中。而在德波和情境主义国际身上，他看到了这种极具生命力、革命性的编外力量。"我是他们的密友……我记得有一整个晚上，我在德波当时住的伯恩施坦的家里和他彻夜地对谈。"[1]后来，他在1961年出版第二卷的《日常生活批判》中，直接肯定了德波在日常生活批判的演讲里所说的"日常生活被殖民"的说法，还在1962年出版的《现代性导论》[2]里修改了自己革命浪漫主义的观点，融入了德波关于现代文化的批判性观点，那就是不仅要现代文化的内容，也要对其形式进行彻底的批判，这实际

---

① Henri Lefebvre, "Interview: Henri Lefebvre on the Situationist International," *October*, Vol. 79 (Winter 1997), pp. 69-70.

② Henri Lefebvre, *Introduction à la modernité*, Paris, Minuit, 1962.

上是德波在 1960 年写给列斐伏尔的信中向他提出的意见①。

但是，从 1962 年下半年开始，德波、情境主义国际就与列斐伏尔公开决裂了。起因是由于列斐伏尔"背叛"了情境主义国际，将他们之间讨论形成的共同理论成果，发表在了情境主义国际所抵制的《争鸣》期刊上。"列斐伏尔，正在写作一本关于巴黎公社的书，于是向情境主义者们征求对此有用的意见。"随后，情境主义者们发现，在《争鸣》的第 27—28 期上，列斐伏尔发表了《巴黎公社》(*Sur la commune*)，且其中的很多内容与同年 3 月德波、范内格姆等人一起合作的《巴黎公社》相似性很高（详见情境主义国际做的对比②）。

但实际上，德波和情境主义国际本身并不反对所谓的"抄袭"，他们本来就非常反对象征资产阶级暴利的版权事务，所以德波和情境主义国际一直都以"抄袭"思想引以为豪。众所周知的就是，德波在《景观社会》中"异轨"（完全没有加上标点符号和注释地引用）了法国诗人洛特雷阿蒙（Lautréamont）——超现实主义将他奉为诗歌改革的先驱——的诗句，中译本作："各种观念变好了。这些词汇的意义有助于此。抄袭是必要的。进步导致这样做。它紧紧地靠近一个作者的语句，利用他的表达，抹去一个错误观念，换上正确观念。"③这种"抄袭"的方式，是用于反对统治阶级在元语言层面上的统治，通过对文本的非功利性的使用，来发

---

① Guy Debord, "Lettre à Lefebvre(5 mai1960)," *Correspondance*, Vol. 1(juin 1957-août 1960), Paris, Librairie Arthème Fayard, 1999, p. 332.

② Guy Debord, "Sur la Commune," *Œuvres*, Paris, Éditions Gallimard, 2006, p. 628.

③ ［法］洛特雷阿蒙：《洛特雷阿蒙作品全集》，车槿山译，249—250 页，北京，东方出版社，2001。德波将此诗句一字不差地直接放到了《景观社会》的第 207 条论纲之中。

起反意识形态的流动的语言斗争。被资产阶级现代文明钉在耻辱柱上的"抄袭"，对德波来说，却是用来颠覆世界的工具，无论是在理论中还是在实践中；其目的是"在所有层面上，有效地反对统治社会：完整地异轨统治社会，毫不掺杂任何帮助再生产统治的成分"①。

因此，德波和情境主义国际之所以在《巴黎公社》事件上与列斐伏尔决裂，主要还是因为列斐伏尔的"倒戈"行为。在 1963 年 2 月情境主义国际草拟但未发表的一篇文章中，他们明确地指出：

> 列斐伏尔，他从我们这里得到了很多启发，但并没有"剥削"我们的劳动。他只是在学术计划上有一点点粗俗，因为他在和我们一起进行的集体行动（真正的交流）前退却了[il recule devant une action commune（le vrai dialogue）avec nous]。而这才是最严重的。②

德波虽然没有点名这个"集体行动"到底是什么，但是我们从列斐伏尔的访谈里还是得以窥知一二的。那就是《争鸣》的编辑团队正在计划结束这份期刊，因为他们认为已然写尽了他们想要说的话，列斐伏尔将其告知了德波，德波对此表示出了强烈的兴趣，想要通过列斐伏尔这个中介，获取支持《争鸣》期刊的负责人埃尔瓦尔（Herval）的信任，用《情境主义国际》来替代《争鸣》做下去。但是，列斐伏尔称记录了这位重要人

---

① Guy Debord, "Je suis forcé d'admettre que tout continue(Hegel)," *Œuvres*, Paris, Gallimard, 2006, p. 1057.

② Guy Debord, "Note sur la cohérence," *Œuvres*, Paris, Gallimard, 2006, p. 637.

物的联系方式的手册被他当时分手离去的女友带走，因而德波谴责了他："我看多了像你这样在关键时刻成为叛徒的人。"①

不过，更深入地来说，这种退却，源自两人在日常生活革命道路上的分歧，即在革命主体和组织策略上的差异。

在日常生活革命的主体问题上，列斐伏尔、德波和马尔库塞、利奥塔一样，认为"如今被生产和再生产出来的生产关系并不仅仅局限在工人阶级的行为、思想所在的社会场域"②。因此，他们都赞同高兹在《告别工人阶级》中的判断，将未被资本主义同化的青年、知识分子、流浪者视为新的多元主体，期待一场所有人主动参与的日常生活革命。但是，列斐伏尔与德波希望通过多元主体掀起日常生活革命，这本身就隐含着"惊险的一跃"，那就是日常生活中的个人行为与无产阶级的集体实践之间如何过渡，也就是组织个体进行集体实践的策略问题究竟是什么。

对此，德波基于个人主义立场爽快地给出了回答。他拒绝任何关于阶级、阶级意识、集体行动的本体论假设，相信只有确保每个个体的自主实践，才能迸发革命力量。对德波来说，主体是一种"即时在场"的存在，有且只有在个体的自主行动中才能形成。在马克思那里，作为主体的无产阶级是一个社会学-政治经济学的范畴，是资本剥削活劳动、劳动者必然反抗的现实产物。而在德波看来，无产阶级就是一个实践问题

---

① Henri Lefebvre, "Interview: Henri Lefebvre on the Situationist International," *October*, Vol, 79(Winter 1997), pp. 69-70.

② Henri Lefebvre, *The survival of capitalism*, translated by Frank Bryant, St. Martin's Press, 1976, p. 96.

而非理论范畴，无产阶级要成为主体，就必然发生在每个鲜活的个体自主参与的活动之中，在"它组织革命斗争、在**革命的时刻**组织社会之中：正是在这里必须具备形成**阶级意识的实践条件**，在这些条件下，关于实践的理论在变成被实践的理论的过程得到证明"①。

德波的个人主义立场导致了他在组织策略上的无政府主义态度。既然主体只在自主的革命实践中成为主体，那么根本不需要在个人行动与集体实践之间增加任何政党组织、领导组织，只需保证个体的自主性得到最大限度的实现。于是，德波就基于类似巴枯宁、托洛茨基的无政府主义立场，提出了一种提倡个体自主行动的组织策略，其特点就是反领导制、反等级制。比如，德波提倡回到工人委员会的传统，要求实现工人自治、自主管理、自由组织，拒绝职业政治家、分级代表的等级制组织。德波特别强调，包括情境主义国际在内的组织，绝不依靠任何代表制的党派或议会斗争，绝不能像传统精英主义占据高地指挥活动，压抑个体行动的自主性："一个行动组织，有义务时时刻刻都记着，它的目标不是让他的成员们都听到专业领导人的具有说服力的演讲，而是让他们自己说，为了能够起码实现同等程度的参与。"②

于是，德波和情境主义国际以身作则，积极参与到 60 年代的阿尔及利亚运动、斯特拉斯堡运动等活动中，亲自冲在社会浪潮的第一线。而正当德波和情境主义国际一往无前时，列斐伏尔选择了相对保守的立

---

① ［法］居伊·德波：《景观社会》，张新木译，53 页，南京，南京大学出版社，2017。译文有改动。

② Guy Debord, "Pour un jugement révolutionnaire de l'art," *Œuvres*, Gallimard, 2006，p. 561.

场。列斐伏尔虽然也反对官僚领导制对无产阶级运动的限制，但他同样无法接纳德波的个人主义立场和无政府主义的组织策略。相反，他相信，在特定前提下，所有人必将有组织地联合起来，共同参与到日常生活革命之中，而不是杂乱无章的个人实践。

为此，列斐伏尔保留了关于个体必然联合起来的本体论前提。他认为，个体的存在中具有着普遍的结构：所有人总要不断超越自然与社会的有限性，积极地实现更自由、更无限的存在结构。"这种无限性正好限制并克服处于自然生存中的无限性，因而可以成为：人类力量、认识、行动、爱、精神。"因此，在列斐伏尔看来，日常生活革命绝不是个体的盲目狂欢，人类普遍具备的超越性结构将会导致所有人参与日常生活革命。只不过，这需要具备一些必要条件才能发生。只有当人们发觉自己的超越性结构成为"总体的人"，才能超越俗世的经济人和利益追求而全面联合起来，实现对人类本质的全面占有。

而针对德波热衷的个体情境建构，列斐伏尔便指出这并不全是日常生活革命的瞬间，"情境"并不完全等同于"瞬间"。列斐伏尔认为，瞬间是"结构"，情境是"事态"①，二者并不完全重叠。情境是一种偶然发生的具体事态，每个鲜活的个体都可能被吸引参与情境建构，但他并不具备明确的主体意识，"处在情境中的意识存在被外在的事态所吸引，他必须将自己嵌入进去"②。但是，瞬间是一种主体具备的稳定"结构"的外露，是"他故意将他的情境转为一种冒险：从一开始就必然去组织时

---

① Henri Lefebvre, *Critique of Everyday Life*, *Volume II*, *fundations for a Sociology of the Everyday*, translated by Jone Moore, Verso, 2002, p. 352.

② Ibid. , p. 352.

间与空间，给予具体事态中的各个元素以规律与形式。而这才具体地构成了情境"①。换言之，每个人都可以在日常生活中建构无数情境，但只有当人类自觉地超越当下重建人与社会的总体性联系，才能从平庸的日常性摆脱出来，发起颠覆资本主义的日常生活革命瞬间，这才是属于无产阶级的革命情境。

因此，在如何组织个体进行集体实践的策略问题上，列斐伏尔的答案相对理性：第一，这不应由传统政党垂直领导，但也不该流俗于个体的自发行动，个体自发的行动并不绝对可靠。第二，日常生活革命并不由盲目的个人实践构成，而是一场人类有意识地主导的集体实践，是所有人都有能力摆脱资本主义物化状态的节日。

正是由于日常生活革命主体和组织策略上的分歧，才使列斐伏尔与德波相互爆发了不满。列斐伏尔并不认同德波参与的各类活动，甚至在70年代直接批评左派分子的实践盲目性。列斐伏尔指责，这是在生产力和生产关系之外、毫无内容的创造性，这种主体的反抗只是脱离了客观条件的盲目冲动，"肤浅的左派分子已经证明了自己空无一物"②。德波则谴责列斐伏尔言不符实，拒绝投入集体行动。在1963年2月一篇并未发表的文章中，德波坦白："列斐伏尔，他从我们这里得到了很多启发，但并没有'剥削'我们的劳动。他只是在学术计划上有一点点粗俗，因为他在和我们一起进行的集体行动（真正的交流）前退却了。而这

---

① Henri Lefebvre, *Critique of Everyday Life*, *Volume II*, *foundations for a Sociology of the Everyday*, translated by Jone Moore, Verso, 2002, p. 352.

② Henri Lefebvre, *The survival of capitalism*, translated by Frank Bryant, St. Martin's Press, 1976, p. 40.

才是最严重的。"①

所以，这才是 1963 年列斐伏尔与德波分道扬镳的根本原因：所谓的抄袭丑闻不过是双方都不在意的扯皮小事，其中真正发生的是两人由于日常生活革命道路的分歧而对立。用德波的话来说，在真正的集体行动面前，他们走向了陌路。列斐伏尔与德波，就像是当年的马克思与巴枯宁一样，一方并未放弃历史唯物主义社会革命的客观立场，走向了研究空间生产如何被资本主义利用谋取幸存，一方则在身体力行着"从不工作""废除劳动"的个人反抗，走向了五月风暴的中心。

德波在与列斐伏尔告别之后，将选择以个体本位、直接行动的方式反抗资本主义。这种将个体主体置于行动中心、祛除本质主义实体主体的理论，激励了当时很多年轻的学者。鲍德里亚曾经评价道："所有的人都热情奔向他们的激进的主体性的概念！"②德勒兹也指出，德波开创的情境主义运动"将新的斗争形式和新的主体性的生产联系了起来"③。巴丢更直接表达了对德波的赞赏："德波帮助我们宣布：不，我们并没有走错……因为我们并没有放弃对真理的主体的永久追求……我能够想起德波所唤起的马克思主义，这是主体的美学。"④

列斐伏尔虽然提倡日常生活革命，却不信任个体主体主导的集体行动；在五月风暴失败后，他选择转向了资本主义空间生产研究。20 世

---

① Guy Debord, "Note sur la cohérence," *Œuvres*, Gallimard, 2006, p. 637.

② Jean Baudrillard, *D'un fragment l'autre*, Albin Michel, 2001, p. 30.

③ Gilles Deleuze, *Foucault*, Minuit, 1986, p. 123.

④ Alain Badiou, "Guy debord, in girum imus nocte et consuminur igni: un homme qui ne cède pas," *Le Perroquet*, No. 0, November 1981.

纪 70 年代，列斐伏尔先后出版了《资本主义的幸存：生产关系的再生产》《空间的生产》等。自此，他逐渐离开日常生活革命话语，转而关注资本主义如何超越历史唯物主义传统时空观，从空间中的物的生产走向空间的生产。而列斐伏尔开创的空间生产理论，在西方学术界引起了广泛的影响，形成了历史唯物主义的城市政治经济学批判、后现代地理学研究等。例如，曼纽尔·卡斯特尔、爱德华·索亚、大卫·哈维等学者便继续将空间问题与马克思主义社会批判理论相结合，揭示了资本转化为空间资本的社会辩证过程，要求从地理学角度实现空间正义，基于空间辩证法、地缘政治学重新绘制当代西方左派的批判蓝图。

由此可见，列斐伏尔是一位典型的学院派西方马克思主义学者。西方马克思主义本身就是十月革命后欧洲各国无产阶级革命低潮的历史产物，因而西方马克思主义始终以开启无产阶级的革命实践为其理论的归宿，要求通过各种方式恢复无产阶级的革命意识和主体性。但是，严格来说，西方马克思主义思想家们始终面临着"哲学王"的困境，那就是哲学家虽然在智慧上具备统治者的才能，但要真正成为国家的统治者缺乏现实的可能性。简单来说，西方马克思主义者们，更多是属于"学院派"的学者，而不必然能够是或应该是革命实践的领导者和国家的统治者。而德波恰恰相反，他的自我定位从来都是"偏向虎山行"的革命者、先锋派，而非埋在故纸堆里的老学究："我们不期待任何科学研究的补贴，也不期待任何学术期刊的赞扬。我们是助燃恶火的料。因此，我们毫不犹豫地加入了撒旦，那就是摧毁一切现存的条件的坏的历史。"①

因此，两人最后走向分道扬镳是必然的，以致在后来的五月风暴的革命运动中，列斐伏尔这位老教授在学生和工人的暴力运动之前是畏缩不前的，而德波和情境主义国际则直接化身为这场革命运动的街头精神，在不断地燃烧。

---

① Guy Debord, "In girum imus nocte et consumimur igni (1978)," *Œuvres cinématographiques complètes 1952-1978*, Paris, Gallimard, 1994, p. 252-253.

| 景观与异轨：激进哲学的出场

1967 年，德波的代表作《景观社会》问世，代表着德波的以景观社会为核心的激进哲学的出场和确立。在全面进入德波的《景观社会》的激进理论及其革命实践之前，"景观"和"异轨"这两个核心范畴值得关注。因为景观和异轨，都是德波最初在先锋艺术中继承而来，随后成为景观社会批判理论的核心范畴。通过德波 1956 年的《异轨使用方法》、1965 年的《景观的和商品的经济的没落和崩溃》和《致革命者》、1967 年的《景观社会》的文本群，我们可以历史性地回顾景观和异轨这两个范畴的形成过程，清晰地看到德波是如何将其先锋艺术的反抗压抑生命的技巧和比喻，转变成为批判资本主义新型统治机制的核心范畴：景观从不干涉主义的剧场表演，成为以大众媒介为载体的商

品消费，异轨从先锋艺术的反打技巧，成为马克思主义批判理论的激进内核。

一、景观小史：从剧场幻象到抽象统治

德波，最为人熟知的莫过于"景观"（spectacle）这一核心概念了，而它总是与大众媒体时代连在一起被讨论。最具代表性的是，凯尔纳在《媒体景观》一书中认为："景观描述的是媒体和消费社会围绕着图像、商品和事件的生产和消费而被组织起来。"[①]他将德波景观概念发展为媒体景观的概念，将电视、体育节目、政治事件等具体内容赋予了景观，从而讨论媒体景观是如何被生产、建构和传播，发挥景观的作用，围绕着图像的生产和消费来组织社会活动的。当我们面对德波的《景观社会》的"景观"之时，最先总是会从其字面意义上联想到表演、演出、景色等同义词，这是无可厚非的。而且，德波本人也确实在其作品中，也相应大量地使用着"图像"（image）、"表象"（apparence）、"再现"（représentation）等词汇，来描述以景观为特征的现代社会的本质。因此，自从德波在1967年正式出版《景观社会》以来，一直存在对这个概念的很多误解。比如，将景观看作现代社会中占有霸权地位的大众媒介，或者是20世纪以来伴随着媒体技术的发展而兴起的影像时代。不过，这些只不过是德波景观概念的原型，或者说是灵感来源，并不能算

---

① Douglas Kellner, *Media Spectacle*, NY, Routledge, 2003, p. 2.

作景观的基本内涵。德波自己就说过，景观不能被看作对视觉世界的滥用，或者是图像的大众传媒技术的产物。那么，如何理解德波的景观概念呢？

(一)景观的诞生：布莱希特与德波

德波最早是从 1957 年开始使用"景观"一词的，用来批判现代性下大众的被动性、不干涉性的状态，而德波此时所痴迷的建构情境的实践活动，就是为了打破现代景观的不干涉主义原则。这一点其实受到了同时代的德国戏剧大师、共产主义艺术家贝尔托·布莱希特(Bertolt Brecht)的影响。是布莱希特最先指出，戏剧景观营造的是一种虚幻的拟像而非现实，因而主张用距离化来打破剧场景观旨在获得的观众的心理认同，刺激观众认识到景观和真实的生活之间的差距。德波对此十分认同，认为资本主义世界，也是通过景观的故意布置，来获得大众对社会角色(明星等)的心理认同，来组织起大众的被动性，遮蔽其真实的生命存在。从布莱希特对德波景观概念的影响，我们可以发现，景观从一开始就带着批判的立场，是指一种组织起观众的心理认同的机制，其根本原则是不干涉主义，情境建构就是要反对景观所组织起来的日常生活的被动性。

德波是在 1957 年情境主义国际成立的奠基性文本《关于情境构建和情境主义国际倾向的组织和行动之条件的报告》一文中，率先正式给出了"景观"的定义："情境的建构，是起始于景观概念在现代的崩塌。我们可以清楚地看到，景观的不干涉主义的根本原则，在多大程度上是与旧世界的异化密不可分的。"①景观，是现代世界异化的新形式，被景观包围着的大众执行着不干涉主义的根本原则，就像是字母主义时期的德波所嘲讽的看着电影一动不动的观众。在这里，德波的景观概念的出现，还没有和马克思主义发生链接，而是更多来自戏剧领域中布莱希特的关于大众和艺术作品之间的关系的讨论。

这并非是我们的捕风捉影。就在 1957 年的这份奠基性文本中，德波将布莱希特在戏剧领域中的创造性活动和他们旨在打破景观的情境建构相媲美："在工人的国家里，只有柏林的布莱希特所引导的经验——为了质疑景观的传统观念，和今天我们的（情境）建构是相近的。"②这其实就是指，布莱希特在戏剧舞台表演中，提出通过"陌生化"（Verfremdungs-effekt）、"间离"（distanciation）的方法，也就是通过在戏剧表演中的中断、对第三人称的使用、舞台说明的念白等，打破传统戏剧的单向灌输性和观众对角色和戏剧故事的心理认同，刺激观众进行独立的思考和批判。

因为，布莱希特较早地指出，传统的戏剧景观/表演（spectacle）是一种戏剧的幻象，是一种捕捉观众的注意力的装置，旨在通过不同情节

---

① ［法］居伊·德波：《关于情境构建和情境主义国际倾向的组织和行动之条件的报告》，见《社会批判理论纪事》第 7 辑，57 页，南京，南京大学出版社，2014，译文有改动。Guy Debord, "Rapport sur la construction des situations et sur les conditions de l'organisation et de l'action de la tendance situationniste internationale," *Œuvres*, Paris, Gallimard，2006，p. 325.

② Guy Debord, "Rapport sur la construction des situations et sur les conditions de l'organisation et de l'action de la tendance situationniste internationale," *Œuvres*, Paris, Gallimard，2006，p. 320.

的巧妙设计来刺激观众，让观众对景观/表演中的特殊指令做出预期的反应。传统戏剧景观/表演的成功就在于，能够如预期设计让观众为其情节的起承转合而喜怒哀乐，即建立起观众对戏剧景观/表演的心理认同。布莱希特描述了处在传统戏剧中的观众的被动性状态，这和德波所说的景观的"不干涉主义"的根本原则极为相近：

　　让我们走进这样一座剧院，观察一下它对观众所产生的影响。只要我们向四周一望，就会发现处于一种奇怪状态中的、颇为无动于衷的形象：观众似乎处在一种强烈的紧张状态中，所有的肌肉都绷得紧紧的，虽极度疲惫，亦毫不松弛。他们互相之间几乎毫无交往，像一群睡眠的人相聚在一起，而且是些心神不安地做梦的人，像民间对做噩梦的人说的那样；因为他们仰卧着。当然他们睁着眼睛，他们在瞪着，却并没有看见；他们在听着，却并没有听见。他们呆呆地望着舞台，从中世纪——女巫和教士的时代——以来，一直就是这样一副表情。看和听都是活动，并且是娱乐活动，但这些人似乎脱离了一切活动，像中了邪的人一般。演员表演得越好，这种入迷状态就越深刻，这种状态里观众似乎付出了模糊不清的，然而却是强烈的情感；由于我们不喜欢这种状态，因此我们希望演员越无能越好。①

---

① ［德］贝尔托·布莱希特：《布莱希特论戏剧》，15—16 页，北京，中国戏剧出版社，1990。

这幅观看戏剧的图景，和情境主义马上提到的资本主义现代景观的内容是非常相似的，也和德波后来的《景观社会》所比喻的大众所处的状态非常接近。景观，是被定义为抓捕人的注意力，组织起观众的被动性的一种装置，它通过巧妙设置的引起观众情感的共鸣，从而使之迷失在景观的表演之中。在布莱希特的笔下，戏剧剧场中所发生的是一场噩梦，观众自动地认同着他们所看到的场景、故事和人物角色所塑造出来的一种虚幻的"现实"，并且这种景观所塑造的"现实"的目的就是为了充分吸引，从而操纵观众的意识反应活动，使之丧失独立的思考和判断的可能，甚至观众还会在剧场之外的生活中对这种"现实"——残缺不全的复制品——及其所传达的价值观信以为真、趋之若鹜。

> 关于被反映的世界本身——从中裁取一些片段用来制造这种气氛和感情活动——则是这样处理的：利用少数不完备的事物，如几块纸板、少许表演技巧、一点点台词，这些戏剧家的本领实在惊人，他们居然能够借助这样一种关于世界的残缺不全的复制品，强烈地打动他们的兴致勃勃的观众的情感，这是世界本身所不及的。①

布莱希特就是希望能够在剧场中打破个体对外在于自己的角色的认同和异化，布莱希特所提出的"间离"和"教育"就是直接反对传统戏剧追

①　[德]贝尔托·布莱希特：《布莱希特论戏剧》，16 页，北京，中国戏剧出版社，1990。

求的观众的心理认同的目标。而德波既认同了布莱希特对景观和观众之间的操纵-认同的关系的判断，同时也继承了布莱希特反抗这种认同机制的立场和方法，作为建构景观的活动：

第一，布莱希特的戏剧景观/表演和社会生活中的景观之间存在相似性，都塑造着一种新的"现实"，都是通过建构观众对某种社会角色的心理认同，从而取代观众对真实的生活的需要，来组织起观众在现实中完全的被动性。

如果说布莱希特的戏剧表演通过给观众一种"现实"，来取代观众独立的思考能力，而德波也随之在日常生活的领域中延伸指出，日常生活的电影、广告、明星等景观，是直接隔绝和谋杀了我们真实的生活，取而代之的是景观在空场中重建起的另一种"现实"，是我们在真实生活的缺失下必需的产物，将想象的生活认同为现实生活本身。1959 年德波的电影作品《关于短时间内某几个人的经过》就这样写道：

> 这既不是天赋，也不是天赋的缺失的问题，这既不是电影产业，也不是广告宣传的问题，而是必须要创造出一个明星的需要。这是需要的贫困(la misère du besion)，这是匿名的和毫无生气的生活想要从电影扩展到生活的领域中去。屏幕上的想象的生活就是这种真实的需要的产物。明星是这种需要的投射。①

---

① Guy Debord, "Sur le passage de quelques personnes," *Œuvres cinématographiques complètes 1952-1978*, Paris, Gallimard, pp. 35-36.

第二，布莱希特的"陌生化"效果和"间离"，以及德波所向往的建构情境，都旨在打破这种对景观权力的认同。布莱希特的"间离"手段，就是为了创造一种陌生化的效果，让观众停止将自己代入某个景观表演之中；而德波等情境主义者看中的正是这种间离的效果，他们通过异轨、漂移等类似的手段建构情境，也是希望"使得人们能够停止认同这种环境，认同这些行为模式"①，能够刺激人们从资本主义生活方式规定好的社会角色中出走。因此，我们可以直观地看到，德波在建构情境的宣言中，在对建构情境的目标的描述中，使用了"英雄""观众"等词汇，表明了其景观理论与布莱希特的戏剧景观之间类比的关联：

> 相反地，我们可以看到，文化领域中最有价值的革命研究，已经力求打破从观看景观的观众（spectateur）对英雄（heros）的心理认同，旨在促使观众转向积极的活动，引发他变革自己的生活的能力。因此，情境是为了能被它的创建者来实践和经历的。应该一直努力减少被动的"大众"的角色，换而增加以前被称为是积极的参与者（acteurs）的那些人，现在这些人要被称为具有全新的意义的生活者（viveurs）。②

① Attila Kotanyi, Raoul Vaneigem, "Programme élémentaire du Bureau d'urbanisme unitaire," *Internationale Situationniste*, No. 6, août 1961.

② Guy Debord, "Rapport sur la construction des situations et sur les conditions de l'organisation et de l'action de la tendance situationniste internationale," *Œuvres*, Paris, Gallimard, 2006, pp. 325-326.

当然，从这里也可以非常清晰地看到两者之间的区别。

德波从一开始就将布莱希特局限在戏剧表演的景观概念，嫁接到了现代生活的领域中进行讨论。布莱希特的景观机制的问题在于，它营造了一种临时的"剧场现实"，使观看的观众被操纵。而在德波这里，景观不是剧场中临时的表演，它就是生活中大众的被动性被组织起来的方式；观众的观看也不是目光的注视，而是景观取代了我们真实的生活；我们不是注视着景观，而是我们正在生活中实践着景观这一现实。这部分内容，后来被德波保留到其批判资本主义社会的景观社会理论之中。

因此，德波最初是在布莱希特的影响下，站在先锋艺术的立场上使用景观批判资本主义，其目标是实现先锋艺术改变生活、自由解放的终极诉求，摧毁景观便是为了实现人的本真存在："我抛弃了所有定义新诗歌的基础——无论是超现实主义还是字母主义。我们要把布列东的美学自由推向更远处……所有新艺术的宣言，从此之后，都属于宣传的范畴（丑闻和刺激，行动的副产品）。"①但是，先锋艺术对资本主义的批判与反抗是有局限的。先锋艺术更多是在资本主义压抑的现实经验中，萌发出直接反抗资本主义的主观意识。但这种主观意识仅仅是对压抑现实的感性直观与直接反抗，并未从理论角度揭示资本主义现实发展的根本动因，也未形成具有明确阶级立场的政治文化纲领。德波最初使用的景观便是基于先锋艺术人本主义立场提出的批判概念，而不是一个严格的马克思主义理论范畴。因为德波此时使用景观宽泛地指代了先锋艺术感

---

① Guy Debord, *Le marquis de Sade a des yeux de fille*, Paris, Fayard, 2004, p. 104.

性的反抗对象，即压抑自由的资本主义现实，他还没有自觉从理论角度揭示资本主义的景观机制是如何客观运作、让人自动臣服的。

借此，在这里可以澄清几点对景观定义的基本认识：第一，德波的景观概念，从它一开始被提出，就不是直接来自所谓的大众传媒，而是更多受到了布莱希特的启发。不过，虽然布莱希特的戏剧景观，被五六十年代的德波所欣赏，为早期德波的景观概念的形成提供了灵感；但真正完成了《景观社会》中具有社会批判内涵的景观范畴的是在德波遇到了马克思之后。第二，从布莱希特到德波对景观的注解中，我们可以看到，德波一开始就认为景观，在其不干涉主义原则的布展下，是对人们的真实生命存在的遮蔽。因而，景观，从一开始就是作为批判的概念出现的，它揭示的是从先锋艺术中继承而来的人本主义"真实/本质"和"虚假/现实"的二元逻辑。这一点一直延续到了德波《景观社会》之中，作为批判和发起革命的内在动力和基本立场。第三，此时尚未接受马克思主义作为批判社会的出发点和理论基础的德波，他的景观概念仍然是模糊的，很大程度上是在先锋艺术的"真实/虚假"的二元框架内使用。因此，他还没有自觉地区分，景观到底是一种剧场表演时产生的暂时的幻象，还是一种特定的社会现实及其意识形态布展。他也无法解释清楚，景观如何将不干涉主义的原则渗透并统治着大众及其生命活动，其背后恰恰是马克思所说的资本主义商品经济的抽象统治逻辑。

(二)景观的确立：《"景观的"商品经济的没落和崩溃》

1965 年 8 月，美国洛杉矶发生了黑人为争取平等的公民权利的反抗运动，黑人与警察发生了正面冲突，也发生了黑人冲击商业区的社会事件，导致 28 人死、800 多人受伤、3000 多人被捕的大型社会事件。美国舆论将其视为种族冲突所导致的结果。对此，德波同年发表了英文版的《"景观的"商品经济的没落和崩溃》(*The Decline and the Fall of the "spectacular" commodity-economy*)，并在 1966 年《情境主义国际》第十期上刊登了其法文版，标题改为《景观的和商品的经济的没落和崩溃》(*Le declin et la chutede l'economie spectaculaire-marchande*)。同期发表的还有针对阿尔及利亚革命战士的《致革命者》[①] (*Adresse aux révolutionnaires*)，其中也首次大量出现关于景观和消费社会的讨论。

　　总体来说，在 1965—1966 年，德波和范内格姆正在各自创作关于批判资本主义社会的理论大作，这是德波第一次将景观作为社会批判的核心范畴来使用，并且十分接近于《景观社会》中的分析。在这里，德波已经明确了景观并非是一种类似剧场表演而产生的意识形态幻象，景观本质上是"商品的人道主义"。它在现实中的作用方式是通过对人们的无意识的欲望、需要的替换、塑造和支配，以商品经济为基础建立起价值化的等级制来进行软性的统治。其内在矛盾在于，它提供不了真实的生命本身所需要的内容。但是，德波并没有像马克思那样指出其背后的生产领域的不平等问题，而是坚持了从先锋艺术中继承而来的人本主义"真实/本质"和"虚假/现实"的二元价值逻辑，来批判资本主义消费社会、也就是丰裕的"景观商品经济社会"的内在矛盾。

　　首先，德波重新定义了这场被美国舆论看作种族问题的社会事件，

---

　　① 该文最先在 1965 年 7 月完成，同期在阿尔及利亚被大量分发。随后刊登在 1966 年 3 月的《情境主义国际》第十期上。

在他看来，这虽是由黑人提出的，但根本上是资本主义社会经济的根本矛盾所引发的社会运动，本质上反映了以美国为代表的、景观的商品经济的社会危机。

德波解释，之所以认为这并不是一场种族冲突，是因为在这场运动中，黑人并不是攻击在街道上随处可见的白人公民，而只是和维护着社会统治秩序的白人警察发生了冲突。并且，参与运动的黑人并没有有意识地扩展和吸收在商业街区的其他黑人无产阶级。"这并不是美国的白人地位的危机，而是美国地位的危机，只不过最先从黑人群体中被提出来而已。这里根本不存在任何种族冲突。"[①]

因此，和一般所说的种族冲突的定论相反，德波提出，这是一场反对商品、反对商品世界化的社会运动，是作为劳动者和消费者的无产阶级，在反对通过商品秩序强加在其身上的社会等级秩序而导致的社会危机。

其次，既然这场运动并不是简单的种族冲突，而是资本主义商品社会的内在矛盾所导致的社会危机，那么，德波就必须在这起具体的暴力事件之上来一般地揭示以美国社会为代表的资本主义商品社会的内在矛盾及其统治方式。

对此，德波的结论是，以美国为代表的资本主义商品社会是以"景观的和商品的经济"为主导，其中商品不再只是用来满足人的需要的对象，而是基于具备何种对商品的购买力作为衡量标准而代表着一种全新

---

① Guy Debord, "Le declin et la chutede l'economie spectaculaire-marchande," *Œuvres*, Paris, Gallimard, 2006, p. 704.

的、普世的社会等级制。景观的作用方式，就是建立起以商品消费能力为划分标准的社会等级制度来进行统治。而且，这种统治方式是非暴力的、隐秘的，因为景观在再现中完成的是对人们的无意识的欲望、需要的替换、塑造和支配。其构建方式如下：

第一步，景观在再现中对人们的无意识的欲望、需要的替换、塑造和支配。

这其实就是消费社会成功地将人的基本需要替换为景观中所展示的伪-需求的过程，是将人对物品的使用功能性的基本需要，转化为对物品占有和炫耀作为自身个性、地位、社会象征的伪-需求。

景观的功能就是——

> 迫使每个人在到处扩散的生产的有效消费中，去认识和实现自身……这种消费就是"伪-需求"：它只有在作为体系必不可少的经济交换时，才具有真实的效用。因此，真正的需要根本不会被看到；被看到的东西里面根本就没有现实。物品先要被展示，为了让人们想要占有它；然后，占有物品后再为了展示出这种占有而再展示出物体。①

这段分析几乎原封不动地成为了德波《景观社会》的批判内容。

第二步，景观中，生产出的是对象征着个性、品位、社会地位等的

---

① Guy Debord，"Adresse aux révolutionnaires," *Œuvres*，Paris，Gallimard，2006，p. 686.

商品的伪-需求，同时完成的社会化过程是，能够消费这些商品的人，才能借这些物品向自己、向他人确认自身的价值、能力和地位。这就是凭借商品消费的购买力来再塑一种具有普世性的社会等级制，即德波所说的"价值化的等级秩序"。

在景观的商品经济社会中，身处之中的每个个体都被视为是平等和自由的，因为他们都是作为一致的具有消费能力和购买能力的消费者，只不过能力有大有小。而且，这种购买和消费能力的高低程度，被认为是代表着个体自身的价值、能力和社会地位的高低，这就是"价值化等级制"。

> 既然商品世界建立在阶级对立的基础上，商品本身就是等级制的。商品必然既是普世性的，同时也是等级制的。因此，景观也必然是普世性的同时也是等级制的，因为景观的功能就是宣传商品世界。不过事实上，这种等级化必须保持在"未言明的"状态，表现为隐瞒的价值化等级制，因为在这个毫无理性的理性化世界中，这种价值化等级制本身就是非理性的。①

第三步，也就是"景观的和商品的经济"在现实中的完成形态是，这种以商品购买力为基础形成的社会等级秩序，并不仅仅是一种人们观念中的尊卑概念，还是在现实中形成的对其专业能力、生活方式、社会地

---

① Guy Debord, "Le declin et la chutede l'economie spectaculaire-marchande," *Œuvres*, Paris, Gallimard, 2006, p. 712.

位等日常生活的方方面面的标签化、等级化。更严重的是，德波提到，这是一种类似心理暗示的恶性循环，它具有影响现实的力量。也就是说，在这个以商品经济为划分的等级制社会中，越被认为是低能的人，越是因得不到好的教育资源、工作资源等而被社会边缘化。

因此，为什么德波说黑人反抗运动是在反抗商品世界本身呢？这是因为，在这个商品等级制的社会中，身处洛杉矶的黑人们虽然得到的佣金比其他地区要高得多，但是仍然处于社会等级制中的底层，仍然是这个社会财富不断增长的社会中最被异化、最没有未来的阶级。归根结底，黑人早就被划分在了商品等级秩序的最末尾端，即使在薪资上有着些许进步，但仍然摆脱不了现实中社会等级的划分，摆脱不了与此挂钩的对其能力、品质的社会偏见，摆脱不了起源上的不平等：

> 他们越是努力往上爬，越是离顶端越来越远，因为他们从一开始就处于劣势，因为他们一开始就是相对不专业和不合格的，因此他们中间会有更多的失业者。因为，最终碾压他们的等级制度（la hiérarchie），并不仅仅关乎购买力这样纯粹的经济现实（pouvoir d'achat comme fait économique pur）——这种等级制度是本质上的低等（une infériorité essentielle），他们在日常生活的方方面面都被强加上了这个社会偏见，因为在这个社会中所有的人的权力都是基于购买力。①

---

① Guy Debord, "Le declin et la chutede l'economie spectaculaire-marchande," *Œuvres*, Paris, Gallimard, 2006, p. 707.

这种社会等级化根深蒂固到，即使黑人获得了不菲的货币财富，但这并不会让他在美国社会中变得可接受，他只会被标签为富有的"黑鬼"，因为黑人在这个等级化财富的社会中本来就代表着贫穷和低能。

那么，解放的必然性及其途径在哪里呢？在这里，德波再次回到了先锋艺术的人本主义立场。

德波一如既往地从"真实/本质"和"虚假/现实"的二元价值逻辑和浪漫的人本主义出发，指出这种景观经济的荒谬性在于，这是对人真实的活动和人的欲望的否定，是剥夺了人自由实现自己的活动和欲望，统一代之以等级制消费的野蛮霸权。在这个物质生产高度丰裕的现代社会中，丰裕的是商品，而非人本身。

> 通过工业革命创造出来的这个理性世界，理性地使人们从限制他们的地方和国家中解放出来，重新在世界范围内连接起来；但是，其非理性之处在于又将他们重新分离开来，根据被掩盖起来的荒谬的价值化逻辑，将他们重新分离开来……"野蛮"是必须参加到相同的等级制消费中去。而为野蛮掩护的人道主义则是站在了人的反面，是对人的活动和人的欲望的否定；这是商品的人道主义，是寄生在人身上的商品所带来的仁慈。①

---

① Guy Debord, "Le declin et la chutede l'economie spectaculaire-marchande," *Œuvres*, Paris, Gallimard, 2006, p. 712.

因此，德波赞同，可以像这群没有未来的黑人一样，通过偷盗的行为，来拒绝被资本主义经济体系所决定的虚假需要，拒绝景观中所呈现的丰裕假象。

> 他们现在就是想要占有所有被景观展示和抽象地（似乎）可以得到的物品，因为他们想要"使用"它们。这样，他们是在挑战交换价值，挑战商品现实……通过盗窃和礼物，他们找回了"使用性"，找回了直接驳斥了商品的压抑理性的"使用性"——揭示出商品的关系和生产是任意的和不必要的……真正的欲望就开始在节日的庆祝中、在游戏的自我肯定中、在毁灭的夸富宴中展现出来。摧毁了商品的人，才展示出了人对商品的优越性，而不是被禁锢在抽象的形式之中的囚徒。①

在这里，德波和鲍德里亚一样，回到了一种原始人类学的浪漫主义，这种浪漫主义来自法国社会学家莫斯（Marcel Mauss）对原始部落的研究，认为人类社会存在非功利的象征交换体系，即夸富宴（Potlatch）。在这种体系中，人们互相赠予丰裕的物品，通过任意毁灭和消耗，来展示部落丰裕的生活水平。德波及其伙伴，很早就着迷于这种非功利的、人类大同的理想生活，因此将自己字母主义国际的期刊取名为"冬宴"。他们模仿夸富宴中非功利的象征交换行为，无私地将期刊（代

---

① Guy Debord, "Le declin et la chute de l'economie spectaculaire-marchande," *Œuvres*, Paris, Gallimard, 2006, p. 705.

表着追求真实生活的真理）及其中价值观赠予志同道合的人，期望得到同样无私的共同行动。所以，德波坚信，黑人们的偷盗行为，才是真正地实现了对商品生产和交换价值的批判，找回了物品真正被人类使用的意义。

> 商品生产，只要它停止被购买，它就能够在其具体的形式中变得可批判和可修改。而只有当它被货币支付的时候，商品就是作为生存的等级标志，是被当作可敬的物神。①

最后，结合同期德波在《情境主义国际》第十期上发表的《致革命者》，总结一下在《景观社会》问世前，也就是1965—1966年的德波，其"景观"概念在其对资本主义商品社会的批判中是如何定义、如何使用的，其缺陷又在哪里。

在这里，德波将景观泛化地定义为，在资本主义商品经济发展的新阶段中，景观将商品经济的购买力转化为一种"象征秩序"（即象征着人自身的价值、能力和地位），并以此"象征秩序"形成软化阶级矛盾的统治秩序。这些内容，虽然寥寥数语、不成体系，却都和1967年出版的《景观社会》中的内容具有极高的同质性。

第一，景观的象征秩序统治当然具有各种形式的现实化身。比如美国的好莱坞就是这种普世化的景观的登峰造极之作，再比如治理美国黑

---

① Guy Debord, "Le declin et la chutede l'economie spectaculaire-marchande," *Œuvres*, Paris, Gallimard, 2006, p. 705.

人的景观就包括了新闻媒介、报纸和黑人明星的宣传。在这些具有现实形式的黑人景观之中，黑人们被引导着接受景观所传递的世界观和价值观，接受自己所处的黑人群体天然就是美国的少数落后的种群，等待从丰裕社会的未来建设中获得裨益。而这种治理黑人的景观形式，只不过是作为统治整体的社会景观的附属物。

第二，如前所说，景观的作用方式，就是以商品经济为基础建立起以价值为划分标准的社会等级制度来统治人们，而且景观的统治方式是非暴力的、隐秘的、不被人所察觉的，因为景观在再现中完成的是对人们的无意识的欲望、需要的替换、塑造和支配。景观，就是资本主义采用隐秘的商品等级制作为软化阶级冲突的全新中介和客观再现。

第三，景观的内在矛盾在于，无论是对黑人、白人还是任何其他人，景观都提供不了作为真实的生命本身所需要的内容。因此，德波称之为"整个的经济-文化景观"①。在这个总体的社会景观中，无论是何种肤色的人种，都不可能真正实现景观所提供的所谓平等和自由的承诺。"景观的本质，就是**即使对于白人**，它都不可能被直接实现平等，也不可能真正获得平等。"②

于是，反抗景观的革命，就被德波寄希望于人性本身的力量："一场反抗景观的革命是发生在**总体性**（totalité）的层面上……因为这是人反对非人生活的反抗，这是**真实的个体**（individu réel）反对从共同体中被分离出来的反抗。而这将是实现真正的属人的社会本性，即对景观的积

---

① Guy Debord，"Le declin et la chutede l'economie spectaculaire-marchande,"
Œuvres，Paris，Gallimard，2006，p. 709.

② Ibid. ，pp. 709-710.

极超越。"①他始终无法摆脱从先锋主义中继承而来的浪漫的人本主义。这股力量，为德波批判资本主义景观社会带来了直接动力，同时也注定了后来革命的失败。

总而言之，德波在 1965 年已经将景观范畴作为批判资本主义商品社会的武器，但他仍然保留了人本主义的浪漫立场，将现实层面上的阶级斗争和反抗运动看作是首位的。在某种程度上，他们在马克思主义商品价值形式、拜物教及其对社会总体进行的统治面前停步了。只有从对资本主义社会的价值形式的批判之中，才可能解释清楚景观到底是幻象还是现实，景观如何统治现实生活等关键问题。

(三)景观、拜物教与马克思主义：抽象成为统治的展开

布莱希特的景观，是在剧场中营造的一种特定的情境，即幻觉，而德波敏锐地在资本主义现代性中捕捉到了相似的现象，即我们被特定的社会角色所吸引而被困在日常生活的统治链条之中。因而，德波才求助于建构另一种情境，旨在让人们从这种日常生活的景观幻觉中觉醒，真实地体验到自己的真正的欲望和能够创造自己生活的能力。而在 1966 年关于美国洛杉矶黑人反抗运动的分析中，德波已经把景观放到商品社会中来思考，认为景观成为商品的价值化等级秩序的守卫者。但是，景观在幻觉和现实之间似乎有一线之差，似是而非是；这种吸引着人们认同这种社会秩序(景观图像中所显示出来的社会等级)的"不可见的力量"

---

① Guy Debord，"Le declin et la chutede l'economie spectaculaire-marchande," *Œuvres*，Paris，Gallimard，2006，pp. 713-714.

到底是什么，是德波亟待回答的问题。

这些问题在《景观社会》中都得到了解决。第一，景观，归根结底，就是以大众媒介为载体的商品消费。第二，在《景观社会》中，德波借助了马克思的拜物教理论，明确了景观所凭借的"看不见的力量"，不是来自意识形态的幻觉，而是如马克思所说的，抽象的价值关系必然是采取商品、货币等事物的可见形式统治具体的社会存在的客观产物。第三，作为抽象统治具体的逻辑继续，景观在更为抽象的层面上将商品生产和消费再次组织起来，通过大众媒介的影像中介，完成了表象对感性、图像对现实的占位，在拜物教颠倒的基础上再次颠倒地掩盖了其历史的起源，才具有像是剧场表演一般的意识形态幻觉。

首先，让我们来看一下，德波是如何从马克思的拜物教理论中确认景观并非主观产生的幻象，而是一种社会现实抽象的客观产物的。

众所周知，在马克思的拜物教中，商品、货币能够以其天然的物的外表，来代表价值关系的真实抽象，完成商品经济的生产、交换和消费的一系列人与人之间的社会关系和实践活动，这本身就是资本主义商品社会的特定社会历史条件的客观产物。只有在资本主义私有制的前提下，劳动者和生产资料的互相分离、高度社会化的分工导致个体的具体劳动必须进入市场交换过程，服从等价交换的原则，才能实现自身。结果就是，人类的社会劳动及其劳动产品的生产，服从于社会必要劳动时间的量化和交换价值对使用价值的统治，而成为可以在市场上交换的商品。而在商品得以普遍交换的客观实践中，诞生了作为商品普遍交换的中介的货币。任何具体的劳动产品的价值都以货币的数量和价格的高低来衡量，任何市场交换活动都以货币为中介发生关系，以至于货币似乎成了社会财富的代表，最终个体的价值也只能通过交换价值的货币才能实现。

因而，正是在资本主义商品经济的社会化生产、交换和消费的客观实践中，人所生产出来的不可见的价值关系，才采取了具体的商品、货币、资本等物的形式，同时通过物与物的外在关系，来完成资本主义商品经济活动中人与人之间的社会关系、与总劳动的社会关系。换言之，资本主义社会的抽象的价值关系，必须采取可见的事物的形式，才能完成抽象的价值关系对人们的具体存在的统治，才能成功地组织起商品经济的生产、交换和消费活动。

而在德波看来，景观本身就和商品、货币、资本一样，是资本主义为了追求利润最大化的商品经济活动的客观产物，它必然要求价值关系采取越来越抽象的形式，以便使商品经济以整个社会生活作为其增殖的殖民场所，"景观就是这个时刻，这时的商品已经成功地实现对社会生活的**全部占领**"①。

之所以说在景观社会中商品能够完成对人的整个社会生活的全部占领，那是因为——与对社会与抽象的价值关系采取的商品、货币的形式相比，景观的优越之处在于，通过以大众媒介的影像、图像为中介呈现出让人欲望的对象，所有不可交换的事物都能够成为可交换的图像或符号：

---

① ［法］居伊·德波：《景观社会》，张新木译，22页，南京，南京大学出版社，2017。

　　景观是金钱的另一面，是所有商品的抽象的一般等价物（équivalent général）。然而如果说金钱曾经统治过社会，充当着中心等价的代表，也就是说充当众多财物可交换特征的代表，而且财物的用途无法比拟，那么景观就是它发达的现代补充，其中商人世界的总体以整块形式出现，就像一种普遍的等价，与整个社会能够变成和所做的事情等价。①

　　可以说，景观在其图像中，展现的并不是亟待消费的直接的物性商品，也不是代表着社会财富的货币和资本，而是让人欲望着的欲望本身。景观有千万种可能的形式，它可以是对美好生活的憧憬，可以是对社会地位的象征，还可以是能够穿得上高定版裙子的曼妙身材的欲望，这些都是资本为了成功地在市场交换和消费中实现自身而采取的景观的各种表现形式。景观，不仅仅是图像，还是以大众媒介的影像、图像为中介呈现的欲望链本身，也就是鲍德里亚所说的消费社会的整个符号体系。因而，德波才说，景观是一般等价物的货币的现代补充，是对商品生产的完成形式。

　　其实，景观是在更为抽象的层面上将商品生产和消费再次组织起来，因为"景观"中发生的并不是对货币形式的简单补充，而是通过用表象对感性、图像对现实的占位式取代，使商品生产所最能谋利的、最能刺激消费的且重新组织起来的"伪-现实"的图景，成为商品生产发展的主导力量。因此，景观根本不是主观的幻象，而是资本主义为加速资本

---

　　①　［法］居伊·德波：《景观社会》，张新木译，25 页，南京，南京大学出版社，2017。

增殖，而使整个人类的整个生命活动都主动纳入生产和消费的前提中去，这是"一种巨大的实证性，既无可争辩又难以企及"①。这就是下面要说的景观拜物教及其让人不得不认同的抽象统治。

其次，抽象成为统治，越抽象越迷惑越难辨。通过商品、货币和资本的物质外壳，抽象似乎具有了独立于人之外的统治力量，这是马克思的商品、货币和资本拜物教的基本内涵。而景观作为抽象逻辑的发展，其迷惑性来自它是对拜物教逻辑的整体再颠倒，景观作为比商品、货币和资本更为抽象的表象形式，成功地将人们总体的生命存在作为治理对象，用景观营造的虚假替代了真实的生命。这就是一种整体的再颠倒，因为就连被颠倒的真实的人们的社会关系，也已经通过景观的遮蔽，变得不再"存在"。当真实的生命已经不再"存在"——不再被景观再现——之时，这种颠倒就不再"表现"为颠倒。这恰恰就是景观拜物教的更为抽象、更为颠倒之处。资本世界获得了绝对的控制权和最为隐蔽、抽象的统治。

拜物教的秘密在于，人类在劳动生产活动中创造出来的事物，凭借着商品、货币和资本的物质外壳，从表面上似乎具有了独立于人之外的统治力量，反过来作为独立于人之外的人与人之间社会关系的唯一中介。拜物教在这些物的客观和独立的物质形式的颠倒统治下，遮掩了它们的历史起源，那就是在生产资料所有权和劳动相分离的历史条件下，雇佣劳动与资本之间的"交换"关系固化的结果。

---

① ［法］居伊·德波：《景观社会》，张新木译，6 页，南京，南京大学出版社，2017。

　　具体来说，在马克思的商品拜物教中，"商品形式在人们面前把人们本身劳动的社会性质反映成劳动产品本身的物的性质，反映成这些物的天然的社会属性，从而把生产者同总劳动的社会关系反映成存在于生产者之外的物与物之间的社会关系。由于这种转换，劳动产品成了商品，成了可感觉而又超感觉的物或社会的物"①。货币拜物教也是如此。马克思说，商品上还能识别出人类生产关系的痕迹，但金银作为货币的代表，似乎成了为社会财富的自然物本身，遮盖了作为人们的社会生产关系的历史来源。在商品和货币身上，我们已经看到了这种颠倒的神秘性质：把商品、货币这些物质要素身上所承担的人与人的社会关系，直接变成了商品和货币的自然属性，似乎这种属性是其天然所带有的。而在流通领域中的资本的总公式"G-G'"上，我们已经看到了资本已经完全抛弃了它的社会历史属性，它不再作为商品流通的中介存在，甚至似乎也不再以人类的劳动生产为基础，而是成为了自身能够复制繁衍的纯形式存在。所以，"在'G-G'上，我们看到了资本的没有概念的形式，看到了生产关系的最高度的颠倒和事物化"②。资本拜物教是最为纯粹的拜物教形式。

　　那么，在德波看来，在景观身上，这种拜物教的性质更厉害地发展了起来。如果说在马克思的拜物教中，是商品、货币和资本的价值等价物颠倒性地成为社会财富的统治力量，遮蔽了人的感性的、具体的存在和关系，那么景观拜物教就是颠倒的再颠倒，它将被抽象化的人的感性

① 《马克思恩格斯全集》第 44 卷，89 页，北京，人民出版社，2001。
② 《马克思恩格斯全集》第 46 卷，442 页，北京，人民出版社，2003。译文有改动。

存在彻底解放出来，颠倒（塑造）为景观的抽象图像中的伪存在。这里遮蔽的不仅仅是人们之间的社会关系的历史起源，更是遮蔽和替换了人们总体的生命存在。真实的生命不会被景观再现，我们也就彻底失去了"看到"这种颠倒的可能性。

在这里，景观拜物教就更加抽象和颠倒了，因为通过景观的治理，客观的结果是人们还主动地将自己的生命存在出卖给景观，从而彻底扼杀了任何自由的真实生活的可能性，人们的生活被整体地替换为仅供商品消费而制造出来的伪-使用、伪-需求和伪-现实。就连物的使用功能都被景观社会所制造的伪-效用替换了，人们的真实存在也被景观所再现出的伪-现实替代了，人们不断地服从伪-需求去消费所不需要的商品，过所不需要的生活。对此，德波举了附赠的广告钥匙链的例子。奢侈品牌所附赠给客人的钥匙链，本身不是为了它一丁点儿的使用价值而生产出来的，它本身就是为了象征着某种社会地位的荣誉而被生产出来，而人们也只是为了购买这份荣誉的象征才盲目消费这个不具备什么使用价值的小东西。德波说，在这个消费过程的背后，发生的实质是人们把自己的存在卖给了商品所象征的荣耀的彻底颠倒。

在成堆的商品滑向盲目消费时，盲目者自己也变成了一种特殊商品。例如广告钥匙链，它不是购买的，而是随卖出的贵重知名商品额外赠送的，通过其自身领域的交换出现的，人们从中可以看到一种向"商品的超验性"的神秘化的服从。人们收藏着本身就只是为了被收藏的唯一目的而被生产出来的钥匙链，他们正在积累"商品的纵容"——就是信徒眼中商品的真实在场所象征的荣耀。[①]

　　这种拜物教的颠倒，就不是像马克思的拜物教那样，事物取代真实的人们的社会关系，颠倒过来统治人们的具体存在，而是景观直接将人们真实的生命总体替换成为了一个伪-现实，它颠倒地成为了唯一的力量。当在景观社会中，真实的生命已经不再"存在"——其实是不再被景观再现——之时，这种颠倒就不再"表现"为颠倒。这恰恰就是景观拜物教的更为抽象、更为颠倒之处，因为人们的生活、人们的个性都需要通过再现的景观来中介和定义，人们的生命存在本身颠倒地成为了景观社会消费的对象，从而彻底掩盖了真实存在的可能性。真实不再可寻，只存在人们主动追捧的伪-需求、伪-现实、伪-生活的景观图景；它是唯一的隐性霸权，让人们乐意绝对服从的隐性霸权。"景观关系中纯客观性的拜物教式表象（apparence fétichiste），它掩盖了人与人、阶级与阶级之间的关系特征：有个第二自然（seconde nature）似乎以其命定的法则统治着我们的环境。"[②]在景观拜物教中，我们"不再需要"占有颠倒为社会财富代表的商品、货币和资本，不再拥有真实生活的我们，只需要将自己表现为对景观抽象的绝对服从，就能够使自己变成世界本身。

　　经济对社会生活进行统治的第一阶段，在对任何人类成就的定

---

　　① ［法］居伊·德波：《景观社会》，张新木译，38 页，南京，南京大学出版社，2017。译文有改动。

　　② 同上书，10 页。

义中，曾经导致一种从**存在**（être）滑向**拥有**（avoir）的明显降级。而通过经济的积累结果对社会生活进行整体占领的当今阶段，正在导致一种从**拥有**面向**表象**（paraître）的总体滑坡，而任何实际的"拥有"只能从这种滑坡中获取它的即时名望和最终功能。①

这种颠倒最可怕之处就在于，由于真实存在不再被显现而变得不似存在，我们也就彻底失去了"看到"这种颠倒的可能性，景观即颠倒，颠倒即唯一，唯一即现实。

在这背后，隐藏的是资本主义成为了一个赋予自身合法性，并将自己的前提生产出来的系统，资本世界获得了绝对的控制权。景观拜物教揭示的简单事实就是，在以消费为主导的资本主义发展阶段，它以人的整个生命作为治理对象的产物，表现在商品化通过景观的纯客观的表象形式，无干涉地渗入人们总体的社会生活领域，成了道成肉身的新的神。

二、异轨：向资本主义景观统治的突围

20 世纪法国激进左派的居伊·德波所提出的"异轨"概念，是他广泛运用在电影制作、文本写作和实践活动的重要技巧，也是在当代资本主义景观社会的日常生活殖民化之后，德波提出的无产阶级可运用的反

---

① ［法］居伊·德波：《景观社会》，张新木译，8 页，南京，南京大学出版社，2017。

意识形态的最佳战略手段。德波之所以会将这个极具先锋艺术风格的技巧纳入对资本主义的批判之中，一是"异轨"从形式和使用方法上受到了达达主义、布莱希特等先锋艺术实践的影响；二是"异轨"的根本原则和革命内涵，根源于德波对黑格尔-马克思的辩证法本质内涵的深入理解。从而，德波在《景观社会》中对马克思思想的"异轨"，为 20 世纪的马克思主义提供了新的资本主义批判起点，并启示法国激进左派如何在新的社会历史条件下坚持马克思主义的批判理论。"异轨"就成为德波在理论和实践上进行资本主义突围的方法论原则。

(一)何为"异轨"

"异轨"理论，最先出现在 1956 年德波和沃尔曼的《异轨使用方法》(*Mode d'emploi du détournement*)一文中。其基本含义是指，对各种文本、图像、音轨、电影作品等进行匿名、无限的自由挪用，通过对资本主义自身为人熟知的元素的挪用和再联合，使作为观众的人们产生疏离和震惊的批判性距离，从而使人思考、活动，来打开人与人之间真实交流的可能性，其主旨就在于要打破资本主义现实统治的同一性、凝固性和永恒性的假象。

异轨的基本规则就是，要将最不相关的元素并列在一起，从而创造出不同于原始语境的整体情境。德波将异轨的活动区分为轻度的异轨(détournements mineurs)和深度的异轨(détournements abusifs)。

轻度的异轨是指不改变元素(词句、画面或是影片片段)本身，将其直接放到新的上下文语境中，使元素自身获得了新的意义，比如情境主义国际惯常的对新闻剪报、日常短语、照片的挪用等。还比如，德波认为爱森斯坦拍摄的《战舰波将金号》电影中的很多蒙太奇片段都特别适合被挪用来服务于新的语境。因为爱森斯坦本身也是采用具有压迫性和煽动性的蒙太奇拼接剪辑手法，著名的"敖德萨阶梯"片段是将向上行进的士兵和纷纷倒下的群众相对立的蒙太奇镜头组装在一起，产生了令人惊叹的艺术效果。

深度的异轨则是反过来直接改动一个完整的上下文语境内部的某个元素，彻底改变该语境的意义，打开不同的视域。德波的《景观社会》就是深度异轨的最佳案例。德波在《景观社会》中，大量地深度异轨马克思对资本主义社会的判断，旨在指出，资本主义现实已经发展到了这样一个时刻，必须修正马克思主义的一些经典判断，才能真正地保持其理论的科学性和真理性。"为了拯救马克思的思想，必须一直明确它，一直修正它，在这一百年来异化的加重和否定异化的可能性中重新表达它。马克思需要被那些坚持继续这条历史线路的人所异轨，而不是成为在千万种不同的复述中引用的蠢话。"①另外，德波还提出了一种"极端异轨"（ultra-détournement），"即异轨被应用到社会的日常生活中的趋势"②。

如此，异轨的对象几乎就百无禁忌了，可以是各类宣传画、小说、图像、音轨、电影作品等任何元素，任何在资本主义统治下的日常生活中最为人熟知的、也最不被人反思的物体，德波将之戏称为"文学的共产主义"（communisme littéraire）。其中，德波认为，电影是异轨效果最

---

① Mustapha Khayati, "Les mots captifs," *Internationale Situationniste*, No. 10, mars 1966, p. 51.

② Guy Debord, "Mode d'emploi du détournement," *Œuvres*, Paris, Gallimard, 2006, p. 229.

为明显的领域，他提议将格里菲斯《一个国家的诞生》这部电影作为异轨的首要电影，因为"这部电影虽然因为宣扬了种族主义的低劣价值观而不值得被播放。但是，这部电影整体上是一部非常适合异轨的电影，只需要加上一些音轨就可以有力地宣告：帝国主义的恐怖战争和 3K 党的恐怖活动，至今在自由的美国都还存在"①。

这样从表面上看，异轨似乎只是一种对文字、蒙太奇、理论的简单颠倒或是拼贴活动，但对德波而言，异轨根本不是什么无痛无痒的引用（德波认为，引用才是最歪曲思想的方式），而是直接与资本主义社会规则相反抗的革命中介，是无产阶级阶级斗争的最有力的文化武器，是无产阶级有意识地反对资本主义意识形态控制的最佳战略。究其原因，德波早就已经在生活经验中体认到，20 世纪的现代资本主义已经通过无处不在的景观布展自身统治，使得所有人的日常生活，无论是在空间上还是在时间上，都陷入"默观"（contemplation）的无反思、分离状态。在 1957 年德波写作的长文《关于情境构建和情境主义国际倾向的组织和行动之条件的报告》中他就表明："情境的建构，是起始景观概念在现代的崩塌。我们可以清楚地看到，景观的不干涉主义的根本原则，在多大程度上是与旧世界的异化密不可分。"②而唯一可能打破这个无限流动的资

---

① Guy Debord，"Mode d'emploi du détournement," *Œuvres*，Paris，Gallimard，2006，p. 227.

② ［法］居伊·德波：《关于情境构建和情境主义国际倾向的组织和行动之条件的报告》，见《社会批判理论纪事》第 7 辑，57 页，南京，南京大学出版社，2014。译文有改动。Guy Debord，"Rapport sur la construction des situations et sur les conditions de l'organisation et de l'action de la tendance situationniste internationale," *Œuvres*，Paris，Gallimard，2006，p. 325.

本主义日常生活链条的，就是德波所说的"异轨"带来的震惊和断裂：

> 这种和常规的日常生活的断裂，让你们稍觉不舒服的方式，就可以直接带入对日常生活的质疑——（否则这种质疑将会落入抽象）会议本身，就像是我们在使用的时间、各种对象、形式这些"正常的"东西，甚至是不被注意的东西，但正是这些东西才装置了我们。在这样的一个细节中，也就是把日常生活作为整体，"改变"永远都是能够清楚地展现出我们研究的对象的必要条件和充分条件。如果不通过改变，那么这个研究的对象将会成为不确定的——因为这个对象本身应该更多地被改变而非被研究。[1]

既然资本主义已经通过资本的影像存在，对整个日常生活的空间和时间进行了功能性的整合，让所有的生命都被录入资本主义再生产之中，那么，德波等情境主义者高度推崇异轨方法，就是要从时间和空间上将资本主义统治的同一性表象成瞬间失去合理性的有效方式。

一方面，"异轨"本身就是利用重新现存的日常物品——如电影或文本的片段、漫画、广告等——来否定它们原先存在的日常合理性，重新纳入能够颠倒它们原初语境的新情境中去，来打破日常生活中同一性统治的线性时间。比如，德波在 1952 年制作的电影《为萨德疾呼》，就是一部彻底运用异轨技巧的极端作品。在这里，没有任何影像，只有被异

---

[1] Guy Debord, "Perspectives de modifications conscientes dans la vie quotidienne," *Œuvres*, Paris, Gallimard, 2006, p. 572.

轨来的五条音轨在不断交替。德波就通过对电影的蒙太奇剪辑方式的异轨，来拒绝传统电影的叙事逻辑和对影像的滥用。像这样的异轨作品，就是要通过对各种传统的日常秩序的歪曲，让其变得难以被接受，也难以被忽略，才能通过异轨带来的断裂来打破资本主义日常生活不断循环的流动性。资本主义的时间是循环和永恒的当下，异轨则是使人突然陷入自由的时间中，时间不再是被交换价值量化的功能性区块，而是能够被主体自由使用的时间，是人与人之间真正得以交流、建构新的情境的时间。

　　另一方面，面对资本主义成功进行城市空间的功能化生产，德波等情境主义者认为，对资本主义空间的反抗和自由时间的凸显、情境的建构同样应该成为"异轨"的题中之义。那就是要对城市空间进行异轨，即所谓的"漂移"。漂移表面上和超现实主义者提倡的无目的的漫游很相似，但对德波等情境主义者来说，这并不是无所事事的游荡，而是具有明确的主体意识地在迅速、根本地改变环境，为城市空间注入日常生活之外的真实情感，以此来重新定义城市的流通空间，反对对城市空间的功能性建构。对漂移的个人来说，这就让他能从日常规定的义务中释放出来，因为他不用事先了解这个地方，所以他会观察周边的环境；他之前没有见过任何人，所以他可能会去和各种不同的行人开始意外的交谈。而之所以倡导散步或是拦车免费搭乘顺风车，就是要制造被规划好的劳动、娱乐等社会关系之外的相遇和交流，用人们自己的经验情绪来定义空间的使用性质和方法，彻底超越资本主义同一性规划的生活形态。德波在《城市地理学批判导言》中就策划了一期旨在促进巴黎城市理性美化的计划，就是要通过集体的漂移运动从空间上改造现代巴黎城市空间的结构，使其成为依据人们的真实需要而不断重建的空间。

可以看到，"异轨"其实就是循着资本主义统治的内部机理，寻找并巧妙地再现其客观矛盾，以激发无产阶级的主体意识，逐渐废除在日常生活的劳动分工、闲暇娱乐等贯穿的资本主义统治的普遍力量。"异轨"的革命力量，用德波晚年特别痴迷的《孙子兵法》中的古话来说更加清楚，就是"水因地而制流，兵因敌而制胜。故兵无常势，水无常形，能因敌变化而取胜者，谓之神"。

(二)从先锋艺术中流出的生命经验

"异轨"一词虽是德波等人最先系统提出，但其内涵，并不是德波等情境主义者最先创造的，而是脱胎于法国20世纪初各种先锋艺术流派的活动。虽然德波在情境主义国际成立之初，就表明了要超越一切资产阶级先锋艺术流派(达达主义、超现实主义等)，但不可否认的是，早期情境主义国际和先锋艺术组织的交叉，确实对他们的异轨、漂移、城市心理学等理论和活动产生了重要影响。因而，只有从先锋艺术活动的历史语境中，才能理解德波等情境主义者是如何继承和突破先锋艺术活动，将"异轨"的艺术表现手法当作当代无产阶级反对资本主义的文化武器的。

众所周知，作为20世纪初在欧洲风靡的先锋艺术流派的达达主义，是以尼采的虚无主义设想为社会革命的起点的，旨在重新发现不被异化的、活生生的经验。其根本立场就是，生命不应该是理性的驯化场，死气沉沉，毫无期待，而应该是不受拘束的荒诞和矛盾。达达主义的倡导人特里斯唐·查拉(Tristan Tzara)就这样描述，生命就是忍不住的痛苦的嗷叫，是各种矛盾、荒诞的东西和不合逻辑的事物的交织。因此，达达主义的诗作里总是充满了污言秽语和毫不相关的词的堆积，画作里也被贴上各种插图、单据、照片等现成品。而达达主义的"现成品"拼贴，就是挪用日常或艺术的现成品，按照艺术的逻辑来排列以造就矛盾感和荒谬性，来瓦解传统艺术的严肃标准。这也就是德波等人"异轨"的最初雏形。

比如，杜尚在 1917 年完成的《泉》，就是挪用了一个现成的小便器将其取名为"泉"送往展出，使之成为一种对传统审美观念和传统艺术欣赏者的挑衅；杜尚 1917 年重画了达·芬奇的名作《蒙娜丽莎》，用铅笔为其画上了胡子，并且在下面写上"L. H. O. O. Q"（Elle a ehaud au cul，意为放荡的女人），更是直接用现成的艺术品来打击传统的艺术审美规则。甚至，1920 年的科隆达达交易会的装置布置，也是故意违背传统标准，激怒观众，拒绝约定俗成的艺术标准，拒绝清醒的审美状态。

> 他们意欲并获得的是无情地摧毁他们创造的灵韵，在这种创造上面，他们通过完全是独创的方式打上了复制的烙印……随着中产阶级社会的衰落，凝视和沉思变成了一种落落寡合的行为，与此相反是那种涣散迷乱，它正是社会引导的变体。达达主义的活动事实上通过把艺术作品变成流言丑闻的中心而保证了一种尤为剧烈的纷乱。首要的是这种需要：激怒公众。①

---

① ［德］汉娜·阿伦特编：《启迪：本雅明文选》，张旭东、王斑译，259 页，北京，生活·读书·新知三联书店，2008。

其实，达达主义的"现成品"艺术，通过对现成的作品的拼贴，其目的是为了打破传统艺术的高贵秩序，通过废除传统的文化和美学形式发现真正的现实。达达主义者的本意是要打破资产阶级所提供的理性的同一假象，打碎资产阶级世界的各种语言符号、图像体系，从而提供重新排列生命景象的可能性。因而，不仅是达达主义者颠覆传统的表达方法，比如拼贴方法、对"震惊"效果的推崇等，是德波的情境主义模仿的对象，而且德波所提出的"异轨"在其使用目标上，也是彻底地深化和实践了达达主义等先锋艺术组织的总体要求，让断裂成为革命，让诗意化为反抗。德波的理论同行者范内格姆就曾肯定达达主义对情境主义者的影响："达达的开始是重新发现活生生的经验及其可能的乐趣——它的结束是对所有观点的颠覆，它创造了一个崭新的宇宙。"①

如果说达达主义发展的"拼贴画""现成品"为德波和情境主义者的"异轨"提供了形式上的灵感的话，那么，另一位当时著名的艺术家贝尔托·布莱希特则是为其赋予"异轨"以反对资本主义异化统治的社会批判功能点明了方向。因为，布莱希特是在艺术领域最早认识到，戏剧等传统艺术活动可以通过主体的"陌生化""间离"等方法转而变成一种更为先锋的"介入艺术"，具有对社会进行批判和反思的教育功能。这其实和德波等人倡导把"异轨"当作无产阶级反对现代景观统治的批判工具极为相近。

---

① [英]戴维·霍普金斯：《达达和超现实主义》，舒笑梅译，323 页，南京，译林出版社，2004。

布莱希特的"叙事剧"的"陌生化"效果，就是通过中断、利用第三人称、加上简短的标题字幕、念出舞台说明、演员的表情手势来使表面上看起来普通的事件变得可疑，由此激发观众的惊奇，使其不再把戏剧流淌着的叙事看作自然而然的，迫使观众在面对戏剧时能够从观赏景观的被动性中挣脱出来，和戏剧展现的内容和逻辑保持一种批评和反思的疏离距离。这是布莱希特提出的戏剧叙事时的"日常生活的历史化"，将一个戏剧中的片段表现为一个永不复返的历史事件：

> 演员无论表达什么（通过手势和念词）都必须是**早有准备**的……他并不是跟他所扮演的角色合二为一的，所以他能从一个特定的、经过选择的立场去观察它，能够表示他对它的看法，并促使观众（他们也并没有被要求跟角色合而为一）来批判它。这种立场是社会批判的立场。演员通过自己对事件的安排和对角色的解释，逐步表现出那些属于社会领域内的东西和特征。这样，他的表演就变成他跟他的观众就社会情况进行的一次谈话。他诱使观众根据自己的阶级地位来为这些情况进行辩解，或改变他们。①

很明显，布莱希特的目的就是要打破传统戏剧的灌输性和观众对舞台的直接认同，刺激观众保持独立的社会批判立场。这种方法被德波肯定为是对资产阶级文化所带来的观景者麻木状态的有力反击，对此德波

---

① ［德］贝尔托·布莱希特：《间离效果》，邵牧君译，162页，北京，中国电影出版社，1979。

难得给出了完全肯定的评价："一些艺术和艺术天才的资产阶级观念已经变成了旧帽子，杜尚在蒙娜丽莎上加了个胡子的作品，已经不再比原作更加有趣了。我们现在必须将这一进程推向在否定的基础上的再否定。贝尔托·布莱希特在《观察家》杂志上说他自己要在传统戏剧中演出一些断裂是为了让表演更具有教育性，他就比杜尚离我们所呼吁的革命导向更加接近。"①

这种通过"陌生化"效果促使观众保持积极的社会批判立场，就是德波他们日后将"异轨"和日常生活革命连接起来的使用方向。不过，这种故意给观众制造断裂、震惊经验的艺术表现技巧，除了在达达主义、布莱希特那里有所体现外，也在当时的未来主义、超现实主义等艺术流派中受到艺术家们的青睐，这种客观的艺术创造氛围确实为德波和情境主义者的"异轨"提供了灵感。但是，德波在提出"异轨"之初，就清楚地指出，这些先锋艺术流派虽然有其产生的历史根源，但由于局限在资本主义划分好的艺术领域中，无法对现实世界带来深刻的变革而最终只沦为资产阶级文化逻辑内部的奇葩，因而情境主义国际的"异轨"虽然从先锋艺术的否定性中获得了灵感，但绝不只是一种流于形式的艺术表现手法，而是赋有批判资本主义现实的社会功能。

在 1957 年 6 月《情境主义国际》第一期上发表的《关于情境构建和情境主义国际倾向的组织和行动之条件的报告》中，德波开篇就指出，身处于现代社会中的我们面临着一场根本性的历史危机，那就是生产力的

---

① Guy Debord, "Mode d'emploi du détournement," *Œuvres*, Paris, Gallimard, 2006, pp. 221-222.

发展越来越被现代理性所控制，随之带来了一种新的资产阶级文化，一方面提倡自由、平等的新价值观和文化，另一方面则通过小说、电影等媒介扩大庸俗文化的工业生产，这一看似矛盾的现象就体现在资产阶级对先锋艺术组织的处理上。德波界定，未来主义、达达主义、超现实主义等先锋艺术流派，是 19 世纪现代文化走向解体和无序的历史性产物；其历史作用就在于，它们以先锋和改革的战斗理念和活动，给予资产阶级传统文化以否定性的一击。但是，"在文化领域，资产阶级致力于将对新生事物的兴趣转向某些低劣的新奇形式，因为前者已经变得对资产阶级具有危害，而后者则是无害和杂乱无章的"①。资产阶级通过文化工业生产的商品化过程，将先锋艺术牢牢控制在一种双重的分离状态中。一是通过日常生活景观化的过程，以此作为生产和塑造文化产品消费者的社会前提，而一旦卷入商品交换过程的先锋艺术，就只能随着消费主体的偏向来组织其理论和活动，走向功利主义的道路。二是由此先锋艺术的"先锋"所代表的批判性，就成为了资产阶级反向操作、把玩的术语。它们打着反叛主流文化的旗号，却只是迎合了大众对标新立异的虚假差异性的盲目需求，它们乐此不疲地展现当前历史阶段的矛盾性，却不能真正撼动现实生活一分一毫，彻底沦为资本主义商品经济体系的一环。因而，德波评价道，这场现代文化的危机的结果就是："在这些废墟上再也不能建立起任何新的东西，而简单地运用批评思想正在变得不可能，因为任何判断都与其他的判断相冲突，而且每种判断都要参照

①　[法]居伊·德波：《关于情境构建和情境主义国际倾向的组织和行动之条件的报告》，见《社会批判理论纪事》第 7 辑，43 页，南京，南京大学出版社，2014。

废弃不用的综合体系，抑或是个人的情感需要。"①

因此，德波早就明确，"异轨"不能只是一种跟随先锋艺术的表现手法，而是要突破被资产阶级规划好的艺术领域界限，将"异轨"扩展到资本主义统治更为根本的日常生活领域之中，赋予其认识和改变资本主义现实的社会功能。德波称为"极端异轨"，"即异轨被应用到社会的日常生活中的趋势"②。"极端异轨"其实就是要将异轨细化到每个人生活中的各种词语和行为之中，在资本主义当前的统治条件下，创造出不同于社会关系的其他关系，以及一种新的实践生命的方式。比如前面提到的，德波及情境主义者在50年代疯狂迷恋的漂移、总体都市主义的活动，就是为了异轨资本主义同一性规划的时空环境，从空间上改造现代城市空间的结构，从时间上反对交换价值对日常生活的组织，恢复生活和生命的使用价值，即恢复人们对自己生活时空环境的使用权力。

所以，德波所改造了的"异轨"，以其彻底和全面的日常生活革命的社会功能和实践立场，突破了先锋艺术家们定义的技术表现手法的界限，也成功逃离了被资本主义商品逻辑同化的陷阱，其终极目标就是"每个人都能通过故意地改变那些决定性条件，来自由地异轨整个情境"③。这就意味着，情境主义者想要通过人人掌握"异轨"，来逐步废除日常生活中资本主义统治的普遍力量，使人类的活动围绕着新的情境

---

① ［法］居伊·德波：《关于情境构建和情境主义国际倾向的组织和行动之条件的报告》，见《社会批判理论纪事》第7辑，48页，南京，南京大学出版社，2014。

② Guy Debord, "Mode d'emploi du détournement," *Œuvres*, Paris, Gallimard, 2006, p. 229.

③ Ibid., p. 229.

构建展开，从中可以体验到消除异化的可能性，取代对资本主义规则的绝对服从。这实际上是另类地改写了马克思的"共产主义社会"的内容，期望在资本主义劳动分工被废除、自由时间被释放的条件下，每个人都有能力建构情境，可以自由体验真正的生命。

不过，德波和情境主义者并没有仅仅陷入"异轨"的实践中，而是提出，在当前这场现代文化危机下，如果不能清醒地认识和判断我们所面对的现实的本质，就不可能成为自称是真正反对资本主义的革命知识分子，就不可能真正有效地推行反对资本主义的"异轨"实验活动："唯一有效的实验方法，是以对现实条件以及为了废除这些条件而坚决推行的批评为基础……创造并不是对物体和形式的安排，而是为这样的安排创造新的法则。"[①]这也是德波的"异轨"的另一层根本含义，即是对资本主义统治的现实条件进行根本的批判，作为其实践有效性的根本保证。

(三)异轨：根于辩证法的内在否定灵魂

虽然德波和情境主义国际的"异轨"和其他相关的先锋艺术的技巧一样，具有极强的实践性质和出格效果，但如果仅仅将其复制为一种激进的活动姿态，而对当下的资本主义现实没有理论上的总体自觉，"异轨"也只可能成为昙花一现的行为艺术而已。实际上，德波阐释的"异轨"的

---

① ［法］居伊·德波：《关于情境构建和情境主义国际倾向的组织和行动之条件的报告》，见《社会批判理论纪事》第 7 辑，54 页，南京，南京大学出版社，2014。译文有改动。Guy Debord, "Rapport sur la construction des situations et sur les conditions de l'organisation et de I'action de la tendance situationniste internationale," *Œuvres*, Paris, Gallimard，2006，p. 322.

根本原则和内容，均是根源于他对黑格尔-马克思的辩证法本质内涵的深入理解。从而，德波在《景观社会》中对马克思思想的"异轨"，为 20 世纪的马克思主义提供了新的资本主义分析起点，并且以此昭示，法国激进左派如何在新的社会历史条件下继续坚持马克思主义的批判理论。

在法国思想史上，在 20 世纪 30 年代，来自让·华尔(Jean Wahl)、科耶夫(Alexandre Kojeve)和伊波利特(Jean Hyppolite)三人对黑格尔《精神现象学》的重新解读，为整个 20 世纪的法国哲学提供了一个教科书版的权威"黑格尔"：让·华尔、伊波利特的苦恼意识的黑格尔、科耶夫的主奴辩证法的黑格尔。可以说，无论后来的存在主义、结构主义还是精神分析，都无一例外地在这个"黑格尔"的哲学思想中找到了灵感和依据。但是，令人惊讶的是，虽然德波还曾经旁听过伊波利特讲解黑格尔哲学的课程，但他对黑格尔辩证法的理解却是偏离了让·华尔、伊波利特、科耶夫提供的黑格尔版图。在《景观社会》中，德波准确地描述了黑格尔-马克思的辩证法的本质原则，既不是主奴辩证法中通过生死之争确证自我意识和主体性，也不是如何从个体的日常经验最终上升为类的绝对知识，而是黑格尔所提供的辩证法的内在否定和批判性。

黑格尔的辩证法，首先是概念的运动原则，概念在自身的内在矛盾的进展中而扬弃自身，达到新的统一。但是，辩证法不是脱离于内容的抽象形式，它是基于客观历史现实而生成的普遍原则，揭示着事物运动和发展的客观内在联系。黑格尔正是在对社会历史的深入研究中，才逐步发展起社会历史的辩证法，来把握时代的变化。对此，黑格尔写道，辩证法"不仅在于产出作为界限和相反东西的规定，而且在于产出并把握这种规定的**肯定**内容和成果。只有这样，辩证法才是**发展**和内在的进展。其次，这种辩证法不是主观思维的**外部**活动，而是内容**固有的灵魂**，它有机地长出它的枝叶和果实来"①。所以，黑格尔的辩证法不是主观思维的产物，而是社会历史运动的辩证过程内容本身为辩证法否定自身的变动规律提供了现实基础。这也是马克思后来能够理解和继承黑格尔辩证法的精妙所在。辩证法，根本不是在像蒲鲁东那样对各种概念的堆砌和排列，而是随着社会历史现实运动不断产生出批判自身的辩证力量。所以，马克思的《资本论》正是在说明，资本主义吹嘘的永恒法则在辩证法之下原形毕露，资本主义生产方式根本的矛盾就在于资本自身的辩证逻辑。

不过，入德波这位先锋大师之眼的，似乎并不是在政治经济学研究中揭示资本辩证法运动规律的马克思，而是贯彻了辩证法的内在否定精神的黑格尔-青年马克思："这种风格包含着其特有的批判，它必须表达当今批判对**其整个过去**的统治。通过这种风格，辩证理论的展示方式将证明其理论中存在的否定精神。'真理不像一个产品，在其中不能再找到工具的痕迹'（黑格尔）。运动的这个理论意识，在其中运动的轨迹本身必须在场，它通过对概念之间建立的关系的**颠倒**表现出来，通过对前期批判的所有成果的**异轨**（détournement）表现出来。所有格（le génitif）的颠倒就是这种历史革命的表达方式，这种被限定在思想形式中的表达，被人们视作黑格尔的警句风格。青年马克思根据费尔巴哈的系统用法，主张用谓语去替代主语，对这种**反叛风格**的使用恰到好处，于是他

---

① ［德］黑格尔：《法哲学原理》，范扬、张企泰译，38—39页，北京，商务印书馆，1961。

从'贫困的哲学'中抽离出'哲学的贫困'。"①

所以，第一，德波所推崇的辩证法，是否定自身、批判自身的辩证法，是赫拉克利特所说的那团在一定的分寸上燃烧、在一定的分寸上熄灭的永恒的活火，是赫拉克利特不能被两次踏入的那一条历史河流，是从不凝固在当下而成为真理的。第二，德波认可的是，辩证法是在社会历史的革命运动中不断地否定自身和再次实现自身。因此，辩证法唯一的变动标准就是根据社会历史的现实运动，不断"异轨"自身，才能达成"永恒"的真理。因此，对德波来说，真正的批判理论，其批判性不在于通过引用哲学史上曾经写下的真理来证明自身，而是在形式上和内容都必须随着社会经验的变迁，不断推动批判思想的进步。

异轨是引用的反面，是时刻做假的理论权威的反面，其唯一原因就是它变成了引用；它是从其语境和运动中抽取的碎片，最终是从作为总体参照的时代和从引用在参照内部的准确选择中抽取的碎片，而这个参照又是被精确认可的或错误的参照。异轨是反意识形态（anti-idéologie）的畅通语言。它出现在交际中，而交际又知道自己不能指望拥有任何的保证，它自身的保证和最终的保证。它在最高点上，是任何前期和超级批判的参照所不能确认的语言。相反只有它自身的协调，它与自己、与可实践的事实的协调，能够确认它所带来的真理的古老核心。异轨不在任何其他外在事物之上建立自

---

① ［法］居伊·德波：《景观社会》，张新木译，129—130 页，南京，南京大学出版社，2017。

己的事业，而只在作为当今批判的自身真理中……提醒人们注意，
这种理论性的存在在其本身中什么都不是，只有通过历史的行动和
历史的校正才能被人们认识。①

到这里为止，我们可以发现，德波所说的"异轨"的根本意义就在
于，"进步紧扣着某作者的句子，使用他的表达，抹去一个虚假思想，
用准确的思想取而代之"②。它能够不断地根据对社会历史的客观经验，
修正批判理论对历史的批判，以此才能重新激化批判理论的批判内核。
这一点，也正是德波为什么始终在他的理论文本、电影制作、实践活动
中贯彻各种形式的"异轨"，为什么会在《景观社会》中开篇就大胆地"异
轨"和改写了马克思对资本主义时代的判断的原因。这并不是在哗众取
宠，而是微言大义："在现代生产条件占统治地位的各个社会中，整个
社会生活显示为一种巨大的**景观**的积聚（accumulation de spectacles）。
直接经历过的一切都已经离我们而去，进入了一种表现
（représentation）。"③

这很明显，就是德波在"异轨"马克思在《资本论》第一卷关于商品拜
物教的名句，将庞大堆积的"商品"替换成了"景观"。德波的意思很简
单，他并不是在否定马克思对资本主义商品社会的判断，而是向我们指
明，20世纪的资本主义在形式上已经发生了巨大的变化，以至于我们

---

①　[法]居伊·德波：《景观社会》，张新木译，131页，南京，南京大学出版社，
2017。

②　同上书，130页。

③　同上书，3页。

必须重新勘定其本质和内容，必须"异轨"马克思的时代诊断。马克思在《1857—1858 年经济学手稿》《资本论》中强调的是资本主义在生产、交换、消费和流通的广义生产关系下的剩余价值剥削，但 20 世纪资本主义生产方式发生的巨大变化是，从以物质生产为主导的生产方式转向了以消费为主导的生产方式。在消费主义的景观社会中，商品不再以物质的使用价值为唯一载体，在资本主义生产的扩张下，商品通过景观作为日常的全面中介，将商品遮蔽的人与人之间的社会关系，进一步颠倒为与真实彻底分离的景观生活。

> 景观，从总体上理解的景观，它既是现存生产方式的结果，也是该生产方式的规划（project）。它不是现实世界的替补物，即这个世界额外的装饰。它是现实社会的非现实主义（irréalisme）心脏。在其种种独特的形式下，如新闻或宣传、广告或消遣的直接消费，景观构成了社会上占主导地位的生活的现有**模式**。它是对生产中**已经做出**的选择的全方位肯定，也是对生产的相应消费。①

在景观代替商品的表现形式，构成了社会生活的主导模式之后，人们生活中的一切元素，原本不具备使用价值和交换价值的部分，都被打上了商品的烙印，成为资本主义生产、再生产扩张的领域。人们的闲暇时光、探险、爱情等日常生活的细节都被商品以景观的伪中立、伪合理

---

① ［法］居伊·德波：《景观社会》，张新木译，4 页，南京，南京大学出版社，2017。

的身份介入其中。而在这其中的人，因为其生活全部的元素都按照资本主义商品生产来生产和建构，这就意味着每个人本身的行为和生活都被商品所编码了，人与人之间的社会关系当然也就落入了以景观为中介的商品关系之中，这就是 20 世纪资本主义商品化的结果：以景观为中介的日常生活的全面殖民化。这也是为什么，德波在 50 年代会那么着迷能够破坏日常生活的"异轨"的实践活动。

所以，德波以"景观"异轨了"商品"所关注的是，资本主义生产已经远远超出了马克思所分析的作为可见物体、具有使用价值的商品，而是通过无处不在的虚拟景观对物性商品的替换，实现了对日常生活的殖民化。但是，德波恰恰没有理解，马克思所谓的商品拜物教根本就不是指对物性的商品的崇拜，而是人们对商品可见的质料背后、不可见的价值等价物货币和可衍生出剩余价值的资本的崇拜。因而，马克思所要推翻的异化状态，也不是德波所说的人们因对景观的凝视而陷入彻底的被动和分离状态，而是客观发生在资本主义经济活动中社会关系的物化，资本在物的外表下遮盖起来的人与人之间资本和雇佣劳动之间的剥削关系。

但是，德波的"异轨"在思想史上仍具有不可忽视的意义，因为它代表的是 20 世纪 60 年代之后，左派学者在管理革命、信息社会、后工业社会的"晚期资本主义"（詹姆逊）中面对的根本问题：面对在形式和内容上发生了巨大变化的资本主义现实，该如何继续坚持马克思主义的批判理论。德波给出的答案是潇洒的，那就是绝不回避现代资本主义的性质变化问题，根据资本主义的现实形势，坚持辩证法和批判理论的内在否定精神，不断地"异轨"和发展马克思主义的"真理"。因此，从这个角度来看，德波的"异轨"，无论是在巴黎街上集体的漂移，还是"异轨"各类宣传画、电影片段来讽刺资本主义的谎言，抑或是在《景观社会》中看似玩世不恭、实则字字珠玑的对马克思思想的"异轨"，是他使人们从资本主义体系中突围的方法论。他也在向我们揭示，在当代资本主义变体的今天，如何坚持马克思对现代社会的分析，如何根据新的变化了的资本主义现实，实质性地发展出马克思主义的新的批判形式。我想，德波的各种"异轨"活动及其后来掀起的 1968 年的五月风暴可以看作一种答复。

第四章 ｜ 景观社会的形而上学统治

　　德波著名的《景观社会》文本，是其激进哲学话语得以呈现的场所。在这里，德波以景观——以广告媒介为载体被展示的商品消费——的批判性范畴为原点，建构其对资本主义消费社会的形而上学统治的激进批判。基于马克思主义，德波更为深入地揭示了资本主义在消费社会和大众媒介时代的统治变化，从外在的资本奴役走向了内在于主体及其生命活动之中的文化霸权统治。

　　景观社会，并不是中立的大众媒介时代，而是资本主义从以生产为主导的自由竞争阶段转向以消费为主导的垄断阶段，形成了以人的存活总体为治理对象的剥削方式。通过景观图像中的对象性诱惑，资本主义将个体塑造为追求消费符号的虚假存在，彻底消灭主体自由解放的真正欲望及对此的交流，从无产阶级革命的可能性中分离出来。景观社会就是一个没有回音的、自给自足的形而上学体系，人们在伪循环的可消费时间中循环往复，没有历史，没有批判，没有真实交流，只有比马克思的异化和物化更为彻底的分离。景观，在一个理应是文明、自由的现代社会中完成了似中世纪般的形而上学统治。

一、景观、资本自治与生命治理

随着第二次世界大战后西方经济的稳定发展，迎来了所谓的"丰裕社会"，也就是西方马克思主义学者们普遍面临的"消费社会"。在消费主义盛行的历史阶段，资本主义被学者们普遍认为通过和平、软化阶级矛盾的方式不断趋向资本的无限积累。比如，赖希、马尔库塞等人提出，20世纪以来资本主义完成资本增殖的主要方法，不在于资本主义组织劳动的方式，而在于如何将人的"剩余冲动"转化为"现实控制"，将人的"快乐原则"导向"现实原则"，即社会能够组织人们追求替代性的满足，从而"解放"过去被社会压抑的力比多能量，将其转化为消费过程的动力。而阿尔都塞、福柯等人则展示了资本主义社会通过各种社会日常的规训机器(学校、工厂、监狱、医院、社会福利系统等)，完成对人的心理和身体的无意识规训，确保人们服从于社会理性划分的接纳和排斥机制，来构建越来越自由、和平但更单向的社会，即所谓的"生命政治"。而德波认为，马克思那里尚未被资本生产的社会化所直接介入的使用价值和人的需要，如今已经成为了资本社会建构的对象，这就标志着资本主义经济进入自治阶段，它将实现自身所需的自然、社会和文化前提都纳入生产之中，形成了全新的以人的存活总体为治理对象的剥削方式。因而，景观就是用来指认，资本主义商品经济进入了高度自治的历史阶段，以至于达到人的存在、生活被奴役、操纵和规训的荒谬程度。

（一）景观与资本自治：当使用价值成为社会建构的对象

资本，在马克思那里，并不是实体性的物性存在，而是作为一种历史性的(剥削)生产关系，其本质是不断增殖自身的运动过程。其增殖的秘密就在于，它是建立在资本对活劳动的剥削的生产关系的基础之上的。因此，"资本作为自行增殖的价值，不仅包含着阶级关系，包含着建立在劳动作为雇佣劳动而存在的基础上的一定的社会性质"①。可以说，这是资本增殖自身的第一个阶段，即在生产领域对创造剩余价值的雇佣劳动进行剥削。但是，资本积累要实现自身必须依赖于市场的交换活动。负载着劳动所创造的剩余价值的商品，必须在市场的交换活动中被购买，资本才能顺利完成增殖的过程。此为资本实现自身依赖于市场交换活动的第二阶段。正是在这一阶段中，我们可以看到，交换价值作为市场活动的必要中介，颠倒地成为了主导使用价值生产的目的。商品生产的主要目的就不是创造符合人的基本需求的使用价值，而是为了获取和实现更多可供消费的商品及交换价值。正是在这里，马克思才引入了抽象成为统治的拜物教形式(商品、货币和资本拜物教)，其在商品世界中最显著地表现为"拜金主义"，货币作为抽象的价值形式，物化且统

① 《马克思恩格斯全集》第 45 卷，121 页，北京，人民出版社，2003。

治着人与人之间的社会关系。

在这里值得注意的是，马克思其实从未放弃过作为人类社会必要前提的物质生产活动，即使用价值所代表的具体内容的生产，商品的使用价值虽然和交换价值同体而生，但却并未直接成为被社会组织和建构的对象。因而他所极力批判的并不是商品本身，不是具有有用性的物本身，而是资本主义商品生产结构所必然产生的人与人社会关系的物化现实。不过，马克思也曾经在比喻式的语言中描述过普遍商品化、万物商品化的世界，在那里，连人的信仰、爱情等没有具体使用价值的对象，都被卷入商品生产的洪流中去。

马克思曾经在《哲学的贫困》中提到过商品交换的三个历史时期：一是交换生产偶然超过消费的剩余物品，这是前资本主义的历史阶段；二是不仅包括剩余的物品，而且包括所有的产品在内，都取决于交换，都为了实现交换价值，这是进入资本主义的自由竞争的历史阶段；三是资本主义进入全面商品化的历史阶段：

> 人们一向认为不能出让的一切东西，这时都成了交换和买卖的对象，都能出让了。这个时期，甚至像德行、爱情、信仰、知识和良心等最后也成了买卖的对象，而在以前，这些东西是只传授不交换，只赠送不出卖，只取得不收买的。这是一个普遍贿赂、普遍买卖的时期，或者用政治经济学的术语来说，是一切精神的或物质的东西都变成交换价值并到市场上去寻找最符合它的真正价值的评价

的时期。①

最后这个历史时期，恰恰就是商品生产在人类所有活动中主导地位的万物商品化阶段，人类生活中出现的每一个事物，无论是精神的还是物质的，无论是具有使用价值的还是不具备具体使用价值的对象，都被卷入商品生产的序列之中，资本逐渐将我们生活中原本不属于商品生产的具体内容，一步一步纳入商品生产之中。马克思其实已经看到了在资本实现自身增殖的第二阶段上，存在着交换价值全面支配使用价值，使用价值和需求可以被有效组织起来的极端趋势。这就是德波用景观社会发展马克思的商品社会的原因所在。商品自身的构成发生的变化，同时象征着资本主义生产方式的巨大变化。

20世纪资本主义全面进入消费社会的现实，就见证了这一普遍商品化的过程在日常生活中的殖民。进入20世纪，随着大众媒介的兴起，西方全面进入了消费的黄金时代。为了更多地拉动消费需求和实现交换价值，出现了越来越多的广告、宣传、包装、时尚等大众传媒和文化消费的流行趋势。其中，我们可以看到出现了摆脱过去商品的直接物质形态的新型商品，比如时尚、地位象征、服务、计算机软件等成为了新的商品，它们不具备实体，甚至不具备使用性，但却成为了商品，具有交换价值。

德波正是看到了这一过程。他指出，在资本主义现代工业发展之中，自动化是其中发展最为先进的领域。伴随着自动化进程的蓬勃发

① ［德］马克思：《哲学的贫困》，25页，北京，人民出版社，1961。

展，自动化的科学技术越来越多地取代了过去人类劳动的位置，而资本主义商品生产则开始应对着创造新的劳动形式，即以服务业为代表的第三产业：

> 为了让自动化，或劳动生产率增长的其他非极端形式，不至于在事实上减少社会广度上所需的社会劳动时间，就必须创造新的就业。第三产业，即服务业，是负责分配和歌颂现在的商品的大军；是用于动员的补充力量，在和这样类型的商品（即第三产业中的商品）相关的人造需求中，恰巧遇到了组织后台劳动的必要性。①

德波虽然调侃地比喻道，第三产业的兴起似乎是恰巧遇到了资本主义创造新形式的劳动的时代需要；实则是在肯定，资本主义生产方式发展出了新的剥削形式，如今的主要课题是交换价值如何全面支配使用价值，如何建构起新的使用价值和人造需求，以便动员人们消费更多他们所不必要的新类型的商品。这就撕开了马克思在资本实现自身增殖的第二阶段上的缺口，即使用价值和需求是可以被有效地组织起来，作为获取资本增殖的全新的社会建构的场所的。

过去，使用价值是物品的自然属性，因而并不是作为马克思政治经济学研究的独立对象，它只有在被卷入交换价值等商品经济运动时才被纳入分析范围。因此，德波说"过去使用价值被理解为是包含在交换价

---

① ［法］居伊·德波：《景观社会》，张新木译，23 页，南京，南京大学出版社，2017。译文有改动。

值之中"①。使用价值和交换价值是商品的价值二重性属性不可分割的同生对象。如今，"在景观的颠倒世界中，必须清楚地说明使用价值，既是因为使用价值的真实的现实已经被过度发展的商品经济所蚕食；也是因为使用价值现在是作为虚假生活的必要的伪-证明"②。在景观社会中，之所以必须重新说明清楚使用价值，是因为过去在资本主义商品生产中，虽然交换价值成为生产的主要目的，但作为商品的自然属性的使用价值，仍然是商品成为商品的基本前提，在交换活动中获取具体的使用价值仍是人消费的基本需求。如今，使用价值已经不再是物品的自然属性，人的需求和满足需求的使用价值不仅为交换价值所垄断，而且成为商品经济建构的对象：

> 交换价值只有在它作为使用价值的因子时才能形成，但是它以自己的武器取得的胜利却创造出它自主统治的条件。通过动员任何人类所需的使用，通过垄断对人类所需的使用的满足，交换价值最终能够**领导使用**。交换过程自行认同于任何可能的使用，将使用玩弄于股掌之间。交换价值是使用价值的雇佣兵，最终要为自己的利益而进行战斗。③

这里需要分辨的关键之处在于，与以往马克思指出的交换价值成为

---

① ［法］居伊·德波：《景观社会》，张新木译，24 页，南京，南京大学出版社，2017。译文有改动。

② 同上书，24—25 页。译文有改动。

③ 同上书，24 页。译文有改动。

商品交换中的主导因素不同，在景观社会中，使用价值和需求是可以被有效地组织起来，意味着的是交换价值进入了商品生产之中从而形成了自主统治。其背后恰恰是资本主义生产方式发生了深刻的变化，即资本主义经济进入自治阶段，资本将自身实现所需的自然、社会和文化前提都生产了出来。

为什么说是交换价值通过对人的需求、对满足人的需求的使用价值的垄断和生产，创造出了资本主义自主统治的条件呢？德波指出，当下"资本主义经济的这种不变性，即**使用价值的倾向性下降**"[①]，商品具体的使用价值和意义越来越被降低，过去所不具备使用价值的服务、心理、情感等元素都可以被建构成个体消费所需的对象；而在这一万物商品化的进程中，使用价值的意义被不断降低所腾出的空场，正被交换价值、资本所生产的"伪-需求"和"伪-使用性"占据——在颠倒的景观社会中，人的需求和满足需求的使用价值都被总体地建构成了"伪-需求"和"伪-使用性"。

> 当自治经济用永无止境的经济发展的必要性代替这个社会基础时，它所代替的只能是人类最初需求的满足，这些需求是粗略认定的需求，是不断制造的伪-需求，可以归结为维持自治经济统治的唯一伪-需求。[②]

此时，因为资本主义商品生产再也不用顾虑生产商品时它是否具有

---

① ［法］居伊·德波：《景观社会》，张新木译，24 页，南京，南京大学出版社，2017。

② 同上书，26 页。译文有改动。

使用价值，任何没有使用功能的存在都可以被纳入商品生产之中，甚至它可以独立自主地将它实现自身所需要的前提都生产出来。这就进入了德波所说的资本主义所处的"自治经济"的时代，也就是交换价值自主统治的时代，它按照实现消费和资本增殖为唯一也是终极目的，不断地将伪-需求和伪-使用性生产出来，从而组织化地生产出景观社会中的人及其所处的世界这一总体。

而这恰恰是反映了资本主义生产方式发生了深刻的变化，那就是资本主义从以生产为主导的自由竞争阶段转向以消费为主导的垄断阶段，其本质在于，资本主义来到了资本致力于把自己生产的条件再生产出来的自治阶段。列斐伏尔在同期提出的从"日常生活被殖民"到资本对空间的直接生产，所揭示的就是资本主义在 20 世纪增殖自身的重点在于，对整个资本生产得以产生的自然、社会、文化等前提条件的商品化生产。而德波和鲍德里亚关注的是垄断资本主义中商品生产转向了对人的需求的生产，其手段和目的都统一为"制造欲望""欲望他人的欲望"，让人看到自己所匮乏的需求，从而将人的生存和意义都生产出来。正如鲍德里亚在《符号政治经济学批判》中所说的："在这种极权主义的逻辑之中，一种仅注重生产增长的体系（如资本主义体系，但不仅限于资本主义）能够在最为深层的意义上，如自由、需要以及无意识等等层面上将人作为一种生产力生产和再生产出来。体系只能将个人作为体系的诸多要素生产和再生产出来。它不能容忍意外。"[1]

---

① ［法］让·鲍德里亚：《符号政治经济学批判》，夏莹译，94 页，南京，南京大学出版社，2009。

(二)存活之处，即是景观：景观社会中的生命治理

如前所说，景观社会是一个颠倒的世界，使用价值和需求反而成为了交换价值实现利润最大化的新的社会建构的对象，其揭示的是资本的实现问题，或是消费的过程问题，越来越成为马克思主义政治经济学研究不得不面对的现实。而景观对人的需求进行垄断以供资本的实现自治，在德波看来，实际上是一种新的资本剥削方式，它以人的存活的总体为治理对象，建构了一个"非现实"的社会生活。德波将这种景观以人的存活为治理对象的新的剥削方式，命名为"增益的存活"（la survie augmentée），它实际上是资本主义发展的必然结果。

德波认为，在未进入资本主义的人类社会中，生产力的发展是处于无意识的进程中，人们为了维系生存而进行物质资料生产的活动。不难理解，"存活"的第一重内涵就是指人类为维系生存的所需的基本活动和能力。在生产力水平和物质资料都匮乏的历史阶段，人们的首要目的是为了存活下来，因而迫切地需要生产物质资料。和鲍德里亚不同，德波是肯定了马克思在《德意志意识形态》中所说的：

一切人类生存的第一个前提，也就是一切历史的第一个前提，这个前提是：人们为了能够"创造历史"，必须能够生活。但是为了生活，首先就需要吃喝住穿以及其他一些东西。因此第一个历史活动就是生产满足这些需要的资料，即生产物质生活本身，而且，这是人类从几千年前直到今天单是为了维持生活就必须每日每时从事

的历史活动，是一切历史的基本条件。①

　　而在自然经济的发展过程中，在某些部门或者某些个体生产者那里，客观留存着某些剩余的产品，导致偶然拥有不同剩余产品的生产者之间进行互相交换，从而发展出商品经济的萌芽。当商品生产遇到了大商业和资本积累的社会历史条件之后，便开始有意识地组织起商品经济的生产和再生产过程。其中，劳动者变成了劳动力，劳动变成了雇佣劳动，剩余产品变成了剩余价值。在进入资本主义商品经济的历史阶段后，"久而久之形成了一种富足，在这个富足中，存活的首要问题无疑已经得到解决，然而以这种方式出现的问题总是会重新出现；它每次都会在更高层次上重新提出来"②。

　　也就是说，在过去社会中生产相对不足的时代中，如何维系基本的生存，即基本的物质资料生产和供给等问题，占据着主导地位。而现在商品形式普遍化的时代，"商品的**独立性**已经扩展到它所控制的整个经济领域"③，人们为存活下来、与自然相斗争的阶段已然过去。但德波强调，存活的问题却在新的历史阶段上再次被提出，存活获得了新的历史内涵——在当下商品生产远远超过人类基本需求的丰裕社会中，人类的首要目的被悄然篡改了，不再是存活下来，而是要更好地活着，这就是德波说的**"增益的存活"**，是在存活的必然需要的基础上所做的增补。

① 《马克思恩格斯文集》第1卷，531页，北京，人民出版社，2009。
② [法]居伊·德波：《景观社会》，张新木译，21页，南京，南京大学出版社，2017。
③ 同上书，21页。

这种增补，具体就是在丰裕社会所宣告的（真假与否尚未定论），在其物质生产已经解决了人类生存的基本条件下，将人类存活的需求无限细分，扩大为工业流水线生产出的伪-需求，让人的存活本身变成了"可消费的存活"。并且，这种增益的存活的根本特征在于，它是没有止境的，它永远处在不断分化和增长的进程中。因为人存活所需的最低需求是有限的，但人更好地存活的最高需求是无限的。

而在景观社会特有的增益的存活中，"使用价值……一种伪证明（pseudo-justification）对虚假生活来说变得很有必要"①。也就是，通过增益的存活这一新的剥削方式，资本主义成功地将人、人的存活的总体作为对象纳入了进来，结果是景观社会完成了对人们的社会生活，从主体到客体的造假和替换。

这里，必须多加分辨的是，关于德波在《景观社会》中大量使用的"真"和"伪"之间的二元对立，也就是人类真实的活动和景观的虚假现实之间的对立。我们很容易会将其误解为，德波是在揭示真实的人类存在被景观的伪-现实所替代，这一论点本身是没有问题的。但是，德波强调，将景观和真实的社会活动对立起来是犯了抽象的错误，因为这就没有看到对立的双方本身都是处在异化之中，没有看到"看似固定在任何其中一方面的任何观念，其本质就是处在一方向另一方的过渡：现实在景观中出现，景观成为现实。这种相互的异化是现存社会的本质和支撑"②。也就是说，问题不在于真实的存在被景观的虚假所替代，而是

---

① ［法］居伊·德波：《景观社会》，张新木译，24—25页，南京，南京大学出版社，2017。

② 同上书，5页。译文有改动。

在于：在资本主义经济自治的历史阶段中，现实本身、人的存在本身必然只能在景观中得到实现，而景观即使再现的是伪-活动、伪-需求、伪-现实，它也必然是真实的。"颠倒了现实的景观实际上是现实本身的真实产物。"①这就是德波强调的景观具有"重言式"的本质特征：

> 景观那重言式的本质特点来自如下简单的事实，即它的手段同时也是它的目的。它是普照于现代被动性帝国的永远不落的太阳。它覆盖着世界的整个表面，永无止境地沐浴在自身的荣耀中。②

因此，这里的"真"和"伪"之间的二元对立，也不是一般意义上我们理解的真实和虚假。德波所说的，真实被虚假所替代、消费者成为幻想的消费者，并不是指实际存在的物的商品是被虚假构成的，而是我们确实被不为我们所控制的景观图像所包围而割断了直接认识现实、认识自身的所有途径，因而丧失了对人的本自具足、人的自由本质的认识和实践。因此，德波所说景观对人的社会生活的虚假和伪造，是对人的本自具足的否认，是对人的自由的可能性的否认。景观社会看似提供了各种自由的选择，但实则是一种独白式的霸权。对此，鲍德里亚武断地认为，这个现实已经完全消失了，抽象的过程就此吞噬了整个现实。而在德波那里，"重言式"的景观，是资本主义经济进入自治阶段的本质特征。

---

① ［法］居伊·德波：《景观社会》，张新木译，5页，南京，南京大学出版社，2017。译文有改动。

② 同上书，7页。译文有改动。

那么，在增益的存活中，景观社会是如何完成对人们的社会生活的造假和替换的呢？这就具体体现在：

第一，生活的真实（vécu）必然为景观的再现（représentation）所代替。

"曾经直接真实经历过的一切（Tout ce qui était directement vécu）都已经离我们而去，进入了一种再现（représentation）。"①这种景观的再现，并不是具体指生活所见之处所呈现的图像成为人们生活所追逐和消费的对象，而是在这一追逐的背后是，资本主义经济已经发展到了一个自治的阶段，它让自己生产出来的伪-需求成为人们生活中唯一的选择，从而所有人们真实的生活的地方，都被补偿性的消费中的虚幻形式所代替，这种虚幻形式会让人忘记日常生活中真实的贫乏。明星，作为"活人的景观再现"（la représentation spectaculaire），就是这种施加于人的真实生活之上的最佳例证。众多明星的存在，为大众提供了可供模仿和消费的各种人类品质、生活方式，"消费的明星，在外部同时又是不同人格类型的表现，它展现出每个类型都可以平等到达消费的总体，同样可以从中找到其幸福"②。人们就在对明星的崇拜、模仿和追逐中，将自己活成了别人，自觉地将自己改造为这个社会所期待的客体，嵌入资本主义消费链条中去。我们不再是为了自身而生活，而是为了活出景观中的那个精彩的他者而奋斗。所以，德波才说，凡是人们本应真实和自由地生活的地方，都被景观再现中展示的存活所需的伪-现实所取代：

---

① ［法］居伊·德波：《景观社会》，张新木译，3 页，南京，南京大学出版社，2017。译文有改动。

② 同上书，34 页。

"景观**让人们看到**的是一个既在场又不在场的世界，这是一个商品的世界，它统治着所有被真实经历的东西(tout ce qui est vécu)。"①

第二，个体必然活成被动的观众(spectateur)，活成存活者(survivant)。

前面已经提到，在景观社会之中，个体的自我繁衍、衣食住行、善恶美丑、高低贵贱，皆是因为资本主义体系所需要人的再生产，以至于人本身、人的生活成为了消费社会所要生产和消费的对象和产品，"尤其是他的生活现在已经成了他的产品，尤其是他已经与自己的生活相分离"②。资本主义商品生产将自己的前提，包括人、人的需要、人的未来发展、人的梦想等前提都生产出来后，个体就必然只能活成一个被动的观众，全盘接受所有的设定。在这里，德波所说的"观众"并不必然是指在观看的个体，这里的"看"也不必然是指视觉的行为，而是强调景观本就是一个施加被动性的现代机制，它让每个个体都被动地接受外在的存在和欲望，而越来越忘记自身。"他越是凝视，看到的就越少；他越是接受承认自己处于需求的主导图像(imaqes dominantes)中，就越是不能理解自己的存在和自己的欲望。与行动的人相比，景观的外在性显示为这样，即人的自身动作不再属于他，而是属于向他表现动作的另一个人。这就是为什么观众在任何地方都不自在，因为景观到处都在。"③

而这种观众，还有另一种表达方式，那就是曾和德波亲密合作的范

---

① ［法］居伊·德波：《景观社会》，张新木译，19 页，南京，南京大学出版社，2017。译文有改动。

② 同上书，14 页。

③ 同上书，13—14 页。

内格姆所说的"存活者"，这也是后来被鲍德里亚使用的概念。存活者，就是德波所说的"商品的人道主义"，政治经济学开始"承担起人类生存的全部"①；人不再是作为人本身被生产出来，而是作为必须更好地存活着的生产力、消费力被生产出来：

> 人从来没有直面他自身的需要。这一点绝不仅仅对于"次级"需要是有效的，对于"维持生存"的需要同样是有效的。在这一情形下，人不是作为一个人而被再生产出来：人只是作为一个存活者（survivant）而被再生产出来（一个存活者的生产力）。②

所有属于个体"自我"的内容，包括感性、欲望、意志、品味及潜意识，都被单一地处理为景观所生产和组织的抽象内容："'存活者'的自由将是能够负载起抽象的构成内容，即他选择将自己划归为哪些抽象的构成内容。存活就变成了生命被机械再生产的记忆所组织起来的最完满的阶段。"③

第三，世界必然成为无止境的人造物（artificiel illimité）的堆积。

增益的存活，似乎是最能实现资本无限增殖的形式。因为它不是将人们的生存成本降到最低限度，而是不断提高其需求的水平，后者恰恰

---

① [法]居伊·德波：《景观社会》，张新木译，23页，南京，南京大学出版社，2017。

② [法]让·鲍德里亚：《符号政治经济学批判》，夏莹译，95页，南京，南京大学出版社，2005。译文有改动。Jean Baudrillard, *Pour une critique de l'économie politique du signe*, Paris, Gallimard, 1972, pp. 92-93.

③ Raoul Vaneigem, *Banalité de base*, Paris, Éditions Verticales/Le Seuil, 2004, p. 70.

是无穷无尽的。人的需求不应该、也不能被真正满足，可消费的存活必然要求不断开发新的人的需求。因此，我们面对的世界，必然是与其相对等的、不断升级换代的客体世界。今天，更高清、更大屏、更逼真的电影体验，不正是说明了这一问题吗？正如《了不起的盖茨比》里说的那样："但这没有关系——明天我们会跑得更快，将手臂伸得更远……总会有一个晴朗的早晨。"[①]

但是，生活水平的提高、娱乐形式的多样、数不胜数的便利，人所面对的世界越是呈现出景观里的五彩斑斓，就越是对人的真实存在的剥夺。因为，从表面上来看，在商品丰裕的地方，充满了对不同的商品、不同的个性、不同的生活方式的选择，但这些都是在市场上可供选择的人造假象，因为它们都只是服务于个体向资本主义唯一的消费模式的绝对认同。人所面对的客体世界越来越脱离于人的力量，而成为一个自主运动的景观，它越是丰裕，人的生活就越是贫乏："商品的机械性累积解放出一种**无止境的人造物**，在它前面，活生生的欲望是束手无策的。独立的人造物累积起来的力量导致到处是对**社会生活的造假**。"[②]

(三)何谓"景观"：丰裕社会的奇观与镜像

景观，简单来说，就是以大众媒介为载体的资本主义商品消费模式。它代表着资本主义经济开始以人的存活总体为新的治理和剥削对

---

① [美]斯科特·菲茨杰拉德：《了不起的盖茨比》，邓若虚译，197 页，北京，北京十月文艺出版社，2015。

② [法]居伊·德波：《景观社会》，张新木译，38 页，南京，南京大学出版社，2017。译文有改动。

象，这是德波所给我们描述的景观社会作为马克思的商品社会发展而来的必然结果。通过这些描述，我们越来越能清晰地把握，为什么德波会启用"景观"这一模棱两可的概念来形容当下资本自治、消费先行的历史阶段。

景观，本身就是一个象征、比喻式的词汇，它先天就带有一种模糊性的特质，总是似是而非。正是由于景观本身的指向不明确，又关联着对现代消费社会（同时也是大众传媒兴起的社会）的反思和批判，因此，我们经常可以看到的，景观总是与各种类型的大众传媒相联系在一起。最具代表性的是，凯尔纳在《媒体景观》一书中认为："景观描述的是媒体和消费社会围绕着图像、商品和事件的生产和消费而被组织起来。"[1]他将景观具体地指认为现实生活中的大众媒介，将电视、体育节目、政治事件等具体内容赋予了景观，从而讨论媒体景观是如何被生产、建构和传播，如何围绕着图像的生产和消费来组织社会活动的。也就是说，本身就是用来比喻现代社会的景观，由于自身指向的模糊性，使它能够被用于指认大众媒介时代的各种不同的具体形态，比如媒介景观、政治景观等。关于这些"误读"，德波本人在生前就了然于胸，他曾经在最后一部公开上映的电影作品中，截取了专家们在电视节目中拿着他的书争论"景观"内涵的图像，认为大部分冒失的知识分子们只是把景观看作一种"媒介的多度"[2]（excès médiatiques）的结果。

实际上，总体地回顾德波从 50 年代到 60 年代下半叶对景观概念的使用过程，就可以发现，景观之于德波，起于偶然，终于必然。

---

[1]　Douglas Kellner, *Media Spectacle*, NY, Routledge, 2003, p. 2.

[2]　Guy Debord, "Commentaires sur la société du spectacle," *Œuvres*, Paris, Gallimard, 2006, p. 1596.

德波对"景观"的最初接触，很大程度上来自布莱希特的剧场景观的表演，这也符合景观这一词汇的基本内涵。这两者之间本身就存在相似性。比如，剧场表演中的观众，无干涉地接受表演中的内容，从而形成观众对景观的认同关系；第二次世界大战后西方进入消费社会之后，个体的生活内容无条件服从于外在的虚假的必然性。正如 1947 年阿多诺和霍克海默在《启蒙辩证法》中指出，资本主义的统治权力隐藏在工业文化之中，在那里人们被动地接受和重复着一种永恒现实，所有的生活方式、文化形式，甚至音乐都在调整自身去适应文化工业的标准化要求。年轻的德波所看到的正是这样一幅看上去欣欣向荣，实际却死气沉沉的生活情境。这种必然的沉默和无条件的顺从的状态，在布莱希特所描述的剧场表演中得到了最佳的比附。所以，德波最初对景观的偶然接受并不难以理解。

但是，在马克思主义的中介下，景观最终成为了德波用于揭露资本主义现存社会的必然选择：

因为，从这一章的内容中可以看到，景观，本质上是德波用来发展和替代马克思商品社会的关键范畴，因为资本主义社会的商品生产在今天已经达到了前所未有的独立性和自主性。景观，就是"为了自身而自行发展的经济"，这种"经济已经让人们完成降服"，从而"景观让活着的人们服从于它"[1]。而之所以景观被德波用来指认这样一个"脱离了我们的力量，都能以其整个的威力向我们自行展示"[2]的世界，是因为在德

---

[1] ［法］居伊·德波：《景观社会》，张新木译，7 页，南京，南京大学出版社，2017。

[2] 同上书，14 页。

波看来，资本主义经济之所以能够为了自身而自行发展，正是因为将消费所需的前提，包括人、人的需要、人的生存都纳入了生产过程中去。在这样的"商品的变成-世界（devenir-monde），这也是世界的变成-商品（devenir-marchandise）"①之中，景观一词的基本内涵就是指一种精彩的景致或是表演，使用景观这一"褒义词"就是在讽刺在这个表面丰裕的消费社会中，资本谋取自身增殖，将使用价值不断降低为零，将人的存在意义压制为虚无，而商品却越来越采取各种绚烂而无意义的再现形式、表现形式。因此，德波所使用的"景观社会"中的景观，并不是一个空洞的、无明确所指的符号。德波取景观之意，是指一种资本主义消费社会中万物商品化下，意义被无限压缩取向为零的"奇观"，是商品生产被符号差异所垄断下的必然景致。此处奇观中的"奇"，并不是取惊奇之意，而是指资本主义丰裕社会所展现出的无限景观与意义被无限压缩之间矛盾的尖锐之极。

更进一步来说，景观一词，还和法国精神分析大师拉康的镜像理论中的"镜像"（specular）有着词源结构上的偶然相似性，更加有着批判理论上的家族相似性，都是适合用于反映当代消费社会如何将人们不需要的东西推销给人们的现象的关键理论工具。

德波在《景观社会》中，擅长于围绕景观、观众、图像等来比喻现代消费社会的种种现象。在这些语句中，消费者作为观众观看再现的景观图像这样的比喻，就不应按其字面意义来理解，景观象征着商品通过广

---

① ［法］居伊·德波：《景观社会》，张新木译，37 页，南京，南京大学出版社，2017。

告中的图像的展示，来诱惑人们进入消费活动；或是，传统意义上摆在市场上以供挑选的商品，如今成为了广告、宣传、电视等景观的图像中所主动展现以供刺激消费的商品，只不过是更换了一种技术媒介和宣传方式而已。似乎大众媒介（包括电影、广告、宣传等）才是符合景观定义、决定景观产生的客观因素。因为，德波想要说的，并不是"观看景观中的图像"这一抽象事实，而是我们在景观中看到了自身的匮乏，看到了填补这一匮乏的他者的欲望而已。也就是拉康所说的，"制造欲望""欲望他人的欲望"。这是对消费社会的统治方式的最佳注解，让人看到自己所匮乏的欲望和需求，从而将人的生存和意义都生产出来。我们消费的并不是商品本身，我们生活的也不是我们自己的生活，而是在镜像中、在景观中的象征性符号和伪-需求，而那恰恰是资本权力所精心建构的内容。所以，德波才会认为："景观在其整个广度上，是商品的'镜像符号'。"①换用范内格姆更为具体的描述就是："景观就是，强迫的劳动转变为同意的牺牲。以前是每个人应该追随你的劳动的世界，劳动是对存活的压迫，现在是追随你的需要的世界，所有的需要都被权力所决定。"②

最后，德波其实和同时代的其他思想家一样，都是在伺机观察着这个所谓的"消费社会"或是"丰裕社会"，他们从景观乱花坠入眼的再现形式中，看到了社会关系的虚假维系、被默认的隐秘的意识形态，以及统

---

① ［法］居伊·德波：《景观社会》，张新木译，138 页，南京，南京大学出版社，2017。译文有改动。

② Raoul Vaneigem, *Banalité de base*, Paris, Éditions Verticales/Le Seuil, 2004, p. 70.

治这个社会的霸权方式，它们都阻止着人们从生产力发展所带来的历史进步中走向人类真正自由的解放。在这个时代中，德波选择用景观来比喻这个世界，就是在告诉我们，这个世界是一个巨大的游乐场，我们捧着棒棒糖、坐在木马上，永远处在温和的规训中乖巧着生活。我们从未从这里走出过，我们从未长成成人。"童年？它就在这里啊！我们从来没有走出过童年。"①景观，不正是这个时代最好的比附吗？

二、景观的形而上学统治

景观社会，其实指的是景观成为资本主义主要生产方式的消费社会，它以大众媒介、景观的表演性图景作为资本主义推行商品消费的新手段，是资本主义从以生产为主导的自由竞争阶段转向以消费为主导的特定历史阶段。与过去物质生产占据主导地位的资本主义生产方式不同，在消费主义盛行的景观社会中，资本主义构建起了一个非暴力的形而上学统治体系，其特征就在于它主要不再依靠国家暴力机器和自上而下的意识形态来控制大众，而是依赖于每个个体在无意识的欲望层面对景观体系的盲从，来实现其独白式的景观形而上学统治。这就是德波在《景观社会》中指出的关于当代资本主义统治形式的新发现。资本主义通过广告、媒介、娱乐等景观图像中建构的对象性诱惑，无意识地支配了

---

① Guy Debord, "Critique de la séparation," *Œuvres*, Paris, Gallimard, 2006, p. 543.

人的欲望结构，从而垄断了人的生活。而在将个体塑造为主动追求消费符号的积极存在之后，正是个体无意识追逐虚假需要和异化存在的过程，才完成了景观的意识形态和分离的统治，才实现了景观对革命主体性、人与人之间真实的沟通与关联的彻底消灭。

（一）景观意识形态

在马克思主义关于意识形态的讨论中，意识形态一直都是资本主义为掩盖其历史起源、剥削性质的统治工具。而伴随着资本主义现实的不同发展，马克思主义逐渐从马克思的文本中发展出两条不同的意识形态讨论线索。一是在马克思所处的竞争资本主义时代中，意识形态被用来指认由经济基础所决定的、对社会关系的片面的观念反映，它作为国家统治的手段而具有一定的强制性和虚假性。二是在进入 20 世纪跨国资本主义的历史阶段后，意识形态更多地被认为不再表现为某种理论思想、阶级立场的灌输，而是采取了自下而上的、非国家性质的形式，往往是通过个体自发遵循意识形态的实践活动而获得其规训主体的意识形态目的。德波的景观意识形态正是继承了第二条线索的讨论，直指资本主义意识形态不再是为特定阶级辩护的观念体系，而是我们所经历的社会现实　　意识形态的现实，它具有不可辩驳的物质性和现实性。因为消费主义盛行的现代社会中，资本主义的意识形态，通过景观图像中的消费符号完成了对主体的塑造和建构，从而在主体自发服从的实践活动中实现了意识形态的物质性和合法性。

严格地说，马克思对意识形态的定义是非常明确的，那就是在经济基础决定之下所形成的上层建筑中，包括政治体系、法律体系、宗教等在内的内容体系：

> 随着经济基础的变更，全部庞大的上层建筑也或慢或快地发生
> 变革。在考察这些变革时，必须时刻把下面两者区别开来：一种是
> 生产的经济条件方面所发生的物质的、可以用自然科学的精确性指
> 明的变革，一种是人们借以意识到这个冲突并力求把它克服的那些
> 法律的、政治的、宗教的、艺术的或哲学的，简言之，意识形态的
> 形式。①

在这样的内涵限定下，意识形态其实具有两大特征：第一，意识形
态并非是指日常生活中的大众意识状态，而是国家"自上而下"的统治工
具，是统治阶级用于合法化自身的统治地位的思想体系；第二，作为统
治工具的意识形态具有一定程度的虚假性，它是统治阶级将自己的特殊
利益伪装成社会的普遍利益，旨在在法律、思想、道德等层面为其特殊
地位进行辩护。在马克思看来，那些政治经济学家们建构出的所有权、
财产、法律等理论体系，就是典型的资产阶级意识形态："从意识形态
角度来看更容易犯这种错误，因为……关于这种观念的永恒性即上述物
的依赖关系的永恒性的信念，统治阶级自然会千方百计地来加强、扶植
和灌输。"②

因此，在马克思的文本中，意识形态就是一个具有国家性质的概

---

① 《马克思恩格斯文集》第 2 卷，592 页，北京，人民出版社，2009。
② 《马克思恩格斯全集》第 30 卷，114 页，北京，人民出版社，1995。

念，它是通过自上而下、外在强制地控制人们的意识和行为，来服务于特定的统治阶级的思想体系。但是，从卢卡奇开始到阿尔都塞、德波，在他们眼中，马克思在《资本论》中还涉及了另一条符合组织化资本主义时代统治的意识形态线索。那就是通过个体自主的实践活动为中介以实现自身的意识形态，它是基于大众的物质行为而产生的自下而上、非国家性质的意识形态。

马克思在《资本论》中讨论拜物教问题时曾指出，资本主义的拜物教意识形态，并非是典型的法律、政治、宗教领域的资产阶级理论学说和思想体系，而是无数次的市场交换的客观实践中建构起来的"实在"，具有不同于话语体系的现实性和实证性。而且这种意识形态的"实在"，并不是说意识形态具有物质的可见外观而获得了一种现实的存在，而是指它是"一种当我们减去其意识形态构成时也不会瓦解的实在"①。因为拜物教的意识形态，不同于那些需要在法理层面上论证自身的思想体系，它具有一种神秘的性质，可以让人们在日常生活中"自觉地"遵守自由市场的诸种原则。在资本主义市场经济主导的日常生活中，无论不知不觉，还是后知后觉，人们总是"自觉地"在意识和实践中完成了对资本主义的商品、货币、资本拜物教逻辑的认同。正是由于人们在日常生活的实践活动中，不自觉地遵循着资产阶级意识形态来行动，才使后者获得了一种无可辩驳的现实性。

这条线索，在卢卡奇、阿尔都塞和德波那里得到了继承。

————————————

① ［斯洛文尼亚］斯拉沃热·齐泽克等：《图绘意识形态》，方杰译，20 页，南京，南京大学出版社，2002。

卢卡奇直接发挥了马克思拜物教问题的物化理论，认为伴随着资本主义社会的统一经济结构，特别是韦伯所指出的高度组织化的官僚资本主义经济结构的扩散，会直接生产出一种物化人们心理结构和行为的意识形态统治，"产生出一种——正式的——包括整个社会的统一的意识结构"①。葛兰西也指出，进入组织化资本主义的历史阶段，统治阶级的意识形态不仅仅是一种国家强制的统治，而更多是通过人们自觉认同的方式来实现其意识形态的霸权统治。而与德波写作《景观社会》同期的阿尔都塞，则提出了"意识形态的物质性"，又进一步揭示资本主义统治的手段从一种外在显性的强制灌输，转为内在隐性的微控手段。

阿尔都塞在《今天的马克思主义》（*Le Marxisme Aujourd'hui*）一文中，直接指出了马克思意识形态理论在当下的不足，那就是马克思从未放弃过将"陈旧的意识形态概念，即把意识形态当作是意识或观念的总和"②，从未成功讨论意识形态的"物质性"，也就是"隶属于国家的、作为意识形态统治形式的功能机器，在功能机器所指导的实践中实现的意识形态物质化"③。

在他看来，意识形态的物质性，主要体现在两个方面，第一就是意识形态通过教会、工会、媒体、学校等意识形态国家机器，具有了物质性的存在形式。不过，从某种程度上来说，阿尔都塞对意识形态国家机

---

① ［匈］卢卡奇：《历史与阶级意识——关于马克思主义辩证法的研究》，杜章智、任立、燕宏远译，163页，北京，商务印书馆，1992。

② Louis Althusser, "Le Marxisme Aujourd'hui," *Solitude de Machiavel*, Paris, Presses Universitaires de France, p. 305.

③ Ibid. , p. 305.

器的引入，还是保留了最初马克思提出的意识形态是一种自上而下的国家统治工具的内涵。第二，通过各种意识形态国家机器对个人主体的质询和建构，意识形态就不再是不可视不可触的意识存在，而是具有了一种物质存在，因为意识形态就存在于受意识形态国家机器支配的个体的物质实践之中。"他的观念就是他的物质的行为，这些行为嵌入物质的实践，这些实践受到物质的仪式的支配，而这些仪式本身又是由物质的意识形态机器来规定的——这个主体的观念就是从这些机器里产生出来的。"①

德波继承了卢卡奇-阿尔都塞的这条线索，在《景观社会》最后一章中，也提出了相同的"意识形态的物质化"的判断。

首先，德波和卢卡奇一样，强调了马克思在拜物教理论中呈现出的关于意识形态的第二条线索，那就是资本主义市场经济原则使人们自发地接受和实践其意识形态，资本主义意识形态实际上是依赖于个体自发实践活动的、自下而上的意识形态。德波基本上肯定了马克思在从商品拜物教而来的自下而上、依赖个体的自发行动的意识形态立场，认为景观的意识形态并非简单的空想意识，它本身就是"由于经济生产的自动化体系所带来的具体成功"②，所谓的景观意识形态，本质上就是资本主义商品经济过程的同质化结果。因为过去的资本主义还是通过在对工人阶级剩余劳动的强制压榨中尽可能地攫取剩余价值和财富，而今的景

---

① ［法］阿尔都塞：《哲学与政治：阿尔都塞读本》，陈越编译，359 页，吉林，吉林人民出版社，2003。

② ［法］居伊·德波：《景观社会》，张新木译，135 页，南京，南京大学出版社，2017。译文有改动。

观社会中，资本主义为了剩余价值最大化，直接根据利润最大化的原则，用来组织、塑造人们的需求、欲望和生活方式，从无意识层面深入实现了对人们的控制。

但是，德波并没有仅仅停留在马克思的拜物教意识形态的自发立场，而是指出当下的景观意识形态的统治策略在于——马克思时代的意识形态是通过拜物教的颠倒现实对人们加以"不可见的"价值关系的同化和引导，而今景观意识形态已经大张旗鼓地变成了"可见的"景观表象，铺天盖地地为主体呈现一种对象性的欲望符号（广告、宣传、时尚等），使人们自动地追随着这种"商品的人道主义"的消费和活动原则。

德波说，景观是什么？景观，作为"统性治经济的形象"①的再现，就是用"可见的"影像再现（被对象化了的欲望符号），来篡夺资本主义市场经济中"不可见的"价值关系的统治地位。它使"资本不再是领导生产方式的可见的核心"②，所谓景观的意识形态，也就是通过景观"可见的"感性图像，来人为地塑造所有人对社会生活的欲望和需求，成功地使人们无知无觉地生活在 一个被更为隐蔽地掩盖其阶级性、剥削性、贫困性的奴役社会中，达到其用意识形态粉饰太平的最终目的。

因此，景观意识形态的统治策略，也是其根本特征就在于，景观意识形态绝不是简单的空想或意识，而是景观用影像生活来直接建构人们的现实，彻底取代人们自由选择的其他真实生活的可能。德波把景观意

---

① ［法］居伊·德波：《景观社会》，张新木译，7 页，南京，南京大学出版社，2017。

② 同上书，25 页。

识形态直接参与到欲望的主体及其社会现实的生产和再生产过程，称之为"意识形态物质化"（la matérialisation de l'idéologie）。

当然，德波是承认，意识形态本质上确实是一个充满社会矛盾和历史冲突的阶级社会的思想基础，是一种关于现实的歪曲的意识反映。但和马克思一样，德波认为意识形态的虚假性不仅是认识论上的错误，而且是在忠实地再现社会现实的颠倒结构。现在，德波更进一步认为，景观意识形态，不仅歪曲地再现了颠倒的资本主义社会现实，还直接参与到颠倒现实的实践活动之中——景观意识形态中的影像生活，通过被引导的欲望的主体的接受和实践，直接成为了一种真实的社会现实构成，它"反过来又生产出一种真实的、变形的效应"①。

所以，虽然德波和阿尔都塞都使用了"意识形态物质化"的描述，但阿尔都塞的意识形态物质化是建立在意识形态国家机器的物质存在之上的，而德波则认为，根本不需要自上而下设立的意识形态国家机器对主体无意识的质询和建构，景观的意识形态物质化体现在，景观意识形态存在的唯一形式，就是它的现实性，就在于它直接等同于生产主体及其现实的效果。在这个意义上，景观意识形态完全超越了意识和存在、唯心主义和唯物主义的二元对立，它就是实证主义的现实本身，它只塑造它所认可和呈现的影像存在，"它几乎将社会现实和某种意识形态混为一体，这种意识形态能按其模式雕凿整个现实"②。

最后，德波大胆总结道，发展到了景观的物质化意识形态阶段，过

---

① ［法］居伊·德波：《景观社会》，张新木译，135页，南京，南京大学出版社，2017。译文有改动。

② 同上书，135页。

往"**各种意识形态**的历史已经结束"①。景观意识形态超越过往所有意识形体系之处，也是其统治的巧妙之处就在于，它是对资产阶级观念和意识的直接物化，而不再是需要争辩和夺取话语霸权的意识体系。

过去时代的意识形态，还在为掩盖其特殊的利益立场而吹嘘各种普世化的观念、理论和价值（资产阶级的自由、平等等范畴），而景观意识形态，则获得了"一种扁平的实证主义精确性：它不再是一个历史的选择，而是一个明晰的事实"②。因为景观意识形态的统治策略，是用景观图像伪造的虚假需求和虚假生活，否定和替代了人们真实的需求、生活和生命存在，"是针对生活的可见的**否定**"③。景观意识形态使虚假的影像生活成为现代社会人们的现实生活的唯一选项，使人们无所谓这是他人伪造还是真实需要，它才是迄今为止最"完美的意识形态"。相比于过去的任何一种特殊的意识形态模式，景观意识形态用虚假取代真实，它更能麻痹大众的批判性思维，掩盖现实社会的矛盾和冲突。

在这种"占位式"的统治策略下，没有人会再质疑景观意识形态在我们生活中传递的各种消费、生活的价值理念，它们成为了每个人自动追逐的唯一目标，同时也成为每个人用来审视他者和世界的唯一的认知原则。所以，德波戏称，景观的意识形态，"只能被设想为对一个'认识论基座'的认可，而这个基座则试图到达任何意识形态的彼处。物质化的

---

① ［法］居伊·德波：《景观社会》，张新木译，135页，南京，南京大学出版社，2017。

② 同上书，135页。译文有改动。

③ 同上书，6页。

意识形态本身就没有名称，也没有可宣布的历史纲领"①。对此，德波大胆宣布，景观的物质化意识形态，已经超越了过往一切具体的意识形态体系。

(二)分离的统治与主体的隐匿

"分离"，是德波《景观社会》第一章题目"完美的分离"(la séparation achevée)中的核心概念。单单从德波使用"分离"的情况直观地来看，分离在《景观社会》中总共出现了 30 次，在第一章中只出现了 6 次，而剩余的则比较均匀地分布在其余章节中。从这个使用情况来看，德波在使用"分离"的概念时，并未将其局限在某一特定的景观社会的侧面上，而是把"分离"看作对景观社会的整体性质的一般判断，在景观社会的时间、空间、历史等不同面向上都有所体现。因此，在这里分析德波的"分离"概念时，也不仅仅局限在《景观社会》的第一章"完美的分离"中来讨论，而是结合《景观社会》整个完整的文本，把"分离"看作景观社会对主体的新的统治方式。

德波在《景观社会》中提出的分离，乍看起来，似乎是马克思在《1844 年经济学哲学手稿》中提出的人本主义意义上的"异化"的现代翻版，主要是在描述现代人类活动中发生的主客体之间的对立与颠倒的社会现实，作为主体的人类丧失了对其产品、活动、生活的主导权，从而成为为后者奔波的奴仆。德波的分离，确实包含了异化的这层内涵，关

① ［法］居伊·德波：《景观社会》，张新木译，135 页，南京，南京大学出版社，2017。

于这一点，我们可以在德波的作品中看到很多明显的证据。

比如，青年马克思在描述异化劳动的四重表现时就指出了，在现实的资本主义社会中，原本用来展现人的类本质的劳动，不仅不能成为对劳动者本质的创造力量的证明，还颠倒地见证了人对其生产的劳动产品、劳动过程的所有权和主体性的丧失：

> 工人在劳动中耗费的力量越多，他亲手创造出来反对自身的、异己的对象世界的力量就越强大，他自身、他的内部世界就越贫乏，归他所有的东西就越少……这种活动越多，工人就越丧失对象。凡是成为他的劳动的产品的东西，就不再是他自身的东西。因为，这个产品越多，他自身的东西就越少，工人在他的产品中的**外化**，不仅意味着他的劳动成为对象，成为**外部的**存在，而且意味着他的劳动作为一种与他相异的东西不依赖于他而**在他之外**存在，并成为同他对立的独立力量；意味着他给予对象的生命是作为敌对的和相异的东西同他相对立。[①]

而在《景观社会》中，德波直接将马克思的这一段内容"异轨"来描述景观社会中劳动者与劳动产品、与他的生活之间的分离："有利于被凝视物体（该物体是观众自身无意识活动的结果）的观众异化可以这样表达：他越是凝视，看到的就越少……劳动者自己并不生产自己，而是生产一种独立的威力……尤其是他的生活现在已经成了他的产品，尤其是

---

① 《马恩斯恩格斯全集》第 3 卷，268 页，北京，人民出版社，2002。

他已经与自己的生活相分离。"①

　　细究起来，虽然马克思的异化和德波的分离，都指向了主体在资本主义社会中的被动性的现实，但追根究底，在抽象的人本主义逻辑背后，德波的分离，本质上是景观社会得以产生的现实基础，也是景观社会治理群众的现实组织和统治原则。

　　这里，分离是德波用来描述人类社会统治关系的哲学概念，而以消费为主要导向的资本主义时代的新的分离形式，它直接在人们的现实生活中建构起虚幻的景观图像的统治，即以景观图像中再现的对象性诱惑，对人们的现实生活进行引导和重构，将人们从其自由创造的真实生活的可能性中分离出来。这种分离关系的确立，就是景观社会得以发生的现实基础。

　　德波和范内格姆（他在《日常生活的革命》中也有一章以"分离"单独命名）都将分离，泛化地用来指认人类社会中发生的统治关系。比如，他们都认同，人类历史一直处在一种分离的状态中，包括奴隶社会中主人和奴隶之间的分离、阶级社会中资本家和劳动者的分离、宗教中上帝与信徒之间的分离，前者对后者的统治权力就是通过这种身份、地位的区分和隔离表现出来的。

　　在这里，当然也包括马克思所描述的资本主义社会中的分离，用德波的话说是"劳动的社会分工的建立，阶级的形成，曾经构筑起第一个神圣的凝视（contemplation sacrée），即任何权力从初始时就自行标榜的神秘秩序"②。这种分离体现在，资本主义通过其市场交换活动的普遍

---

　　①　［法］居伊・德波：《景观社会》，张新木译，14 页，南京，南京大学出版社，2017。

　　②　同上书，11 页。

化，在人们的社会生活中构成了一种"似自然"的社会规律，使得原本是人类社会关系的中介的商品、货币和资本，颠倒地成为统治人类行为的新的物神。马克思戏称这是一种新的宗教，即对商品、货币和资本的"拜物教"。

而德波说，景观社会的分离，是对这种宗教分离的"物质重构"或是说"尘世版本"。因为在宗教（包括马克思的拜物教）中，人类曾经将属于自身的权力分离出来当作是上帝（商品、货币、资本等新上帝）的力量，宗教就以上帝的幻觉颠倒地统治着人们。景观所做的是，将人类从自身分离出来托付给上帝的权力，重新分离出来交付给尘世生活中的景观图像而已，"景观是将人类权力流放到一个彼世的技术实现"①。用一句话来总结，景观社会的分离及其构成的统治关系，就是通过"非现实"的、"虚拟"的景观图像中的对象性诱惑，对人类现实生活进行引导和建构，从而将人们从其自由创造的真实生活的可能性中分离出来。

在马克思那里，他批判了资本主义现实的颠倒的物化结构，即人与人之间原本可以真实交往的社会关系，被统一替代为商品、货币等物与物之间的关系。但进入了以消费为核心的组织化资本主义阶段，也就是德波所说的景观社会，主导着人与人之间的关系和现实生活的不再是商品、货币、资本等物性存在，而是替代为景观图像中的对象性诱惑："在现实世界自行变成简单图像（simples images）的地方，这些简单图像就会变成真实的存在，变成某种催眠行为的有效动机。"②这就是在消费

---

① ［法］居伊·德波：《景观社会》，张新木译，9页，南京，南京大学出版社，2017。

② 同上书，8页。

时代中，资本开始尝试将自己生产出的、亟待被消费的商品（不仅是物性的劳动产品，也包括非物性的消费和生活观念），通过景观影像的对象性诱惑，转变成大众自己主动欲求的消费产品。

而当现实被景观的"非现实"图景取代，以扭曲的、片面的、只符合非理性的资本增殖的方式在塑造现实之时，人们的整个现实生活被景观图像重新统一起来，作为一种全新的"第二自然"统治着我们：

> 从生活的每个方面脱离出来的图像，正在融合到一个共同的进程中，而在这个进程中，这种生活的统一性不再能够得到恢复……世界图像的专业化已经完成，进入一个自主化的图像世界，在那里，虚假物已经在自欺欺人。而普通意义上的景观，作为生活的具体反转，成了非生者（non-vivant）的自主运动。①

在这个过程中，分离的统治关系就自然而然产生了，而景观社会的成立，正是建立在这种分离的现实基础之上的。那就是，在这个自主运动的图像世界中，景观图像顺利地将人类从其主动的创造和真实的经验中剥离出去，让自己成为主导人类生活的新上帝："这是所有人的具体生活，已经降级为**思辨性**世界的生活。"②景观社会将一切人可能创造的直接经验，都收编、转化成景观图像所代表的消费符号体系，个体不再可能自由实现他们自己的生活和经验，而只能凝视和接受资本主导的消

---

① ［法］居伊·德波：《景观社会》，张新木译，3 页，南京，南京大学出版社，2017。

② 同上书，9 页。

费图像和他者欲望。"他越是凝视，看到的就越少；他越是接受承认自己处于需求的主导图像中，就越是不能理解自己的存在和自己的欲望。"①

但是，德波并未停留在此，而是在其他章中继续深入，指出分离所代表的景观社会的统治关系，是资本主义治理群众的一种"非暴力""绥靖"的新统治方法，它在统治过程中具有更为广泛、更为多变的操作形式。

本来德波面对的现实就是从 19 世纪以生产为核心的竞争资本主义，转向 20 世纪以消费、信息技术为核心的组织化资本主义。在这一转变的背后，起着决定作用的是资本追逐自我增殖、利益最大化的非理性逻辑。过去在马克思的时代中，资本主要还是通过延长劳动者的工作时间来获取更多的绝对剩余价值，通过提高劳动生产率（分工协作机器大生产等组织方式）来获取更多的相对剩余价值。而资本攫取更多剩余价值，是一个尽可能压榨劳动者生产活动中的剩余价值空间的残暴过程。但进入 20 世纪之后，特别是消费社会兴起之后，资本规划开始以"非暴力"的方式深入人们在劳动之外的日常生活、心理意识、活动空间等，并且成功地塑造出丧失了主体性、革命性的消费群众，以稳固其现代统治。德波就将资本主义所采取的最新统治手段命名为"分离"，"资本主义经济的所有技术力量都应该被理解为是实施分离"②。景观分离的统治方式以人群为治理对象，可以分为下面两个步骤。

---

① ［法］居伊·德波：《景观社会》，张新木译，13 页，南京，南京大学出版社，2017。

② 同上书，108 页。

　　第一，将日常生活中的个体维持在"原子化的状态"下，将其塑造成主动追求消费符号的、虚假的个性存在。这个原子化的过程，德波认为，最先发生在生产劳动之中，它从人类社会建立起劳动的社会分工机制、划分出阶级的层级制度开始就已经存在了。在劳动社会分工的不断细化中，每个劳动者成了配合机器流水线的附属零件，只用来完成特定的某个生产动作的片段。他不仅与他生产出的产品隔离了开来，也与自己的生产活动相疏离，更不用说是人与人之间直接交流的分离，"随着劳动者及其产品的全面分离，失去的是关于已完成活动的任何统一观点，还有生产者之间任何直接的个人交际"[1]。

　　而人类社会发展到了景观社会，原子化过程并未减弱，更是从劳动的经验领域逐渐转移，延伸到了日常生活的非劳动、非活动的经验之中（这其实就是指劳动解放的休闲、购物、时尚、旅游等日常经验）；分离在劳动之外的日常生活中，打着"个性化"的旗号对个体进行原子化。

　　前面我们讨论"分离"之时，已经说道，资本通过景观影像的对象性诱惑把自己生产出的、亟待被消费的商品（不仅是物性的劳动产品，也包括非物性的消费和生活观念），转变成每个个体在劳动之外的日常生活中为确立自身个性而主动欲求的对象。"在其种种独特的形式下，如新闻或宣传、广告或消遣的直接消费，景观构成了社会上占主导地位的生活的现有**模式**。它是对生产中**已经做出**的选择的全方位肯定，也是对生产的相应消费。"[2]在丰裕的商品和消费社会中，每个个体都根据每日

---

　　① ［法］居伊·德波：《景观社会》，张新木译，12 页，南京，南京大学出版社，2017。

　　② 同上书，4 页。

在景观中更新的明星、时尚、生活方式中选择各式各样的消费产品，用来展示和标榜自己独特的个性。但这实则是消费社会制造出来的主体幻觉，所谓的个性只不过是在选择被资本刻意制造出来的商品与商品之间的量的差异，而并没有从商品社会的同一性的流水线生产中逃离出来，确立起自己质的存在。换到今天的消费现实中，就更好理解了，所有人都在拼了命地通过消费各种旅游胜地、高级时装、名牌标签来向世界展示，自己是一个如此独特而自由的个体。但事实是，"真正的消费者就这样变成了幻想的消费者。商品就是这种确确实实的真正幻觉，而景观则是这种幻觉的最普遍的形式"①。因为所有人都只是在对无数些许不同的商品符号进行排列组合，生产出来的只是资本主义棋盘上早就规划好的虚假的个性化而已："商品时间中就得承载虚假的评价，并且显示为一系列虚假的个性化时刻。"②这种虚假的个性化时刻，就是将劳动过程之外的日常生活中的个体，进一步塑造成嵌入在消费符号体系中具有虚假个性的原子而已。

第二，在将个体原子化分离的基础上，下一步操作就是进行"重新整合"。其实分离的过程，本身也是围绕着景观图景将原子化的个体重新整合为"伪-集体"（pseudo-collectivité）、"幻想的群体"（communauté illusoire）的过程。这实际上仍是分离，是让个体虚假联合起来的集体分离。为的是塑造出一群遵守资本主义社会规范的、无革命性的群氓，达到"完美的分离"——消灭革命的主体性，消灭主体之间真实的交流（关

---

① ［法］居伊·德波：《景观社会》，张新木译，24 页，南京，南京大学出版社，2017。译文有改动。

② 同上书，97 页。

于自由生命的交流，而非虚假的景观语言介入的交流），人们只是被动地参与到景观的消费图景中，而从主动地创造生活的主体性中被分离了出去。

在时间上，资本主义在休闲行业、时尚行业、服务业的第三产业中，将"假期的集体虚假旅行，文化消费的预订，还有'激情交谈'和'名人约会'等社会交往"[①]以集体的时间整块模式贩售给人群。在空间上，随着资本到处以工业化的形式来改造城乡的空间结构，到处都建起了互相隔离的工厂、住宅、文化等符合大众集体活动的区块。这些设置都是为了将原子化的个体们，通过标准化的时空组织起标准化的生活样式，安排在预先制定的队列中，重新整合为虚假联合、服从规范的群体。

而重新整合的目的就是为了更彻底的分离。那就是让人们从其生产和创造生活的主体性中隔离出去，永久地远离主体间关于自由、关于革命的真实的交流，使其在景观的现代梦境中继续作为自我阉割的奴隶沉睡下去。这就是德波的"分离"概念所要指认的根本内涵，分离是将主体隐匿，或者说是消灭主体，是将人们从其自由创造的真实生活的可能性中分离出来。

德波早在 1959 年创作并摄制的《分离批判》的电影作品中，就已经忠实地通过语言、画面记录了 20 世纪现代人失去了在他所在的世界、生活、事件中的主体性，"不幸的主体性颠倒为某种客观性"[②]，成为一

---

① ［法］居伊·德波：《景观社会》，张新木译，99 页，南京，南京大学出版社，2017。

② Guy Debord, "Critique de la séparation," *Œuvres*, Paris, Gallimard, 2006, p. 551.

个被动承受统治的旁观者。德波在剧本中写道，你们问到底什么才是分离啊？那就是我们生活得太快了，以至于人们"丢失了我自己""丢失了时间"①。

> 那些发生在被组织起来的个体生活中的事件——那些与我们现实相关的，而且要求我们参与进去的事件——都不过是让我们发现自己只是疏远的、无聊的、漠不关心的观众。②

而在《景观社会》中，德波更是直指主体性的分崩离析。在丰裕的商品社会中，作为从启蒙运动以来确立的理性和自由的主体，只能自由地选择接受景观中的虚假需要和现实中的商品序列，而无法自由选择"不选择"和"不服从"。因为景观，将一切人可能创造的直接经验，都收编、转化成景观图像所代表的消费符号体系，人们不再可能自由实现他们自己的生活和经验，而只能凝视和接受资本主导的消费图像和他者欲望。"他越是凝视，看到的就越少；他越是接受承认自己处于需求的主导图像中，就越是不能理解自己的存在和自己的欲望。"③人们被动地参与到景观的消费图景中，而从自己真实的欲望、主动地创造生活的能力中被分离了出去。这就是马尔库塞所说的，自由选择主人并没有使主人和奴

---

① Guy Debord, "Critique de la séparation," *Œuvres*, Paris, Gallimard, 2006, p. 548.

② Ibid. , pp. 549-550.

③ ［法］居伊·德波：《景观社会》，张新木译，13 页，南京，南京大学出版社，2017。

隶地位划分消失，我们仍然是匍匐在景观拜物教脚下的奴隶，自觉阉割了自己真实的欲望和自由。

这就更不用说主体之间非景观语言介入的真实交流了。在德波看来，对景观社会进行革命的前提条件，那就是要在作为主体的人之间建立起广泛的双向交流，那是关于自由、关于真实的生命体验的交流。早期情境主义国际的建构情境、漂移等活动，就是在有组织地不断实践如何自由解放生命，并互相交流和分享鲜活的生命经验，以获得继续进行日常生活革命的一致性。但在景观社会的分离统治下，人与人之间的交流，只是一种单向的、关于景观的无意义讨论。那无非就是关于金钱、时尚、旅游、消费的交际活动，人们绝不会关心如何体验真正的非景观统治的生活，即使一方存在这样的革命想法，也不会在景观社会中得到任何的回应。这种使用景观语言进行的伪交流，只不过是更方便地回应着景观社会对人的极权统治：“这种‘交流’主要还是**单边的**交流。结果是交流的集中会在现存体制的管理者手中积累一些手段，使得他们能够继续进行这个确定的治理。”①

所以，德波在《景观社会》，除了受到卢卡奇的影响将无产阶级当作历史的主体之外，他都没有另外使用过“主体”这个概念。他只是将生活在景观社会中的人们，命名为“观众”“消费者”，把他们的行动称呼为对景观秩序的“凝视”“不再属于他，而是属于向他表现动作的另一个人”②的活动。他只是忠实地向我们传递这样的信息，人的主体性早在景观的

① ［法］居伊·德波：《景观社会》，张新木译，11 页，南京，南京大学出版社，2017。译文有改动。

② 同上书，13—14 页。

分离统治中消失殆尽，同时消失的还有主体追求自由和实现自身的革命性。德波曾经形象地比喻过当下被从自身的主体性中隔离出来的"孤独人群"，他们只愿意选择提高生活质量的垃圾分类桶，而不是自己创造自由生活的热情。这样在日常生活中服从于景观统治的人群，从肉体到心理，都精准地服从于景观消费的号令，过着千篇一律的生活。

(三)景观时间：静止的伪循环与解放的可能性

马克思在政治经济学批判中赋予了"时间"以双重的哲学意义。第一重是批判意义，那就是将"时间"看作衡量作为活劳动的工人创造多少价值的标准，因而马克思区分出社会必要劳动时间和剩余劳动时间，来直观地揭露资本对活劳动的剥削性质。因为在必要劳动时间内，工人生产出的是维系其必要生活资料的价值，而在剩余劳动时间内工人生产出了剩余价值，资本家正是通过看似平等的合同买断了工人在所有劳动时间内创造出的所有价值，从而无偿占有了剩余劳动时间中的剩余价值。第二重是革命解放的意义，就是把工人是否能够，以及如何自由支配其时间，看作未来人类解放和自由发展的衡量标准之一。"在资本主义社会中，一个阶级享有自由时间，是由于群众的全部生活时间都转化为劳动时间了。"[1]只有在推翻了资本主义社会的共产主义未来里，人们才可能摆脱"必要性和外在目的规定要做的劳动"[2]，尽可能压缩用于物质生产的劳动时间，将更多的时间用来全面发展人的各种本质，从事科学、艺

---

① 《马克思恩格斯全集》第 44 卷，605—606 页，北京，人民出版社，2001。

② 《马克思恩格斯全集》第 46 卷，928 页，北京，人民出版社，2003。

术等精神性的活动。

而德波基本上全盘接受了马克思关于"时间"的两重规定，并更进一步把"时间"看作与劳动力一样，也是统治阶级盘剥被统治阶级的对象。在马克思那里，时间是用来衡量资本对活劳动的剩余价值无偿占有的指标，而到了德波这里，他直接将时间看作和活劳动创造的剩余价值一样，人所经历的时间本身就是资本对人的生命价值进行盘剥的对象。而新的革命，就在于恢复人对历史时间的自由支配权力。于是，德波就在《景观社会》的第五章和第六章中，以"时间""时间剩余价值""不可逆时间"等范畴为轴心，重新回顾了马克思所描述的人类历史发展的不同阶段，凸显景观社会的伪循环的可消费时间，是如何将人们再次驯服在动物性的循环时间中，吞噬了人在历史时间中创造自身的潜在能力和真实存在。

第一阶段，是从原始社会到农业社会的前资本主义社会。

在原始社会和农业生产占据主导地位的社会中，人们的生产和生活方式是和自然的四季循环相关联，表现为一种永恒的循环，"通常的农业生产方式，由四季的节奏主导着，它是构造完整的循环时间的基础。永久是它内在的本质：人世间都是相同物的回归"①。循环性和永久性，这些构成了人们此时所能体验的时间的本质。但是同时，时间开始获得一种社会性的维度，那就是伴随着具有统治权力的阶级的诞生，他们不仅剥削着被统治阶级的剩余价值，同时也占有了其"时间剩余价值"

—————————

① ［法］居伊·德波：《景观社会》，张新木译，82 页，南京，南京大学出版社，2017。

(plus-value temporelle)。"在循环时间的社会匮乏之上构成的权力，组织社会生产并且占有有限剩余价值的阶级，同样占有了其社会时间组织的**时间剩余价值**：只有这个阶级拥有着生者不可逆转的时间。"[1]这不仅是因为社会开始成功地生产出更多的剩余物品，而且也同时生产出了更多的支配自由时间的可能，使得少数的统治者能够摆脱循环的劳作时间，用于奢侈的节日、冒险和战争等对时间的挥霍。甚至，统治阶级们形成了对历史时间的私有制，通过文字、档案等来记载、管理和传播某种特定的历史记忆，"**历史的持有者**给时间设置了**一个方向**：一个方向同样也是一个意义"[2]。每一个帝国所把持的编年史，就是统治阶级私有化历史时间的体现。德波称这种摆脱了劳作时间的自然循环的历史时间为"不可逆时间"(le temps irréversible)。

德波提出的不可逆时间，也就是真正的历史时间，实际上等同于马克思所说的人类解放的自由时间。在德波看来，不可逆的时间是流动的、不再重复的当下，因此能够拥有不可逆的时间的人，才得以其中不断创造每个瞬间独一无二的质性，释放生命本源的能量。倒过来说，人的真正本质或是说人性的实现，只可能是在人完全摆脱了动物性的循环时间之后，只可能是人在意识，并自由支配着历史的、不可逆的时间之中。那是自由的、独一无二的、每一刻都不再机械重复的时间，人可以在每一时刻的创造密度中，真正赋予时间属于自己的生命印记。

---

① ［法］居伊·德波：《景观社会》，张新木译，82 页，南京，南京大学出版社，2017。

② 同上书，84 页。

回到德波此时所说的前资本主义社会中。德波说，被统治阶级经历的循环时间与统治阶级在剥削基础上享有的自由的、不可逆的时间，构成了前资本主义社会的对立的主要矛盾。因为，在被统治阶级私有化的不可逆的历史时间之外，深层劳作的社会时间是永恒不变的，被统治阶级仍然停留在纯粹的自然循环的时间之中。德波还接着分析道，欧洲漫长的中世纪时期，就是延续了这个循环时间与不可逆时间之间的社会矛盾。一方面，在基督教一神论的宗教中，不可逆的时间体现在等待末日救赎的、倒数计时的形式中；宗教的朝圣者还带着宗教的信仰真正走出了循环时间、体验不可逆时间，"某种不可逆的时间性在每个个体的连续生命中得到认可。生命被看作一场单行的**旅行**，其意义可以在世界的各个地方获得"①。但是另一方面，宗教仍然混带着对具体的历史时间的贬低，将历史生活仅仅看作末日救赎的准备而已，"通过正在流逝的时间，我们将进入不再流逝的永恒"②。

那么，接下来第二阶段的资本主义社会，正是打破了这种矛盾的僵局，将不可逆的历史时间大众化、普及化，使普罗大众的劳动者，而不是少数统治阶级也能够摆脱自然劳作时间的循环，辨识出自己才是历史时间的缔造者，更多地接触到锻造革命的自由时间和历史生活的丰富可能性。

"资产阶级的胜利是**深度历史**时间（temps profondément historique）

---

① ［法］居伊·德波：《景观社会》，张新木译，87 页，南京，南京大学出版社，2017。译文有改动。

② 同上书，87 页。

的胜利，因为它是持久和彻底地改造社会的经济生产的时间。"①正如德波所说，资本主义商品经济，不仅彻底地改造了人们社会生产和交往的组织形式，而且还彻底地变革了人们的时间经验。在过去，自由的、不可逆的时间是"作为统治阶级个人唯一运动的历史，因此也是被写成事件的历史，它现在已经被理解成**普遍的运动**"②。因为伴随着商品经济对人们生活的入侵，经济发展使不可逆时间从奢侈稀有品走向每个人都可以日常消费的产品。过去人们还是在体验着受自然循环支配的时间，现在它转身变成了通过秒表、计数器等等量计算的工业时间，是一种全球各地、每时每刻、每个人那里都得以平等共享、同步计时的时间。这个抽象平等的时间，就不再是回到同一个类似末世、彼岸这样的时间节点之上，而是不断向前积累的历史时间。

由此，这是人类历史上第一次，伴随着社会生产方式的根本变革和商品生产的世界化，生产出了一种全球市场共同同步的历史时间："伴随着资本主义的发展，不可逆时间得到**世界性的统一**。世界的历史已经变成一个现实，因为全世界都集合在这个时间的进展中。"③更为重要的是，作为被统治阶级的劳动者，不再被完全隔离在统治阶级独享的自由和历史时间之外，而是第一次真正意识到自己才是社会物质生产和历史时间的缔造者。"作为社会基础的劳动者，他在物质上第一次不再是**历**

---

① ［法］居伊·德波：《景观社会》，张新木译，91 页，南京，南京大学出版社，2017。

② 同上书，91 页。

③ 同上书，93 页。

史的陌生客**，因为正是现在，社会通过其基础以不可逆的方式运动起来。"①德波认为，资产阶级革命对社会生产方式和时间的深度改造，其最大的革命意义就在于，无产阶级得以真正觉醒，在认识到自己具备着创造历史时间的革命性力量之后，才可能找到创造新的历史生活和革命时刻的可能性。

　　但是，德波指出，即使在资本主义社会中，也就是德波的"景观社会"中，大部分人还是被循环的、停滞的自然时间所吞噬，几乎是处在一种"动物性"的生活状态中。因为，劳动者虽然摆脱了过去"日出而作、日落而息"的自然循环时间，也与过去的少数统治者一样获得了体验自由的历史时间的可能性，但却陷入了另一种工业生产的"伪循环时间"。这种"伪"，不再是真假好坏对立的价值意义上的伪，不是说去掉了"伪"的循环时间就是好的，而是这种循环时间是"人为"、工业生产的意思。实际上，过去的自然循环时间和资产阶级工业生产的伪循环时间，都被德波视为人类处在失去历史时间意识的动物性状态。这就是"景观时间"，是我们身处在景观统治下的静止的、虚幻的、比过去的自然循环时间更难以打破的伪循环时间。

　　什么是景观时间呢？德波在《景观社会》第六章中非常明确地指出，景观时间就是"可消费的伪循环时间"。

　　所谓"伪循环"，是因为之前所说的资产阶级革命所带的不可逆时间的全面胜利，本质上依靠的是它作为**"事物时间"**（temps des choses）的

---

　　①　［法］居伊·德波：《景观社会》，张新木译，92 页，南京，南京大学出版社，2017。

统治，也就是依靠作为事物的商品生产的全面铺展，"它胜利的武器恰恰就是依照商品法则的物品的系列生产"①。也就是说，可等量计算的钟表时间，本来就是资产阶级生产方式中商品经济可交换的同质性原则在时间上的延伸，它替代了过去的自然时间的循环秩序，建构了另一个独立的，但也具备了"循环"特点的伪循环时间。"伪循环时间既从循环时间的自然踪迹中获得支撑，又构成了循环时间的新的同类组合：白昼与黑夜，工作与周末，假期的回归等。"②

而这个人为制造的伪循环的景观时间，恰恰是被工业改造过的可消费时间。在德波看来，在景观社会中，时间已经彻底成为了一种商品，它和其他被商品化的物品一样，都失去了为人自由发展服务的使用价值，而屈服于市场经济的交换价值。这其实就是指资本主义社会为了最大限度地使商品被消费，而人为制造出了所谓的"闲暇时间"。它虽然是在人们的劳动时间之外，但却并未服务于人们的自由发展和休息享乐，而是被征用为消费时间——在这段非劳作时间中，人们所有的休闲活动都是为了有效地促进资本主义商品的生产、消费和再生产。"现代社会的全部可消费时间，都被当作新产品的原料来处理，而多种多样的新产品自立于市场，充当着社会中组织的时间使用。"③最直观的例子就是，德波说消费社会中兴起的服务业、旅游业、休闲行业，就是资本主义将人们原本在劳动时间外可自由支配的闲暇时间，都转化为统一消费的商

---

① ［法］居伊·德波：《景观社会》，张新木译，92 页，南京，南京大学出版社，2017。译文有改动。

② 同上书，98 页。

③ 同上书，98 页。

品，让人们在文化消费、集体旅游、电视购物、名人会面等景观商品消费的活动中，将自己的闲暇时间都拱手交出成为了商品消费支配的可消费时间。到头来，并不是人类在自由时间中选择各种物品来满足自己的全面发展（一如马克思曾期盼的那样，上午打鱼下午研究），而是倒过来资本主义商品经济肆意占有和消费了我们的自由时间。

可消费的伪循环时间，是一个伪循环，但真静止的历史时间。

从表面上看，人们生活在白昼与黑夜、工作与周末、劳动与节日的人为制造的循环时间中，但实际上是完全屈从于景观抽象的可消费时间。人们在生活中真实经历的时间，都被转化为服从景观影像统治的消费时间，消费着统一的景观影像中的商品，那里堆积着五花八门却别无二致的电视、广告、时尚和新闻。它们似乎每日都在不断更新和创造新的潮流，却只是不断用各种猎奇元素来实现资本增殖必需的消费指标。在这里，并没有实现不同的个体的自由本质，而只实现了资本增殖的一致性。马克思曾经说过，对生产者的生产资料、劳动工具的暴力占有（圈地运动等），是资本主义血腥确立自身的社会历史前提。那么，在德波看来，同样地，景观社会的确立，就在于把劳动者变成商品时间的自由的生产者和消费者，其"先决条件就是对**他们时间的暴力征用（**expropriation violent de leur temps**）。只有从这个对生产者的初次剥夺出发，时间的景观回归才成为可能**"①。在人们变成商品时间的自由生产者和消费者之后，无论是在生产还是在消费中，人们所经历的时间，都成了

---

① ［法］居伊·德波：《景观社会》，张新木译，101 页，南京，南京大学出版社，2017。

统一的景观影像和广告的堆积，堆积着自行向人们展示的电视和广告、休闲和假期、庆典和节日，别无二致，"物品生产过程中总是新鲜的东西在消费中并不存在，消费仍然是同一物品的扩展性回归"①。

可消费的伪循环时间，也是一个可消费，但只静观的历史时间。

前面已经说道，德波之所以会认为景观时间，和过去的自然循环时间一样都具有循环的特点，不仅是因为景观时间制造了一个"第二自然"的白昼黑夜、劳作休息的新循环时间，更是因为德波认为，在景观的可消费的伪循环时间中，人们和原始社会、农业社会时期一样，仍然处于一种动物性的服从状态中，丧失了原本属于人自身的创造历史时间的主体性。过去的人们，丧失了书写自己生产和创造的历史的权力，将其拱手让给少数的统治者成为特权阶级书写的皇家编年史；而今，人们再一次丧失了创造历史时间的主体性，只有景观虚假建构的历史和记忆。"景观，作为现存的社会组织，是历史和记忆瘫痪的组织，是对历史时间基础上树立起来的历史的放弃，它是**时间的虚假意识**（fausse conscience du temps）。"②

这些景观影像，将人们的自由时间都一一转化为只能被人们"静观"和接受的可消费时间的同时，实际上是侵吞了人们创造历史时间、不可逆时间的所有可能性和真实性。在这样的情况中，个人生活完全丧失了历史性、价值性和尊严感。因为个体根本不具备将他自己个体的生活和集体的生活联合起来的方式，也不具备能够赋予这种生活更多的意义的

①　[法]居伊·德波：《景观社会》，张新木译，100 页，南京，南京大学出版社，2017。

②　同上书，101 页。

方法。"这个被分离的日常生活的个人体验，没有语言，没有概念，没有到达其自身过去的关键途径，这个过去没有寄存于任何地方。这个体验并不交流。它不被人们所理解，而是被人们遗忘，以利于不可纪念物的虚假的景观记忆。"①

其实，德波归根结底是赋予了时间以一种"存在主义"或者说"人本主义"的价值悬设，作为突破景观的伪循环时间的缺口。张一兵教授在《虚假存在与景观时间》②中曾准确地指出，德波对时间进行了一个隐性的价值悬设，即时间应该是对应着人的真实的生命存在的不可逆时间。这个判断是十分准确的。德波一生都对流逝的、充满生命张力的时间有着惊人的迷恋，"对时间的流逝的感觉，一直对我来说是十分鲜活的，我一直被它所吸引"③。

德波所追求的真正的时间，既不是前资本主义社会中的自然和动物性的时间，也不是商品生产和消费所人为建构的线性和不可逆时间。真正的不可逆时间，应该是历史的、流动的时间，只有不断自我创造的人才可能拥有。这种历史时间的特点在于"质性的断裂、不可恢复的选择、不会再回来的机会"④，它还原了人不应被约束的生命能量和情感张力，

---

① ［法］居伊·德波：《景观社会》，张新木译，101 页，南京，南京大学出版社，2017。

② 张一兵：《虚假存在与景观时间——德波〈景观社会〉的文本学解读》，载《江苏社会科学》2005 年第 6 期。

③ Guy Debord，"In girum imus nocte et consumimur igni，" *Œuvres*，Paris，Gallimard，2006，pp. 1397-1398.

④ Guy Debord，"La véritable scission dans l'Internationale，" *Œuvres*，Paris，Gallimard，2006，p. 1110.

“生命的主要情感张力，在欲望和敌对欲望的现实之间的永久冲突后，是对时间流逝的感知”①。

所以，德波才在《景观社会》第五章开篇就异轨了黑格尔的名句：“人，这个否定性的存在，他唯一的能耐就是消除存在。”②德波引用这句话就是想要说明，人的本质，根本不是一种既定的存在，而是人在时间中的自我创造的结果。德波相信，人的真正本质或是说人性的实现，只可能是在人完全摆脱了动物性的循环时间后，只可能是人在意识到什么是历史的、不再回复的时间后，人才能够完全占有历史时间，那是自由的、独一无二的、真正属于人的创造的不可逆时间。情境主义国际中德波青睐的情境、热情、日常生活革命的建构，还包括我们即将看到的德波提倡的“工人委员会”等组织，都是用来达及这种独一无二、值得让人难以忘怀的历史时间的方法，这也是景观伪循环的消费时间所否认的时间。

---

① Guy Debord, "Rapport sur la construction des situations," *Œuvres*, Paris, Gallimard, 2006, p. 327.

② ［法］居伊·德波：《景观社会》，张新木译，81 页，南京，南京大学出版社，2017。译文有改动。

第五章

激进哲学终曲：从无产阶级革命到综合景观批判

1968 年以五月风暴为标志的左派革命实践，是德波激进哲学的巅峰。因为德波在 1968 年的五月风暴中，将激进的理论批判与无产阶级革命实践真正结合在了一起。在"社会主义或野蛮"的影响下，德波在 1968 年五月风暴中的无产阶级革命实践中，改造了传统马克思主义无产阶级革命纲领和革命组织形式，提出了直接民主的工人委员会和只可能在革命实践中逐步生成"即时在场"的无产阶级。

但在 1968 年五月风暴昙花一现的悲壮失败下，德波的激进哲学也随之丧失了实践革命的现实可能性，走向了末路。面对着 1988 年前后全球左翼运动失利的情况，德波只能将反对景观社会统治的无产阶级革命议程，替代为生态主义批判、综合景观、恐怖主义、秘密社会的"纸上谈兵"，来回应当代资本主义现实。而其中最为重要的综合景观范畴，是德波在他自己的激进哲学中发出的最后一点"噪声"。它既昭示出 90 年代全球左翼运动的低潮，也象征着德波的激进哲学和革命实践的结局。

一、后斯大林时代下的无产阶级解放议程

作为指导全人类解放的马克思主义，理论和实践、批判与革命，一直都是其题中之义。但进入 20 世纪以来，特别是后斯大林时代以来，马克思主义在西方就一直面临着理论无法回应现实、与革命实践相脱离的问题。而德波从未想要像萨特、列斐伏尔等左派知识分子那样，形成关于现代资本主义社会的内在生产机制的理论体系。根本上是因为，德波从来就将革命实践置于理论构建之上，理论思考从来都是为了服务于革命实践。德波的态度非常明确，只有在现实层面中点起革命与反抗的星星之火，才有可能边打边掌握逻辑，直至形成革命战略，而绝不是反过来永无止境地"等待戈多"。

因此，德波直接参加了 1968 年的五月风暴运动，这也是 20 世纪欧洲左派革命运动最接近胜利的巅峰时刻。德波一方面在《景观社会》中对马克思主义思想史和无产阶级斗争史进行了误读，为其所倡导的革命实践优先性提供合法性。并且在"社会主义或野蛮"的影响下，肯定了他们提出的新的革命组织和革命主体，那就是废除等级制、官僚制度的直接民主的工人委员会，和只可能在革命实践中逐步生成、"即时在场"的

无产阶级。这场声势浩大的政治革命运动，体现出艺术与政治相融合、日常生活革命、无产阶级主体变化等特征。这与其说是左派革命走向了与文化、艺术调情的"剑走偏锋"，倒不如说是时代本身提供了新的革命形式和主体的现实可能性，预示着"后马克思"思潮的某些主题。

（一）后斯大林时代的左派困境与误读马克思主义：革命实践先于理论认识

斯大林去世之后，1956 年在欧洲社会主义国家中爆发的波兰波兹南六月事件、匈牙利十月事件，暴露了苏联在向其他国家输出社会主义国家模式时的种种问题。这也是国际无产阶级运动在经历了 1917 年俄国十月革命掀起的高潮之后，逐渐走入矛盾和冲突的历史阶段。而法国共产党一方面沿用了守旧的、保守的工人政治路线，脱节于现实中反殖民、支持第三世界权益的欧洲工人运动，越来越无法代表工人利益；另一方面，法国共产党绝对服从着莫斯科的命令，不断试图压制法国国内对苏联意识形态和统治的异议，越来越失去了法国知识分子的支持。

正是在苏联的僵化意识形态、法国共产党的守旧主义的现实情况下，法国马克思主义者经历了激烈的分化、矛盾和对立。一方面是以阿尔都塞为代表的马克思主义传统知识分子，在《保卫马克思》中用"历史唯物主义是一个无主体的过程"来压制个体对苏联官僚体制和意识形态统治的反抗，以便维护法国共产党的地位和正统马克思主义的科学性；另一方面是列斐伏尔、利奥塔、梅洛-庞蒂等知识分子相继离开法国共产党，转而反思和批评苏联及法国共产党所代表的正统马克思主义，批评他们对工人运动造成的阻碍、对马克思主义的意识形态歪曲等。

但是，这批西方马克思主义者，他们实际上都被同一个现实的双重困境所禁锢。那就是，他们虽然在理论上通过存在主义、精神分析、结构主义等理论资源的中介，对马克思主义批判理论进行了当代的发展和补充。但是在革命实践上，他们无法回应理论脱离阶级斗争、革命实践的尴尬境地。

对此，在前面的章节内容中，我们已经看到，德波对于马克思主义理论的革新态度是十分了然的，那就是根据新的社会历史现实，必要地修正马克思主义的理论内容，才是真正地坚持马克思主义的内在批判精神。对他来说，这种理论上的改动是否忠实于马克思主义，这首先不是一个理论问题，而根本上是一个实践问题。"提醒人们注意，这种理论性的存在在其本身中什么都不是，只有通过历史的行动和**历史的校正**才能被人们认识，而历史的校正才是它真正的忠诚。"①也就是说，对德波来说，理论的意义从来就不在于其自身的逻辑性或科学性，而在于理论是否能够准确地把捉社会历史现实的变动，并且在历史的行动中检验其正确性。也就是"实践是检验真理的唯一标准"，但德波的这个实践，是具有限定性的，是反抗资本主义社会的革命实践而非其他。

由此，德波将先锋艺术中对实践非异化的存在方式的重视，转向了在政治领域中革命实践高于理论建构的坚持。正是从这个原则出发，在《景观社会》中对马克思主义思想史和无产阶级斗争史的回顾中，德波对马克思创立的马克思主义进行了误读，从而为其所倡导的革命实践优先

---

① ［法］居伊·德波：《景观社会》，张新木译，131 页，南京，南京大学出版社，2017。译文有改动。

性提供合法性。

总体来说，德波认为马克思主义自诞生以来，就没有真正实现过革命理论和革命实践的统一。因而，马克思才会使用生产方式的历史图式，来为无产阶级革命的必然到来提供保障。这却在恩格斯、列宁等后继者那里，被狭隘地发展成了等待革命到来的经济决定论和政治保守主义，成为了一种阻碍革命的意识形态，使得革命理论和实践统一的可能性越来越小。德波和情境主义国际者们，就是想要真正实现革命理论与实践的统一，彻底地完成马克思主义。在这里，德波其实非常激进，他质疑的实际上是从第二国际以来对马克思主义政治理论、国家理论的后续建构。德波的这种激进的且不恰当的误读，虽然没有看到在马克思主义揭示的资本主义生产发展的现实运动内部中，必然会产生出革命的可能性和无产阶级的历史主体的客观历史逻辑，但却被用来为德波和情境主义国际所呼吁的直接革命的实践原则、无产阶级的直接介入正名。具体来说：

首先，德波认为，马克思在创立马克思主义之时，就由于主、客观两大因素，并没有解决革命理论如何转化为革命实践的根本问题。从主观角度来看，"马克思在大英图书馆里、通过与世隔绝的学术研究来捍卫和修改革命理论，这就会导致理论本身的缺陷"①。而在马克思所处的 19 世纪，无产阶级运动的现实也并未向马克思提供更多成功的经验。1848 年德国西里西亚纺织工人起义仅仅维系了短短的数日便被镇压；

---

① ［法］居伊·德波：《景观社会》，张新木译，50 页，南京，南京大学出版社，2017。译文有改动。

1871 年的巴黎公社被马克思视为对共产主义理论的有力的现实证明，也由于法国无产阶级处于孤立无援的境地而被围剿终告失败。因此，德波认为，由于马克思所处时代的无产阶级革命斗争的现实缺陷，导致了马克思创立的马克思主义在"关于工人阶级发展前途的科学证明，还有与这些结论相结合的组织实践"①方面存在不足，并没有解决革命理论如何转化为革命实践的根本问题，尚未完全实现自身。这当然就是德波认为情境主义国际应该帮助马克思主义在实践中彻底实现自身的地方。

其次，德波认为，恰恰是由于马克思当时并没有成功将理论成功转化为革命实践，马克思本人才会为了提供无产阶级革命必然会发生的证明，引入了经济决定论的科学主义内容来做保障：

> 早从《共产党宣言》时起，马克思就通过展现不断重复的黑暗的过去，来证明无产阶级政权的合法性，马克思就将他的思想简化为一种生产方式发展的线性序列，而生产方式的发展是由阶级斗争推动的，阶级斗争的最终结果无一例外就是"全体社会的革命改造或斗争中各阶级的共同毁灭"。②

但是，在德波眼中，马克思在《政治经济学批判》《资本论》等中描述资本主义社会生产力和生产关系的内在矛盾的客观规律等内容，是受到了现代科学影响的科学决定论内容，但它并没有解决革命理论如何转化

---

① ［法］居伊·德波：《景观社会》，张新木译，50 页，南京，南京大学出版社，2017。译文有改动。

② 同上书，50—51 页。译文有改动。

为实践、无产阶级运动如何在现实中被组织起来的问题。这已经是德波对马克思主义理论的误读了。

而在德波看来，马克思在创立马克思主义时遗留下来的这个局限性，就更加误导了第二国际、列宁等马克思主义者。后者无意识地认同和深化了经济决定论，导致 20 世纪无产阶级革命认识和实践之间越来越大的落差，以及无产阶级主体的逐渐消亡。

> 马克思思想中的科学决定论内容，使马克思主义容易被"意识形态化"，在他活着时是这样，在他留给工人运动的理论遗产中更是这样。历史主体的到来持续被延后，那么最完美的历史科学，即经济学，才能越来越成为对未来它必然否定自身的保障……然而由于这种做法，革命的实践，这个否定的唯一真理的当事人，被推到了理论视域之外。相对地，就必须耐心研究一下经济的发展。①

换言之，从整个马克思主义思想史来看，德波认为，这是马克思不该开启的循环。在现实中，越是缺乏革命的实践依据，革命的主体越是在现实中延后到来，马克思及马克思主义拥护者，就越是拼命想要借用政治经济学的科学理论来提供革命必然会发生的保障。而在理论上，越是依赖于经济决定论，那么，革命实践和革命主体就越是不被马克思主义者所重视，现实中的革命的可能性就越来越小，循环往复。

---

① ［法］居伊·德波：《景观社会》，张新木译，49 页，南京，南京大学出版社，2017。译文有改动。

　　建立在理论缺陷之上的工人运动的组织形式，反过来又倾向于禁止人们维持统一的理论，将其分解为特殊的和碎片式的不同知识。当自发的工人斗争提供了实践检验真理的机会时，理论的这种意识形态异化，就不再可能在检验真理的实践中辨认出它已经背离的统一的历史思想。①

　　但也必须看到，德波并未因此而苛责，甚至反对马克思。而是在马克思的书信中观察到，马克思对自身理论的不足之处是有着清醒的批判意识的，只是这是时代局限性下他的力所不能及处：

　　如果说马克思在其参与无产阶级斗争的特定时期，曾经过分地期待于科学预见，以至于创立了其经济主义幻想的知识基础，但众所周知，他个人并没有屈从于幻想。在 1867 年 10 月 7 日那封著名的信件中，附着一篇他自己批判《资本论》的文章，恩格斯将这篇文章发表在刊物上，仿佛这篇文章出自一位政敌之手，马克思在文中清楚地展示了他自己科学的局限性："……作者的主观倾向（可能是其政治立场或他的过去强加于他的），也就是说他看待和呈现当今运动和社会进程的方式，与他的真正的分析没有任何关系。"②

---

　　① ［法］居伊·德波：《景观社会》，张新木译，53 页，南京，南京大学出版社，2017。译文有改动。

　　② 同上书，52 页。译文有改动。

那么，理所当然，马克思未来得及完成的马克思主义理论与实践的统一，就是德波和情境主义国际这批马克思主义激进分子的历史任务和终极目标了。所以，他们需要寻找当下反抗资本主义现实的斗争主体，以及新的革命形式来在革命实践中真正完成马克思主义。

最后必须要说明的是，德波由于，一是认同且接续了极左派组织"社会主义或野蛮"对苏联斯大林体制的激烈批判，二是为了给自己的以革命实践为第一性的革命立场寻找马克思主义体系内的合法性地位，这就决定了他对马克思主义对资本主义批判的误解和"结构性失明"。马克思主义当然并不是一种对革命的宗教式的预言。马克思主义的科学性，并不在于它是否能够精准地预测资本主义危机何时爆发、无产阶级革命何时胜利，甚至成为指导无产阶级革命的战略圣经，而是在于，马克思从现象深入本质，揭示了资本主义生产发展的客观历史逻辑，其中必然会从其内部现实运动中产生革命的可能性和无产阶级的历史主体。1848年欧洲革命的失败，也让马克思和恩格斯认识到了无产阶级在现实革命中存在着观念意识上的保守和落后，但是马克思更加清楚的是，不能仅停留在现实经验的表象之上，必须认识到，在资本主义的内在矛盾尚未在现实中充分展开自身之前，无论是资产阶级还是无产阶级，这些资本主义生产过程的当事人是不可能意识到自身的革命性和主体性的，是必然会拜倒在日常生活中的商品、货币和资本拜物教之下的。但是，由于德波、情境主义国际这批激进分子，是从斗争经验、也是更为主观的角度出来衡量马克思主义的真理性，因而决定了他们必然不会看到马克思主义历史唯物主义对资本主义内在运动从现实到本质的客观分析，也无法去等待马克思主义所说的无产阶级革命的必然到来。他们根本上是要将革命的主动权拿回到自己的手中，回到他们所信仰的在总体异化的现实条件下，必将爆发的无产阶级革命的实践中。

（二）寻找新的革命及其组织形式

德波干脆利落地回答了一直困扰着 20 世纪西方马克思主义者的"实践"难题，认为作为社会革命理论的马克思主义，其真理性质就在于是否能在日常生活的革命运动中自证其能；它理应在现实中实现其革命性，而不再只是停留在斯大林时期的科学社会主义的抽象字句。那么，落在德波和情境主义国际者身上的历史任务，就是如何找到一场新的革命和切实可行的革命的组织形式。对此，德波不仅提出要发动一场日常生活的总体革命，也不断寻求创造一个反等级制、反领导制、跨领域、国际性的新革命组织，真正实现与各个革命组织的横向的、平等的、民主的联合，来发动一场新的对抗资本主义世界的革命。

和马尔库塞、列斐伏尔等同时代的西方马克思主义者一样，德波也要求发起日常生活层面上的总体革命，旨在解放感性的生活、自由的时间、属人的空间。

德波在短暂加入"社会主义或野蛮"这样极具代表性的极左组织之后发现，绝大部分现存的革命组织，其革命行动往往局限于暴力破坏社会的经济基础设施。而对德波和后来加入情境主义国际的新成员们来说，异化发生在人们社会生活的方方面面，既在生产也在消费之中，既在经济政治也在文化之中。现代资本主义新的统治形式在于对日常生活的总体殖民，它一方面用景观消费来实现资本增殖，另一方面也麻痹了人们反抗的批判性思维。马克思预言的无产阶级暴力革命就一再被延迟，作为历史主体的无产阶级也就活成了景观中的幸福而平庸的大众，丧失了批判和斗争的阶级意识。

但是，在德波看来，资本主义异化的全面铺展，反而将人们推向了全面革命的选择："资本主义异化在各个层面的进一步实现，总是让劳动者越来越难以识别和命名他们的贫困，也把劳动者放到了要么拒绝**贫困的总体要么什么都不做**的选择中。"①因此，德波就将情境主义国际的革命组织的本质，确定为必须

> 将日常生活放在首要位置。因为每个部分的计划和每个实现，都会回到日常生活中才会找到它真正的意义。日常生活是衡量一切的标准：用于衡量是否实现了人类关系，用于衡量活的时间的使用，用于衡量艺术的研究，用于衡量革命的政治。②

新的革命就是在日常生活中，拒斥和摧毁一切殖民劳动者的物质生产和思想工具，如繁荣的消费市场、体面的社会教育、标准的道德和行为规范等。随后，在 1966 年 7 月的情境主义国际会议上的《革命组织的最低定义》中，德波更进一步确认："这样的革命组织认识到，它们计划

①　［法］居伊·德波：《景观社会》，张新木译，77 页，南京，南京大学出版社，2017。译文有改动。

②　Guy Debord, "Perspectvies de modifications conscientes dans la vie quotidienne," *Œuvres*, Paris, Gallimard, 2006, p. 574.

的开始和结束都在于对日常生活的总体的去殖民化。"①

直到这里，德波提出的革命计划，仍然十分接近于 20 世纪 60 年代前后的西方马克思主义者，特别是列斐伏尔、马尔库塞等人所倡导的"日常生活"的、"大拒绝""新感性"的文化革命。但是，德波归根结底并不是一位精英式的知识分子，他并没有陷入列斐伏尔的脱离日常的、瞬间在场的浪漫的都市"节日"之中，而是在革命组织和革命实践的策略上，提出了一些新内容。

在革命组织和革命实践的策略上，德波和情境主义国际，更多地在实践中而非在理论文本上，提出了要基于情境主义国际，创造一个新的革命组织，其特点是**反等级制、反领导制、跨领域、国际性**。

跨领域、国际性，这相对来说更容易理解。因为从传统马克思主义的角度来看，服务于无产阶级革命的组织，必然是要不分国界、不分行业领域，联合起受压迫的革命群众，"全世界无产者，联合起来"，"共产党人到处都支持一切反对现存的社会制度和政治制度的革命运动。在所有这些运动中，他们都强调所有制问题是运动的基本问题，不管这个问题的发展程度怎样。最后，共产党人到处都努力争取全世界民主政党之间的团结和协调"②。此时也不例外。因此，德波提出了要诱导各个组织激进化，从而和各个组织联合起来发动革命的"**诸组织的策略**"（une politique des groupes）。

在五月风暴前后，德波和情境主义国际一直都与各种各样的激进组

---

① Guy Debord, "Définition minimum des organisations révolutionnaires," *Œuvres*, Paris, Gallimard, 2006, p. 731.

② 《马克思恩格斯文集》第 2 卷，66 页，北京，人民出版社，2009。

织保持着密切的联系，期望从中诞生一个更为广泛联合起来的革命
组织。

> 除了是政治革命运动之外，我不知道情境主义国际是什么……
> 我们不能一直都只做纯粹的、孤独的、批判的知识分子，或者是还
> 对一些外在的党派具有幻想——我相信，我们应该参加到革命者的
> 联合中去。①

60 年代初，德波加入"社会主义或野蛮"、工人权力小组等组织都
是为了建立新的革命组织的尝试。除此之外，与德波和情境主义国际保
持密切合作关系的还有法国的左派学生组织，特别是在斯特拉斯堡的学
生组织（在情境主义国际直接影响下，斯特拉斯堡大学学生小组当选为
学生会领袖。他们当即宣布斯特拉斯堡学生会组织的自动解散，以此来
控诉学生会的反革命性质，被称为"斯特拉斯堡丑闻"）；有"社会主义或
野蛮"的前身"工人通信组织"；有西班牙的极左组织"共产主义行动"；
还有美国后来成立的"工人反抗"组织中的超现实主义和工会主义爱好
者；等等。情境主义国际撰写的《关于学生生活的贫困》，当时成为发
起革命运动的学生之间争先阅读的"《圣经》"，极大地推动了革命浪潮
的开展。对此，列斐伏尔也肯定情境主义国际在五月风暴运动中的积
极联合作用："这非常成功。但是一开始这本书只在斯特拉斯堡分发；

---

① Guy Debord, *Correspondance*, Vol. 2（septembre 1960-décembre 1964），Paris, Fayard, p. 74.

后来德波和其他人将其带来巴黎。成千上万的册子送到了学生手中。"①

反等级制、反领导制，对应的正是在 1968 年 5 月 14 日写在索邦大学墙上的那几句革命口号"反对分离的统治，直接的对话，直接的行动，日常生活的自我管理"②。这里面其实有着更深的历史渊源。主要是由于在一些人看来，苏联这个在十月革命之后建立起来的工人阶级国家，采取了官僚等级制的统治方式。结果却是，庞大的官僚机构并没有真正实现工人阶级的利益。对此，很多左派激进分子认为采用官僚等级制其实是背叛了无产阶级。因而，包括德波在内的大批左派激进分子吸取了现实的教训，坚定地认为，要想在现实生活中实现工人阶级的利益、保持革命的纯正性，反对资本主义、反对官僚等级制的活动，就必须在党派和工人阶级自己的组织中开展。

因此，德波在构想和实践新的革命组织的时候，就特别强调，包括情境主义国际在内的真正的革命组织，绝不再依靠任何代表制的党派或议会合法斗争，绝不能像传统党派的精英主义，去占据理论和革命的高地来自上而下地指挥革命：

> 革命并不是将生活"展示"给人们看，而是让人们生活起来（La révolution n'est pas « montrer » la vie aux gens, mais les faire

---

① Henri Lefebvre, "Interview: Henri Lefebvre on the Situationist International," *October*, Vol. 79(Winter 1997), pp. 69-70.

② Guy Debord, "Textes de quelques-unes des premieres affiches apposées sur les murs de la sorbonne, le 14 mai 1968," *Œuvres*, Paris, Gallimard, 2006, p. 881.

vivre)。一个革命组织，有义务时时刻刻都记着，它的目标不是让他的成员们都听到专业领导人的具有说服力的演讲，而是让他们自己说，为了能够起码实现同等程度的参与。①

取而代之的是一种与各个革命组织的横向的、平等的、民主的联合，来不间断地发动对世界的反抗。因此，情境主义国际在其中的作用，绝不是自上而下的领导，而是"认识和引起自主的革命组织，使其激进化，将其联合起来，但从不占据领导权。情境主义国际的功能是轴的功能，即作为中心轴，使大众的运动发生转向，使其扩大化"②。

在 1963 年，德波就这样写道：

> 情境主义者所说的新的反抗，到处都在发生。在现存秩序所组织起来的无交流和孤立之中，信号出现了，那就是在各种新型的骚乱中，从一个国家到另一个国家，从一个大洲到另一个大洲，他们之间的交流已经开始了。对先锋者来说，就是要在使这些所有的经验和人都联系起来；同时在他们计划所共享的共同基础上，联合起所有这样的诸种组织。我们应该去阐释、揭示和发展下一场革命年

---

① Guy Debord, "Pour un jugement révolutionnaire de l'art," *Œuvres*, Paris, Gallimard, 2006, p. 561.

② Raoul Vaneigem, *Traité de savoir-vivre à l'usage des jeunes générations*, Paris, Gallimard, 2001, pp. 354-355.

代首先呈现出的这些行动。①

用德波自己的话来说，"情境主义国际的目标不是通过大众实现对现存世界的自我管理，而是不间断地对世界的变革"②。这也是为什么，我们在后面会看到，德波会青睐于直接民主的工人委员会的革命组织模式。

(三)"社会主义或野蛮"、工人委员会与民主化模式

对官僚统治的极端不信任，导致了德波对构成官僚统治中的等级制、代表制的彻底不信任。因而，德波认为，为了避免重蹈官僚统治的覆辙，必须在工人阶级政党和工会内部，也就是必须要在工人自己的自主组织和体制中展开反对官僚主义的民主活动。为此，在关于无产阶级如何组织革命活动的现实问题上，德波选择了回到工人委员会的传统。这是以 1917 年俄国、1936 年西班牙、1956 年匈牙利在工人运动中组织起来的工人委员会③为现实原型，旨在恢复工人自我管理、直接民主的"工人委员会"(la gestion ouvrière)的历史传统。

在这一点上，"社会主义或野蛮"可以说是直接影响了德波和情境主义国际，范内格姆后来在回忆录《没有结束，刚刚开始》中就证实了这

---

① Guy Debord, "Les situationnistes et les nouvelles formes d'action dans la politique ou l'art," *Œuvres*, Paris, Gallimard, 2006, p. 648.

② Guy Debord, "Définition minimum des organisations révolutionnaires," *Œuvres*, Paris, Gallimard, 2006, p. 731.

③ Pierre Chaulieu, "Sur le contenu du socialisme," *Socialisme ou Barbarie*, No. 22, p. 6.

一点：

> 正是 1960—1961 年的比利时罢工在此发挥的关键性的作用，使我们来到了必须"超越艺术"的重要阶段……在那个时候，艺术运动开始幻想成为情境主义的标签。但它们的意向和我们越来越清晰的革命计划完全不相容。当时，对工人委员会的想法、对"社会主义或野蛮"的研究和对官僚体制的批判，开始生根结果。①

因此，在这里，我们结合"社会主义或野蛮"对工人委员会的描述来一起了解这个革命传统，以弥补德波《景观社会》对这一主题过于简洁的陈述。

工人委员会主要是依赖于直接民主和直接委任的方式来组织其自身，其目的是为了让工人委员会真正成为工人自主决定的场所。"决定意味着自己决定：决定谁有权决定再也不是决定。最终，民主的唯一完整形式就是**直接民主**（démocratie directe）。"②直接民主，就是指工人委员会直接负责所有的决定和执行活动，"通过代表的方法互相联合，代表们对基础民众负责，而且可以随时罢免"③。"这种直接民主展示出社

----

① Gérard Berréby, Raoul Vaneigem, *Rien n'est fini, tout commence*, Paris, Allia, p. 187.

② Pierre Chaulieu, "Sur le contenu du socialisme," *Socialisme ou Barbarie*, No. 22, p. 10.

③ ［法］居伊·德波：《景观社会》，张新木译，75 页，南京，南京大学出版社，2017。

会主义社会将能实现**非集权制**的广度。"①并且，工人委员会的直接民主形式，并不是要彻底消灭选举、代表、委托管理等组织社会的集中形式，而是避免成为为他人而非工人自身的利益而服务的集权制，避免成为现代社会的政治异化的集权制："在社会主义社会中，在基础组织的自治和集权制中不再有冲突，因为这两种功能都是在同一种机制下发挥作用，那里不会再有在碎片化社会之后，重新负责将它们联合起来的分离机构。"②因而工人委员会被"社会主义或野蛮"认为是无产阶级杜绝官僚主义的最佳形式，既能够保障无产阶级的自主性和独立性，又能够避免职业政治家作为专业化代表的等级制管理。

德波和情境主义者自从 1960 年遇到"社会主义或野蛮"之后，最先将"社会主义或野蛮"提出的工人委员会的平等主义式的民主化模式，激进地在五月风暴的革命浪潮中彻底实践了。

德波和情境主义者们在 60 年代多次将组建工人委员会纳入其革命实践的计划之中，认为这"是无产阶级运动在 20 世纪前四分之一期间最卓著的现实"③。在 1965 年《情境主义国际》第十期上，德波就提出：

> 工人委员会的民主，即独立决定一切事务，是一种已经提出的解决模式。无产者自己构建成阶级的新运动方式——不带有任何领

---

① Pierre Chaulieu, "Sur le contenu du socialisme," *Socialisme ou Barbarie*, No. 22, p. 11.

② Ibid., p. 12.

③ [法]居伊·德波：《景观社会》，张新木译，75—76 页，南京，南京大学出版社，2017。

导的中介——是这个毫无智慧的世界全部的智慧。情境主义者除了对这场运动之外，没有其他兴趣。[①]

这是来自 1966 年 7 月发布的《革命组织的最低定义》，也是后来在 1968 年五月风暴中带领学生占领索邦，成立自治组织时分发的传单内容。情境主义国际还强调实施工人委员会的革命措施："占领工厂，建立工人委员会，关闭大学，完整批判所有的异化。"[②]将工人委员会的建立正式看作激进的革命组织的唯一手段也是唯一目的：

> 考虑到革命组织的唯一目标是通过绝不会带来社会新的分裂的方式来废除所有现存阶级，我们认为所有的组织——终将实现工人委员会绝对权力的国际化的组织——之所以是革命的，是因为它是对全世界无产阶级革命的经验总结。[③]

德波将工人委员会所体现出来的废除等级制、官僚制度的直接民主的原则，看作废除现代景观政治的有效手段。德波认为，现代景观政治

---

① Guy Debord, "Numéro 10 de la revue Internationale situationniste," *Œuvres*, Paris, Gallimard, 2006, p. 716.

② Guy Debord, "De l'I. S. Paris aux membres de l'I. S, aux camarades qui se sont déclarés en accord avec nos thèses," *Œuvres*, Paris, Gallimard, 2006, p. 883.

③ Guy Debord, "Définition minimum des organisations révolutionnaires," *Œuvres*, Paris, Gallimard, 2006, p. 731.

就是体现在"现代景观的统治中心：**工人的代表**与工人阶级彻底对立"①。工人代表自上而下灌输的"革命的意识形态"恰恰就暴露了现代景观政治的虚假性、伪革命性质，是新的"景观政治"的谎言。只有在工人委员会的直接民主中，无产阶级才能真正摆脱凌驾于工人之上的政党统治，恢复社会主义革命和建设的历史主体身份，避免沦为现代景观政治的产物：

> 这个政权恰恰就是无产阶级的革命问题可以找到其真正解决方案的场所。在这个场所，历史意识的客观条件全部具备——在这里，积极的直接交流被实现，专业化、等级化和分离都被消除，而现存的条件被改造成"联合的条件"。②

德波还进一步设想，工人委员会理应成为国际范围内任何其他权力统治的方法，因为"无产阶级的运动便是它自身的产物。这个产物就是生产者自己。生产者的目的就是他们要实现自身。只有这样，否定了生活的景观才会轮到自己被否定"③。这可以说是更接近于一种无政府主义的立场了，德波对此并未掩饰。

这种偏向于无政府主义的立场，就必然将德波引向对马克思主义及其指导的国际工人运动史的根本质疑。而且，德波在肯定资本主义并不

---

① ［法］居伊·德波：《景观社会》，张新木译，61页，南京，南京大学出版社，2017。

② 同上书，75页。译文有改动。

③ 同上书，75页。译文有改动。

仅仅局限在社会的生产方式之中，也存在于社会关系层面的官僚体制之中时，就必然会不恰当地责难马克思及其继承者组建工人政党的行为。

对此，我们要理性地一分为二地看待。这实际上是马克思主义革命的激进分子，在面对"无产阶级的去政治化""左派失去了思考现代社会的政治问题的能力"等严峻的现实问题之时，谋求从马克思主义的源头上找到重新发起直接的革命的希望。这既是一种面对资本主义全景统治时的可贵且勇敢的尝试，同时必将由于其对马克思主义的误解、对无政府主义活动的偏爱而走向失败。

（四）革命主体，即时在场的新工人阶级

关于在这场新的革命的历史主体究竟由谁来承担，德波并没有完全站在以学生、白领工人、流浪汉等新兴的多元的反抗主体身上，而仍是坚持，被景观社会持续剥削的工人阶级是历史的真正主体。而且，德波特别强调，无产阶级并不是一个先验的理论范畴，而是一个必须在、也仅在革命实践中才自发形成的历史主体。德波对无产阶级的自发性、自主性的强调，与罗莎·卢森堡的革命自发性理论一脉相承。即革命并不是任何个体、党派制造的结果，而是群众先于组织自发爆发的运动，行动总是先于组织，而非组织先于行动。

其实，在20世纪60年代前后整个西方左派运动中，大部分左派知识分子赞同高兹在《告别工人阶级》中的判断，即资本主义发展所带来的劳动阶层的根本变化（体力劳动的萎缩与脑力劳动的爆发），催生出了以学生、教师、专家、工程师等为主的新工人阶级。因而，左派知识分子们，都不约而同地将革命的主体寄希望于未被资本主义社会同化的青

年、流浪者等边缘人士上。比如，马尔库塞认为新的革命主体，将会是拒绝与发达工业社会合作的社会反抗力量，青年学生、知识分子、流浪汉是最有可能的群体。而利奥塔也在《冲动的装置》中写道，当下新的革命主体和运动是：

> 比左派政治运动更重要、更容易引发强度的，乃是一场规模巨大的地下运动，波澜壮阔，汹涌澎湃，由于这场运动，价值规律失去了作用。阻挠生产、把无偿占有（偷窃）作为一种消费方式、拒绝"工作"……这就是"挥霍的人"、今天的"主人"：边缘人、实验画家、通俗艺术家、嬉皮士和雅皮士、寄生虫、狂人、疯人院里的疯子。①

对此，一方面，德波并未如马尔库塞一样，较为极端地认为，今天的工业社会的工人阶级已经不再与马克思所规定的无产阶级对等，新的无产阶级应该是那些并未被生产、消费过程整合到资本主义体系中的主体，他们才可能生发出革命的阶级意识。但是，另一方面，德波也认为资本主义消费社会中的无产阶级实际上已经超出了马克思意义上被剥削的体力劳动者的主要范围，形成了新的革命的无产阶级。

这里，德波非常肯定，无产阶级并没有被取消——因为根本上，现代资本主义是通过消费、娱乐等非暴力途径征用了劳动者对其生命的使

---

① Jean-Francois Lyotard, *Des dispositifs pulsionnels*, Paris, Éditions Galilée, 1994, pp. 226-227.

用权，只要对劳动者的现实奴役一天没有消失，劳动者成为无产阶级的可能性就不会真正消失。并且，德波乐观且天真地相信，总有一天，当"劳动者失去了其生命使用的任何权力，而**他们一旦知道了这一点**，就会把自己重新确定为无产阶级，即这个社会中事业的否定面"①。只不过，在当下服务业、脑力劳动产业逐步发展起来，而农民阶级真实消失的情况下，传统的无产阶级从表面上看是烟消云散了。但实际上，"这个无产阶级在客观上……得到加强"②，因为其分布的范围从农民阶级、从体力劳动者扩散到了消费社会中的每个欲望的个体，其敌人也"以工会、政党或国家强权的形式在加强"③。

但是，德波特别指出，这个革命的无产阶级主体，只可能在革命的实践、在阶级意识的觉醒中自发生成，是一种在无产阶级革命中"即时在场"的存在。它既不是被马克思的生产力发展图式所决定的，也不是由外在的政党或工会组织来垂直领导的。"无产阶级只有成为**具有阶级意识的阶级**才能让自己获得权力。生产力的发展并不能保障带来这种权力，即使生产力的发展带来了越来越多的剥夺也不能间接保障。"④无产阶级要成为革命的历史的主体，就必然是在"它组织革命斗争、在**革命的时刻**组织社会之中：正是在这里必须具备形成**阶级意识的实践条件**，

---

① ［法］居伊·德波：《景观社会》，张新木译，73 页，南京，南京大学出版社，2017。译文有改动。

② 同上书，73 页。

③ 同上书，73 页。

④ 同上书，52 页。译文有改动。

在这些条件下，关于实践的理论在变成被实践的理论的过程中得到证明"①。所以，在马克思那里，无产阶级主要还是一个社会学-政治经济学的范畴，是必须出卖自身的劳动力让位于资本剥削的社会化产物，而在德波这里，无产阶级主要就是一个政治范畴，是客观存在，且主动选择与资本主义社会相对抗的否定面。

二、生态危机与景观的综合治理

在 1968 年五月风暴革命失败和 1972 年情境主义国际解散之后，由于意大利的右翼势力与恐怖主义之间的"暧昧"而共同挤压左派斗争，同时也由于 70 年代末至 80 年代资本主义的所谓胜利，德波无论在生活上、还是在革命事业上都遭遇了毁灭性的打击。所以，《景观社会》中到处可见的黑格尔、马克思和革命，被《生病的地球》(La planète malade)、《景观社会评论》(Commentaires sur la société du spectacle)中的孙子、马基雅维利和战略所替代，"诗意与革命"的现实运动被"艺术和战争"的战争游戏的一张棋盘所替代，而反对景观社会统治的无产阶级革命议程被生态主义、综合景观、恐怖主义、秘密社会的议题所替代。

而德波 1988 年提出的"综合景观"(spectaculaire intégré)，是他最后

---

① ［法］居伊·德波：《景观社会》，张新木译，53 页，南京，南京大学出版社，2017。译文有改动。

对以新自由主义为治理方式的跨国资本主义提出的理论判断。从 70 年代末开始，面对法国总统吉斯卡尔·德斯坦、英国的撒切尔夫人首相、美国的里根总统推行的新自由主义政策，德波认为跨国资本主义开发了"综合景观"的新治理术——它一方面在资本主义商品经济活动中完成经济人的自我建构和驯服，另一方面通过国家的正面统治与恐怖主义的负面威胁"相得益彰"的集中模式，建立起一个后真相的、充满秘密的现代社会。这就将整一代人塑造成一个放弃了解和管理自己所创造的世界的存在，完全臣服于资本主义的双向统治。所以，在《景观社会》中，景观社会还会建造商品的富足假象、幸福的承诺幻境来说服大众，"出现的（ce qui apparaît）就是好东西，好东西就会出现"①。而在 1988 年的《景观社会评论》中，德波说，综合景观不再给出任何承诺，而只剩下了一句"就是这样"②。

（一）《生病的地球》：资本主义生态危机理论

进入 20 世纪以来，资本主义社会在经济、政治和文化上高歌猛进的同时，也开始在非理性追逐自我增殖最大化的资本逻辑下生产出了严重的生态危机，使之成为资本主义社会总体危机的表现之一。德波和情境主义国际的成员们在 60 年代初就已经开始密切关注资本主义生产方式必然招致的生态危机问题，那就是核能源技术的使用对人类的生存和

---

① ［法］居伊·德波：《景观社会》，张新木译，6 页，南京，南京大学出版社，2017。

② Guy Debord, *Commentaires sur la société du spectacle*，Paris，Gallimard，1992，p. 110.

环境造成了完全不可控的生存威胁。

1945 年 8 月 6 日和 9 日，也就是第二次世界大战结束前夕，美国在日本的广岛和长崎接连投下了两枚原子弹，直接造成了日本十多万人的死亡和毁灭性的环境破坏。这种环境破坏不仅包括了早期的核辐射、冲击波、放射性污染、光辐射等即时性的破坏，也包括了原子弹爆炸后许多幸存者陆续发生的白血病、神经系统疾病等持续性的破坏。而在第二次世界大战之后，由于核武器战略显而易见成为了当时可以决定战争胜负的决定性外在因素，因而美国和苏联两大国家开启了制造和不断扩大核武器装备的军备竞赛，为了能够使双方都具备势均力敌的核武器力量以相互制衡。

1962 年 1 月，针对 1961 年 12 月 30 日《纽约时报》发布的美国大规模建造防核掩体等民用防御工程和空间战争的消息，德波和约恩联合发表了《欧洲批评》的声明，旨在发起一场反核武器的运动，并创办名为《突变体》（Mutant）的期刊（最终该系列活动并未得到实践）。并且，在同年的《情境主义国际》第七期上，德波等情境主义者们发表了《冬眠的地缘政治学》（Géopolitique de l'hibernation），更加详细地阐述了他们的反核武器竞赛的立场和理由。

在这两部文本中，一方面，德波和情境主义者们揭露了核威胁政策背后掩藏的是，资本主义国家独裁统治的升级和人民丧失主体性的奴役的加深。在他们看来，美苏两国发起的"恐怖平衡"的核威胁政策，从表面上看是在维护各方国家和人民的利益所展开的政治和军事角力，但实际上，美国和苏联是在利用可能发生的核战争的威胁，而非真正发起一场核战争，来轻而易举地扩张自己的独裁统治权力：

当下国家之间的两大竞赛集团发起的"恐怖平衡"——这是当下全球政治最明显的基本现象——也是一场服从的平衡：对敌对双方来说，都要服从于对手的永久存在；而在他们各自的国家之内，人民要服从于完全脱离其控制的命运，那就是在这个地球上的生存只是一个侥幸的结果，完全取决于深不可测的战略家们的谨慎和技巧。这就转而加强了对现存秩序的普遍服从，服从于组织这场不可控的命运的专家权力。①

由于对战争的恐惧和专业技术与大众认知的分离，人们就只能选择服从于不可控的官僚和专家权力。因此，在核战争对人和自然的生存过程的巨大威胁下，人和自然的存续更进一步变成了被资本主义任意支配的对象。这实际上象征的是，资本主义制度在将人与技术的彻底分离的基础上，合情合理地统治着人们的存在和生活。因此，"只有当我们认识到他们是把自己置身于法律之外，我们才能建立起一个全新的人类的合法性（une nouvelle légalité humaine）。因此，我们不应该坐以待毙，指望各类出台的专家政策会带来的社会变化"②。为了打破这种借以核武器威胁，不断加强自身权力的资本主义统治，德波和约恩表示，要通过积极响应"人类发展和复兴的欧洲委员会"（Comité européen pour une

---

①　Guy Debord, "Géopolitique de l'hibernation," *Œuvres*, Paris, Gallimard, 2006, p. 1016.

②　Guy Debord, "Critique européenne des Corps Académiques des Universités," *Œuvres*, Paris, Gallimard, 2006, p. 589.

relance de l'expansion humaine)的计划，来发展新的人类文化和自由实践。①

另一方面，德波他们也隐约地注意到，以核武器为代表的现代技术，在被资本主义滥用的情况下，主导和形塑了人的日常生活、行为习惯和生活环境。人们不仅只能改变其生活方式来模拟可能发生的战争状态，在国家进行军备竞赛的同时，人们还完全处在国家所营造的核战争可能会发生的巨大阴影下，因而人们的生活方式必不可免地发生了变化。比如，国家开始进行大规模的防核掩体的建造，有组织地训练人们随着警报进入防空洞和防核掩体居住，让人们适应人工合成的、可长期储存的加工食品等。

随后，德波在 1972 年正式解散情境主义国际之前，和意大利情境主义者桑圭内蒂一同于 1971 年在《情境主义国际》第十三期上发表了《生病的地球》，随后在 1972 年共同合作出版了《情境主义国际的真实分裂》。在这两部几乎同时完成的作品中，相比于 60 年代初德波对生态危机问题的事实分析，德波更为系统地揭示了景观社会所代表的消费主导型的资本主义生产方式与生态危机之间的必然联系，从而将包括核能量的使用所带来的环境污染、人类生存问题，纳入资本主义危机和无产阶级革命的理论框架之中。之所以德波如此重视生态危机，似乎和之前的景观社会批判理论有着很大的区别，其实有着内在理论逻辑的一致性。

德波关于资本主义生态危机的认识，是建立在他对以景观社会为标

---

① Guy Debord, "Critique européenne des Corps Académiques des Universités," *Œuvres*, Paris, Gallimard, 2006, p. 588.

志的、消费主导型资本主义的认识和分析的基础之上的。对德波和桑圭内蒂来说，很明显，资本主义已经进入了**"奔驰的非理性主义"**[①]的积累阶段，对经济利益的非理性和片面性的追逐，生产社会化和生产资料私有制之间对资源配置的不合理，必然导致人和自然环境的总体利益的破坏，生态危机就是这样的产物之一。

垄断资本主义无限追求经济增长的本质，决定了资本主义的工业生产总是按照非理性生产的原则主导其活动。其非理性在于资本主义社会中生产的社会化和生产资料私有制在资源配置上的不协调，在景观社会中的表现就是生产和消费的过度和有效需求的不足，以及两者之间的持续错位。具体来说，在进入景观社会之后，资本主义经济发展的重心已经从生产领域转向了消费领域，其重点在于通过景观中的对象性诱惑，不断建构人们的"虚假需求"，引诱人们消费他们原本不需要的商品和生活。德波认为，这种暴走的资本主义经济增长模式，像是过去的农业生产那样，非理性地追求生产数量：

> 它们不断地追求着生产数量上的最大化，就像是过去的社会一样，因为没有能力超越现实贫困的限制，在每个季节都会尽可能地收割能够被积累下来的东西。[②]

整个社会的生产和再生产，就完全是由非理性的资本逻辑所支配，

---

① Guy Debord, Gianfranco Sanguinetti, "La véritable scission dans l'internationale," *Œuvres*, Paris, Gallimard, 2006, p. 1104.

② Ibid., p. 1100.

而丝毫不考虑人类社会的总体利益和生态存续。这就是为什么在资本主义社会中会存在这样的迷思，在它同时段的截面中，一面是人们在"过度生产"和"过度消费"中狂欢的丰裕社会，另一面却是更大部分人挣扎在温饱线上的贫穷社会。德波说："这样一个社会不再是一致的，也不是由它自己决定的，而是总是被外在于它、凌驾于它之上的那部分内容决定——这个社会就发展出了不由社会自己决定的对自然的统治运动。"①于是，工业生产在非理性的生产和消费运动中，以污染的形式回归到了人类面前："污染是资产阶级思想的灾难……这是**物质化意识形态**的最高阶段，是完全被商品荼毒的丰裕和景观社会虚幻的繁荣的现实惨剧。"②

"资本主义通过它自身的运动，最终向我们证明了……不是像许多人认为或理解的那样，是资本主义到了**量的极限**，而是**质的极限**。"③德波所说的资本主义走到了"质的极限"就是垄断资本主义的片面化、非理性化的利润追求，必然导致对人和自然的无节制的剥削，从而对人类的生存环境造成毁灭性的破坏，直接带来包括人类在内的所有种族和生存环境的毁灭，也就是资本主义的生态危机。

在这里，德波所说的资本主义的生态危机，当然包括了一般意义上，人们都肉眼可见的人类生存境况的快速破败："河流、湖泊、大海等水的污染，核能源的和平发展累积起来的放射性元素、噪声、不可降

① Guy Debord, *La planète malade*, Paris, Gallimard, 2004, p. 83.

② Guy Debord, Gianfranco Sanguinetti, "La véritable scission dans l'internationale," *Œuvres*, Paris, Gallimard, 2006, pp. 1100-1101.

③ Guy Debord, *La planète malade*, Paris, Gallimard, 2004, p. 83.

解的塑料对空间的侵入、发疯一样增长的出生率、食物造假、精神疾病等"①。除此之外，更重要的是，德波是将生态危机看作资本主义总体危机的重要表现之一，也就是无产阶级革命必然会发生的直接原因之一。

德波在两个不同的文本中都提到了，"当下**政治经济学批判**的两个具体方面就是污染和无产阶级"②。何出此言呢？因为无产阶级革命，本来就是对资本主义商品生产进行总体否定的规划。德波认为，19 世纪，无产阶级发起革命的社会基础之一就是工人在生产的社会性和生产资料的私人占有的矛盾下面临着不可解决的生存问题。如今，环境污染和人类存续的问题，成为了无产阶级必须革命的新理由：

> 社会的主人们现在必须出来讨论污染问题，当然是为了反驳和消解污染危机；因为最简单的真相就是这些现在的威胁已经构成了大量的反动因素，这是被剥削者的**唯物主义**要求，和 19 世纪工人阶级为了温饱问题而进行的斗争一样关键。③

在这里，德波主要描述了两大情况，来说明为什么以污染为代表的生态危机，会成为新 轮无产阶级革命的原因。第一，比较容易理解的是，工业生产所带来的水污染、声污染、都市扩张等生态问题，本来就

---

① Guy Debord, *La planète malade*, Paris, Gallimard, 2004, pp. 81-82.

② Guy Debord, Gianfranco Sanguinetti, "La véritable scission dans l'internationale," *Œuvres*, Paris, Gallimard, 2006, p. 1101.

③ Guy Debord, *La planète malade*, Paris, Gallimard, 2004, p. 84.

现实地构成了包括对人类在内的所有种族的生存和生活的巨大威胁。更不用说，在美苏争霸的核战争的巨大阴影下，各种族的生存本身就沦为一个可能下一秒就立刻死亡的偶然性。所以，德波比喻道，过去的资本主义生产方式主要生产出的是贫富分化、阶级对立，如今消费主导型的资本主义生产方式直接生产出了死亡：

> 现代资本主义社会的生产力和生产关系之间的冲突，已经进入了最尖锐的阶段。对非生命的生产越来越快速地跟随着这个线性和积累的过程在发展；它已经成功跨越了最后一个门槛，在直接生产出死亡。①

为了能够生存下去，德波理所当然地认为，所有人民都会主动地参与到反抗的队伍之中。

第二，德波和情境主义者们已经认识到了，"在包括自由主义、马克思主义和无政府主义的所有形式中，生态不过是景观城市的意识形态反面"②，资本主义社会自身制造出来的生态危机问题，反而进一步完善了资本主义控制大众将其融入其统治结构中的机遇。生态危机的问题，成为资产阶级统治阶级加强统治的缘由：

> 所谓的"反对污染的斗争"，由于其静止和规则的内容，首先会

---

① Guy Debord, *La planète malade*, Paris, Gallimard, 2004, p. 86.

② Internationale Situationniste, "Tyrianniques lumières stroboscopiques l'adolescence," repris in *Archives situationnistes*, Vol. 1, Paris, Contre-Moule/Parallèles, p. 138.

创造出新的专家、新的管理部门、新的工作和等级晋升。而且它的治理效果就决定了是可以通过这些手段被测量的。它就无法成为一个真实的意志，也就是改变作为其根基的生产体系。而且，只有当这些生产者做出了所有的决定，民主化地了解清楚了前因后果，才可能执行反对污染的斗争，而这个时候恰恰是被生产者们所控制和指导的时刻。为了决定和执行所有这些事情，这些生产者必须变成大人，也就是他们必须抓住权力。[①]

所以，德波说，生态危机问题，还暴露了现代资产阶级政治对真正的人类财富的污染。所谓资产阶级的"民主委员会"，只提供一套"选举-辞职"程序，因为这个快速更替、引咎辞职的民主程序本身，只适合解决一些次等但是紧急的问题，但它从不尝试、也改变不了任何大环境的事情。最终，每日看似繁忙着做出很多决定，本质上是让资本主义非理性发展的商品生产运动放任自流。因此，从资本主义通过生态危机来巩固自身权力统治的角度来说，这不仅对人类生存造成了损害，也对个体及总体的自由参与、民主生活造成了障碍，当然对此只有选择反抗的道路。

反抗的道路，就在德波在《景观社会》中提及的无产阶级自由联合、民主决定的工人委员会上：

> 现在到处蔓延着恐惧。要免除恐惧，只有依赖于我们相信自己

---

① Guy Debord, *La planète malade*, Paris, Gallimard, 2004, pp. 90-91.

的力量，能够摧毁现存的异化，摧毁从我们身上逃脱出去的权力的图像。**除了我们自己**，将一切事情都交给工人委员会的唯一权力——工人委员会有用同时也会重建其世界的统一性——也就是交给一个真正的理性、一个全新的合法性。①

在这里必须说明的是，包括研究德波的意大利专家雅普在内的很多研究者，都对德波晚期转向关注资本主义生态危机而感到有些疑惑。②其实，从表面上看，德波在早期和中期的《景观社会》等代表作中，确实从未将生态问题纳入对当代资本主义社会的批判框架之中，所以70年代后德波的这一转向确实稍显突兀。但是，德波对资本主义社会中生态危机的重视，其实与他之前的人本主义立场有着内在逻辑的一致性的。

德波，无论是在建构情境的先锋艺术活动阶段，还是在批判景观社会的政治革命阶段，其理论和革命的出发点和最终归宿都是为了反抗资本主义对人的生命向度的极度压抑。德波批判资本主义的立场，并不像马克思那样从历史唯物主义的客观角度，来揭示资本主义社会在生产力和生产关系的内在矛盾和无产阶级革命的必然到来。德波很想当然地认为，资本主义内在矛盾的激化是来自资本主义社会对人性的束缚和对人的生命的压抑的现实，他更多是站在人本主义的立场来期待和推动无产阶级革命的到来的。

因此，在德波看来，资本主义社会、资产阶级政治经济学，作为马

① Guy Debord, *La planète malade*, Paris, Gallimard, 2004, p. 92.

② Anselm Jappe, *Guy Debord*, translated by Donald Nicholson-Smith, California, University of California Press, 1999, p. 104.

克思主义的批判和革命对象，之所以值得被批判，根本上是因为它们在理论和实践中彻底实现了**"放弃生命"**（renoncement à la vie），也就是对人的自由生命的损害，而生态危机恰恰就是资本主义对生命扼杀的极端恶果，它理所当然也是无产阶级革命的理由："在现代社会的每个层面上，**我们都不再可能、也不再愿意**继续像过去那样了……我们不再能够忍受现在所经历的一切，**对生命**的要求才使当下转化为革命计划。"①

所以，德波在《生病的地球》的最后写道，"要么革命要么死亡"，这个口号已经不仅仅是一种反抗意识的表达，而是资产阶级自身写下的遗言："当天开始下雨，当巴黎的天空中飘着乌云，永远不要忘记这是政府的错误。异化的工业生产造成了这场雨。革命将带来好天气。"②

另外值得注意的是，在德波 1971 年正式开启生态学马克思主义研究之时，同在巴黎的另一批西方马克思主义者也在谋划马克思主义的生态政治学。1972 年夏，法国《新观察者》（Le Nouvel Observateur）期刊围绕"生态学与革命"（Ecologie et Révolution）的主题，邀请了赫伯特·马尔库塞、安德烈·高兹（以米歇尔·博思凯的笔名）、埃德加·莫兰等学者出席，共同研讨生态学马克思主义。同年，高兹、莫兰等人在《新观察者》特刊"地球的最后机会"（La dernier chance de la Terre）上发表生态学马克思主义的文章。而且，此股生态学马克思主义潮流并没有局限在学者的圆桌与象牙塔内，反而在大众领域中广为流传。1972 年《新观察者》所做的这期特刊大获成功，在市场上达到了 2 万本的销售量。《新观

---

①　Guy Debord, Gianfranco Sanguinetti, "La véritable scission dans l'internationale," *Œuvres*, Paris, Gallimard, 2006, p. 1092.

②　Guy Debord, *La planète malade*, Paris, Gallimard, 2004, pp. 93-94.

察者》的主编就此决定自 1973 年起，另外出版一本新刊物《野蛮》（*Le Sauvage*），专门探讨生态学与政治主题。这一系列事件标志着 "政治生态学" 在法国正式确立。

巧合的是，在 1972 年前后，德波与马尔库塞、高兹等人并未有过直接交流，甚至根据现有资料他们素未谋面。即使如此，在马尔库塞和高兹的报告中，到处可见与德波的生态学马克思主义研究的 "家族相似性"，他们在生态危机的社会根源、生态运动遏制资本主义统治、新的历史主体等问题上看法高度一致。

比如，德波是从资本主义非理性的生产方式出发，揭示看似纯属自然恶化的生态危机的社会根源。在《新观察者》的报告中，高兹和马尔库塞同样指出，资本主义对利润的无限追求必然导致生态危机的发生。"为什么关心生态学？……这种荒谬……恰巧说明了资本主义的境况：资本主义大都市中的生产力发展过度导致了毁灭性力量发展的过度和大工业制造的商品消费的过度。"[①]除此之外，德波、高兹和马尔库塞更不约而同地肯定了生态学问题蕴含的重要现实意义，即从生态危机可以推导出社会主义对资本主义的必然更替。德波、高兹等人都坚信，对资本主义生态危机的批判，直接指向了否定资本主义制度、建立社会主义的必然性。既然生态危机根源于资本主义制度本身，那么生态主义运动就不应停留在生态学领域之中，而应属于反抗资本主义统治、建立社会主义社会的解放实践。因为在种族濒危的生态危机威胁下，只有彻底超越

① Herbert Marcuse: "La lutte pour une extension du monde de la beauté … ," *Le nouvel observateur*, 1972, p. 397.

资本主义制度的非理性生产和社会组织方式，按照社会主义集体共有社会财富、理性使用资源的方式，才能避免社会资源匮乏、种族灭绝等恶果。高兹曾以博思凯的笔名指出，生态运动实践的重要性在于"要求现实中扩张的资本主义总体的停止"①。马尔库塞也在同场研讨中表示认同："米歇尔·博思凯准确地提炼了这一观点，生态逻辑是对资本主义逻辑的纯粹否定。"②因此，在无产阶级主体的问题上，高兹、马尔库塞同德波一样，将生态主义群体视为对抗资本主义的新生力量。高兹1980年发表的《告别工人阶级》正是他关注生态学问题的直接结果，他并非要真正地告别工人阶级，而是认为过去被限定在工厂空间中的劳动者形象，应根据反抗资本主义的多元力量被重新定义。

可以说，在1972年的法国，德波与马尔库塞、高兹等马克思主义者并不相知，却集体地发生了生态学转向，不约而同地参与到了生态学马克思主义潮流之中。这不由让人追问，为什么互不相识的西方马克思主义者会得出相似的研究结论？

偶然性是为必然性开辟道路的，德波、高兹等人的生态学转向并非偶然。从20世纪70年代开始，西方资本主义从以福特制生产方式为基础的组织化资本主义，逐渐转向以后福特制的弹性生产方式为基础的跨国资本主义。现实中最明显的改变就是，资本主义社会的经济增长中心，从工业逐渐转向服务业、智能产业等新兴行业，这催生了社会阶级

---

① Michel Bosqut："Si on permet aux grands monopoles de la 〈récupérer〉…,"*Le nouvel observateur*，1972，p. 397.

② Herbert Marcuse："La lutte pour une extension du monde de la beauté…,"*Le nouvel observateur*，1972，p. 397.

的改变，诞生了白领、技术人员和知识分子等新兴阶层。正如丹尼尔·贝尔在《后工业社会的来临》中所说："在后工业社会，技术技能日益成为争夺地盘与地位的首要条件……在现代社会，知识和计划已经成为一切组织行动所不可缺少的基本条件。正是由于这个事实，社会中出现了一个以技能为基础的、新的技术专家名流阶层。"①面对此情此景，西方马克思主义者当然愈加关注如何使各个阶层自主联合反抗资本主义，生态危机和生态运动恰好是最具可能将不同阶层联合起来的议题。

因此，德波等人的生态学集体转向并不令人讶异，它恰恰是西方马克思主义者面对变化的资本主义做出的必然抉择。而且，在看似偶然的学术动态背后，隐藏着更为深远的晚期西方马克思主义历史逻辑的变动，即西方马克思主义向后马克思主义的哲学逻辑转变。

后马克思主义②确立于 1985 年拉克劳与墨菲的《领导权与社会主义策略——走向激进民主政治》，但实际上后马克思主义话语的发生，有赖于更早的理论与现实的双向运动，德波、高兹等人在 70 年代共同转向生态学研究正属于此。换言之，西方马克思主义对 80 年代末兴起的

---

① 从严格的学术史意义上来说，"后马克思主义"思潮，是由拉克劳与墨菲在 1985 年的《领导权与社会主义策略——走向激进民主政治》正式开启。如拉克劳与墨菲所言，所谓的"后马克思主义"是在拒绝本质主义或本体论的前提下，依据当代资本主义从福特制迈向后福特制的变化与多元社会运动，来重新恢复马克思主义范畴的现实有效性。具体表现在，在马克思主义的经典范畴与历史主体、解放议程、对抗力量的本质等上，他们"不再可能去主张马克思主义阐述的主体性和阶级概念，也不可能继续那种关于资本主义发展历史过程的幻象"（［英］恩斯特·拉克劳、查特尔·墨菲：《领导权与社会主义的策略——走向激进民主政治》，尹树广、鉴传今译，导论 4 页，哈尔滨，黑龙江人民出版社，2003）。

② ［美］丹尼尔·贝尔：《后工业社会》（简明本），彭强编译，108 页，北京，科学普及出版社，1985。

后马克思主义产生了极大的催生作用，它在关键的思想质点上为后马克思主义思潮打开了问题域。

最明显的便是在关于历史主体的议题上，德波、高兹等人其实已经在理论上承认了非本质主义的多元历史主体。在马克思主义的经典理论中，构成资本主义否定面的历史主体是以劳动工人为主的无产阶级。但由于资本主义福特制向后福特制的转变，被资本剥削的无产阶级，实际上已经超出了传统意义上的体力劳动者的规定，形成了新的历史主体。因此，在马克思那里，无产阶级主要是一个政治经济学批判的范畴，是资本剥削活劳动的社会经济活动的产物；而在德波和高兹这里，无产阶级主要是一个现实范畴，它的理论有效性来自它在现实效果上构成了资本主义统治的反抗力量。因此，德波与高兹等人其实是将生态主义群体、反核斗争群体等少数族群纳入反抗资本主义的历史主体范畴之内，肯定他们比传统工人阶级具备更强烈的主体意识。这为后马克思主义放弃本质主义的历史主体，走向多元的差异性主体打开了方便之门。

同时，德波、高兹与马尔库塞等人将生态运动视为另一种对抗资本主义的有效途径，这意味着无产阶级的解放议程不再局限于劳资对立的二元矛盾，而走向了一种少数群体横向链接构成的多元抗争。在他们眼中，马克思主义生态运动的兴起意味着，活劳动与资本的对抗并不必然在劳资对抗的生产关系中发生；在生存威胁、核战争等生态危机面前，除了传统的劳动者之外，外在于劳资关系之外的多元社会力量也能自主地联合起来，共同反抗资本主义统治。由此，德波等人其实先于拉克劳与墨菲，从生态运动、反核运动等少数群体运动中，认识到无产阶级对抗并不必然系在某个单一且先定的点之上，而可能在差异体系中任何一个被否定的位置上。这显然指向了"基于不同主体之上的对抗特殊性"①的后马克思主义主旨。

从这些理论关联中我们会发现，后马克思主义"石破天惊"的出现并不是偶然的历史事件，看似断裂的后马克思主义话语，其实是对西方马克思主义更为系统、也更为盲目地理论发展。不过，归根结底，德波、高兹、马尔库塞等人仍然属于西方马克思主义阵营，他们从未脱离对资本主义资本逻辑的批判来讨论生态问题。因为在他们看来，所谓的多元群体的抗争，如果它们根本没有从"社会总体"的本质角度来认识资本主义商品社会及其政治制度，弱化或脱离了对资本主义资本逻辑的揭示与批判，它们根本不可能以政治的方式完成政治的目标，注定会成为打不上靶子的空心弹。这其实暗示着后马克思主义思潮的根本问题：离开了经典的马克思主义社会历史理论与政治经济学批判，后马克思主义在强调自由、多元与差异的身份认同政治之时，如何才能与资产阶级自由主义意识形态相区分，真正兑现根本诉求。

(二)《景观社会评论》：综合景观的综合治理

德波于 1988 年写作的《景观社会评论》中，对当代资本主义现实提出了比景观社会更为深刻的分析和批判，即综合景观理论。德波想要揭示的是在《景观社会》之后二十多年间资本主义统治发生的新变化，即综合景观是如何完成了屈服于它法则之下的一代人的生产。

---

① ［英］恩斯特·拉克劳、查特尔·墨菲：《领导权与社会主义的策略——走向激进民主政治》，尹树广、鉴传今译，186 页，哈尔滨，黑龙江人民出版社，2003。

　　什么是"综合景观"呢？德波说，很简单，综合景观就是将弥散景观模式和集中景观模式相互结合的综合治理。在 1967 年的《景观社会》中，德波曾经指出了景观实施统治的两种同时存在又相互对立的模式——集中模式和弥散模式。景观的集中模式依托的是德国的纳粹极权主义等现实，其统治方式是以某种个人独裁的意识形态表象为名、行极权主义强权之事；景观的弥散模式则是以美国为原型，由于它鼓吹商品经济、消费者在商品市场上的狭义自由和在政治上相匹配的资产阶级民主传统，其统治力量更强于前者，统治范围更广于前者。而现在，德波指出，20 世纪 70 年代至 90 年代在法国和意大利所发生的资本主义现实，也就是跨国资本主义进入新自由主义的历史阶段中，标志着诞生了一种新的统治模式"综合景观"，它联合使用了景观的弥散和集中两种模式，使其在各自领域发挥统治的力量，保障资产阶级统治的绝对稳定和利益最大化。

　　关于景观的弥散统治，德波并未在此处详细着墨，因为《景观社会》就是在描述这个过程。所谓景观的弥散统治，就是伴随着现代资本主义商品生产进入了消费主导的新阶段，生产出来了更为隐蔽、更为扩散的资本主义统治方法——这种全新的统治，并不像竞争资本主义阶段那样靠着生产过程中对劳动者的残酷剥削和国家暴力机器对无产阶级的强权镇压来维系，而是基于每个分散的个体。因为在景观社会的历史阶段中，马克思时代肉眼可见、亲手可触的商品-物，变成了广告、电影、电视中的商品-影像，商品不再通过直接展示自己的使用价值来使自己在交换活动中成功地被卖出去，实现自己的交换价值，而是商品的买卖成功的关键在于如何在广告、电视等影像展现中来表现自己，来诱惑每个分散的个体进行消费。因此，景观社会的核心在于塑造个体的虚假需求来实现资本的自我增殖，而非根据人的真实需求来扩大商品的再生产。如此一来，在光怪陆离的商品富裕的景观社会中，从表面上看是人们具有越来越多的商品物体和消费选项，但实际上人们是越来越远离了作为主体的人自由选择的权力，深陷于被资本逻辑所框定的生活。这一方面既完成了资本对活劳动的劳动时间和非劳动时间的深入剥削，同时也完成了资本主义的"绥靖"统治，每个分散的个体都沉浸在消费的狂潮中，交出了自由定义自己生命的个体性和主体性。因而这被德波称为是弥散统治。

在《景观社会评论》中，德波说道，二十多年后的资本主义社会并未改变这一点：

> 在生活中，如果人们完全顺从于景观的统治，逐步远离一切可能的切身体验，并由此越来越难以找到个人的喜好，那么，这种生存状态无可避免地就会造成对个性的抹杀。这未免过于荒谬——个体为其最低微的社会身份所付出的代价竟然是永久的自我否定。①

在被资本逻辑所设定好的商品化世界中，每个不曾觉察资本统治的个体，都永久地服从于景观图像中的对象化诱惑，都永远处在毫无尽

---

① ［法］居伊·德波：《景观社会评论》，梁虹译，18 页，桂林，广西师范大学出版社，2007。

头、从不满足的伪-需求和伪-消费之中。

而这枚硬币的反面即是个体生命质性的平庸和贬值，它成了对资本社会提供的差异化元素的机械拼接，生存的烦恼成为了如何选择消费商品种类的烦恼，而同时真正关乎于人类的自由和平等的根本问题，却无人问津。马克思揭露的无产阶级创造了的巨大社会财富，是如何被资产阶级无偿占有和分配的这一关键问题却被遮蔽："尽可能地掩盖那些可以产生决定性后果的各种协议的实际运作状况。"①资本非理性的生产和对生产资料的私人占有带来的生态危机、人类生存危机，也同样为大众所忽视，成了新闻中的抽象数字和百分比："海洋污染与赤道雨林的破坏威胁着氧气的补给；地球臭氧层受到来自工业增长的威胁；核原料在不可逆转地积聚。景观对此给出的唯一结论是，所有这些现象都无关大碍。"②

不过，在景观的弥散统治下，还是有一部分人能够逃离出去，比如宣布"决不工作"的情境主义者们，但是今天，德波宣称，在综合景观的治理下，再也没有人或事能够摆脱它。因为综合景观在商品经济领域之中景观弥散统治之上，通过国家的正面统治与恐怖主义的负面威胁相结合，建立起一个后真相的、充满秘密的社会。这不仅让资产阶级获得了扫除左派革命运动的合法化理由，而且也让人们接受自己所处在一个真假虚实的社会中，从而让人们放弃去理解、去管理这个原本是他们所创造的客观世界。

---

① ［法］居伊·德波：《景观社会评论》，梁虹译，18 页，桂林，广西师范大学出版社，2007。

② 同上书，19 页。

在近 20 年间，刺杀事件(肯尼迪、阿尔杜·莫罗、沃尔夫·帕拉姆、为数不少的部长和银行家、一两个主教，以及其他一些比上述人等更有分量的人物)的数目持续上升，而这些事件至今尚未得到彻底解决……这些事件的系列特征表明了它们之间存在的一个共同特点，那就是，官方言论中存在着见风使舵、明目张胆的谎言。这一新型社会疾病的症状迅速蔓延到各处。①

这种"新型社会恶疾"就是自上而下进行统治的国家政府，与自下而上的恐怖主义、黑手党等活动。从客观效果上来说，两者成为了挤压、打击欧洲无产阶级革命和左派运动的"同谋"。

实际上，德波从 20 世纪 70 年代就已经注意到了这一问题。德波大为赞赏并翻译了桑圭内蒂 1975 年在意大利发表的《关于挽救意大利资本主义的最后机会的真实报告》一文。在其中，他借由名为"桑瑟"(Censor，法语里是学监、检查员的意思)的资产阶级分子的口吻写道，欧洲资产阶级国家为了有效牵制左派革命力量，暗中采纳了恐怖主义的打击方式。他们要么以恐怖主义的匿名方式直接排除异己，要么模仿法国的"德雷福斯事件"②，借用恐怖主义的由头，让右翼势力得以师出有名，掀起反共浪潮。第一种情况的典型案例就是在 1973 年 9 月 11 日在智利

---

① ［法］居伊·德波：《景观社会评论》，梁虹译，36 页，桂林，广西师范大学出版社，2007。

② 1894 年，法国陆军参谋部犹太籍的上尉军官德雷福斯被诬陷犯有叛国罪，被革职并处终身流放，法国右翼势力乘机掀起反犹浪潮。

发生的军事政变。智利第一位具有共产主义倾向、作为社会主义者的总统萨尔瓦多·阿连德（Salvador Allende）被暴力推翻。作为智利的民选总统，阿连德在1970年上台后便支持在智利推行社会主义制度。而得到美国秘密支持的皮诺契特将军则在1973年发动了军事政变，阿连德总统就由于右翼军事势力和美国的介入而遇害身亡。而第二种故意借由恐怖主义活动来制造攻击左派分子的理由的情况，就更多见了。比如1969年12月，在丰塔纳（Fontana）广场的米兰国家农业银行发生了爆炸，造成了7人死亡、多人受伤。这被德波视为右派分子的"压力策略"，即为了能够合理化国家的专制统治而故意制造恐怖主义的紧急状态。后来，1978年意大利红色旅绑架并杀害了当时基督教民主党的总理莫罗，也被态度坚决不合作的右翼政府借机掀起了新一轮的反共浪潮。

这些事实告诉我们，当下关键在于，无论政府是否支持、联合了恐怖主义组织，真相都不是问题的核心。综合景观的治理术的关键在于，它就是要虚虚实实、真真假假地难以分辨，建立一个人们习惯没有真相的秘密社会。

德波曾经在1978年9月18日的信件中称，这种景观模式是"具有争议的景观"①（spectacle contesté）。言下之意，谎言和秘密已然成为维系国家权力统治的客观手段，政府无法追查出"真相"这种荒谬已经不再是国家统治的缺陷。换言之，从亚里士多德以来追求正义和真理的"政

---

① Guy Debord, *Correspondance*, Vol. 5（janvier 1973-décembre 1978），Paris, Fayard, 2005, p. 474.

治"的本体论理念，已然不复存在；综合景观治理，反而是以虚假为其统治合法性所在。"当我说同谋的时候，我说的并不是他们真的参与到了伪-恐怖主义之中去。即使他们是受害者，但他们依然是同谋，因为他们并不想要真正地揭示真相。"①

因为不揭示真相，才有利于资产阶级维系统治！因为一方面，现代社会中发生的反抗和斗争都变得难以理解，难以让人们去了解他们真实的目的是什么，也难以让人们分辨哪些是站在无产阶级立场的革命活动。资产阶级就可以迅速地以消除恐怖主义的名号，将作为社会否定性的革命力量一网打尽。"我们如何能够得知'布拉班特那些发了疯的屠杀者'的最终目的是什么呢？很难用'谁获利'的原则去加以理解，因为这一原则掩盖了许多的现行利益。"②另一方面，在综合景观之中，随着秘密的全面胜利，生产出来的是民众的普遍放弃、逻辑的彻底丧失。只有在秘密全面胜利的情况下，人们才可能真正放弃去了解什么是真相，而习惯听着来自综合景观，也就是媒体和警察所说的各种冠冕堂皇，甚至毫无逻辑的说辞。人们已然认为这个世界本来是一个秘密丛生、不可能为他们所理解和管理的世界了。所有这些都使综合景观的治理成为了"具有争议"，但"无法反驳"的现实存在："真实几乎不存在了；或者，即便从最乐观的角度看，真实也降低到纯粹假设的状态，无法得到证

---

① Guy Debord, *Correspondance*, Vol. 5（janvier 1973-décembre 1978）, Paris, Fayard, 2005, p. 475.

② ［法］居伊·德波：《景观社会评论》，梁虹译，31 页，桂林，广西师范大学出版社，2007。

明。"①而这真实不再、充满秘密的社会就"剥夺了观众管理世界的任何机会，他们对世界的主要现实状况一无所知……所有人都承认不可避免地存在着有意为专家们保留的少许保密领域；许多人相信多数事情是处于秘密状态中的"②。

对此，德波总结回顾道，在《景观社会》中，现代社会是通过景观图像中的对象性诱惑，完成了对大众的无可争辩的驯服，让其接受景观统治的存在合理性，但起码那时候景观社会还会拿着商品的富足假象、幸福的承诺幻境来说服大众，"出现的就是好东西，好东西就会出现"③。而在1988年的《景观社会评论》中，德波说，综合景观不再给出任何承诺，而只剩下了一句"就是这样"④而且也没有人真的相信景观的话语，他们不再理解、也不再试图理解这个综合景观所治理的秘密横行、真假虚实的世界了。

(三)语言存在的异化与生命政治

阿甘本在评论德波的《景观社会评论》时曾经将德波的"景观"与人类的语言存在等同起来，认为德波在对综合景观的分析中，为当下批判资本主义社会的马克思主义理论标记上了一个新的理论质点，那就是"必须把这样一个事实纳入考虑范围：资本主义的目标不仅仅在于对生产力

---

①　[法]居伊·德波：《景观社会评论》，梁虹译，7页，桂林，广西师范大学出版社，2007。译文有改动。

②　同上书，35页。译文有改动。

③　[法]居伊·德波：《景观社会》，张新木译，6页，南京，南京大学出版社，2017。

④　Guy Debord, *Commentaires sur la société du spectacle*, Paris, Gallimard, 1992, p. 110.

的侵占……还在于且首先在于语言本身、人类语言的交流的天性，以及赫拉克利特用来定义共同之物的逻各斯的异化"①。阿甘本敏锐地注意到了，德波在1988年的《景观社会评论》中，其实已经失去了对左派革命的乐观态度。他不再像《景观社会》中那样去呈现景观统治的逻辑与大众反抗的可能，而是描述了综合景观对人的语言本性的异化和殖民。这就摧毁了人们作为具有逻辑思维和语言交流本性的生命存在，将其贬低为只会说着不痛不痒的景观语言的生物存在，不再存在任何认识和改变历史的机会。

综合景观对人们的逻辑的瓦解，依靠的是景观的无处不在的客观技术体系。在景观社会中，景观影像中被技术选择的内容，本身就构成了每个个体与世界之间的联系，构成了每个个体认知世界所能看到的存在，无论其真假与否。那么，人们能见到的是什么呢？景观教导人们的，要么是每天在影像之流中快速掠过的"跳跃式的、碎片式的"的鸡毛蒜皮，比如选择哪一件上衣、哪一条旅行线路、哪一种食物等；要么是把"重要的、富贵的、有魅力的人物，看作权威本身"，学习不用逻辑、只用认同的盲目崇拜，比如如何成功、如何克服人生逆境等前言不搭后语的黑白鸡汤，还比如电视营销中所谓专家的各种关于如何吃喝住行的建议。总而言之，这是一个看起来是没有主人的奴隶社会。人们无逻辑地遵从景观，既不反思、也不驳斥，到处弥漫着的"对已有事实普遍认

① Giorgio Agamben, "Marginal Notes on Commentaires on the Society of the Spectacle," *Means without End*, London, University of Minnesota Press, 2000, p. 79. 中译文参见王立秋译稿，本书所用译文均出自王立秋译稿《关于〈景观社会评论〉的旁注》，https://www.douban.com/note/70286113/，2019-05-04。

同的心理源于长期服从的切身体验；在认同的过程中人们逐渐根据事实本身(ipso facto)在其中找到充分的意义"①。

在综合景观的技术装置中，德波说，景观统治获得的最重要的成功就是，人们越来越习惯于将这些景观里的碎片知识当做绝对知识，大部分人的思维都被意识形态化了，丧失了逻辑思维、批判思考的辨别能力：

> 逻辑的缺失，也就是说，面对何为有意义，何为无意义或无关联；什么互相排斥，什么可能相得益彰；以及什么是某个具体的后果所包含而同时又排斥的等等问题时，如果我们失去观察与迅速作出判断的能力，那么，可以说，景观的麻醉师和救生医生已经将导致此种疾病的大量药剂有意地注射到了人群之中。②

人们习惯于使用景观的语言这唯一熟悉的语言进行交流，交流永不满足的对虚假商品的拥护，交流生命存在对景观准则的忠诚，却从不交流资本对生活的抽象和贬值，从不交流资本主义社会的阶级分化与无偿剥削，从不交流无产阶级必然联合和反抗的自由和革命。

由此，综合景观就通过对人类思维的破坏和殖民，制造出了一个不会被质疑的"永久的现在"，因为景观操纵着大众，让他们迅速遗忘了最重要的关乎于人类总体自由和解放的革命真理，全面消除了真实的历史

---

① ［法］居伊·德波：《景观社会评论》，梁虹译，16 页，桂林，广西师范大学出版社，2007。

② 同上书，17 页。

起源和无产阶级的阶级意识。

马克思的历史唯物主义本来就是对历史起源的拷问，是对资本原始积累的历史起源的追问，是对资本得以无偿占有活劳动的剩余价值的历史前提——资本主义私有制的历史起源——的追问。资产阶级生产方式在取得了整个社会层面上的垄断地位之后，它的意识形态本质就是为了掩盖资本主义私有制的历史性和暂时性，就是为了将片面的资产阶级经济关系永恒化。德波认为，综合景观正是沿着马克思所说明的那样私自地处理历史，它把资产阶级诞生的近期历史遮蔽起来，成功地让无产阶级遗忘了历史的辩证运动和阶级意识："景观获得的最大益处首先就是能够隐匿自己的历史属性——隐藏它近期征服世界的进程。人们对它的强大力量似乎习以为常，就好像它过去一直就存在于此。"①而那些真正在现实的土地上发生的革命运动、无产阶级的反抗，那些真正努力去揭示现存资本主义社会阶级秩序的非理性、历史性和暂时性的思想，在不被人们讨论的情况下，迅速地被忽视和遗忘："事情越重要，就越要对其进行隐藏。1968年5月的历史事件完全被谎言所掩盖，人们轻信了这些谎言，在近20年间，还没有其他任何一件事曾被掩盖得如此彻底。"②

总而言之，在德波看来，景观社会对人们的逻辑的瓦解，是从根本上为了资本主义社会生产出大众的服从的心理结构，生产出新的人身依附关系。在马克思的时代中，失去了生产资料的人们，只能依附于占有

---

① [法]居伊·德波：《景观社会评论》，梁虹译，9页，桂林，广西师范大学出版社，2007。

② 同上书，8页。

生产资料的资本家的雇佣，让渡自己生产剩余价值的劳动力。如今的人们，在依附于景观的商品生产和消费之上，在日常生活中依附于景观社会所宣扬的毫无逻辑的碎片知识，而让渡了自己揭示资本主义剥削的秘密和自由的生命存在的认知能力。

这一点可以借用阿甘本的评价来理解。语言存在的异化，表征的是景观时代的"完全的虚无主义状态"，"不只是经济的必然和技术的发展，把尘世国家推向一个单一的共同命运的，是语言存在的异化，是所有人民从他们在语言的寓居中的拔根而起"。① 因为德波的综合景观，让个体成为了丧失了独立接触世界可能性的个体，景观可以让个体相信它想要人们相信的谎言，说景观让人们所说的碎片化知识，交流景观让人们交流的无关乎革命自由的、无关痛痒的话语。从此，综合景观从人的语言结构、从人的认知图式、从人的现实存在中将任何接近资产阶级社会的剥削秘密的机会抹除掉，不让人再存在任何认识和实现历史的阶级意识的机会。

但是，德波此时关注到的综合景观对人的语言存在的殖民，并非是仅仅在控诉综合景观对人的语言本性的抹杀。人的语言存在的异化现象，本质上是权力在语言上维系自身的再现而已，真正的根子在以综合景观为治理方式的资本主义统治。因此，这不仅是人的语言存在的异化，更是综合景观治理下的"生命政治"的新病征。

---

① Giorgio Agamben, "Marginal Notes on Commentaires on the Society of the Spectacle," *Means without End*, London, University of Minnesota Press, 2000, p. 84. 中译文参见王立秋译稿，本书所用译文均出自王立秋译稿《关于〈景观社会评论〉的旁注》，https: //www.douban.com/note/70286113/，2019-05-04。

所谓"生命政治"，虽然福柯指认是统治权力对人的生物存在和生命活动进行调控的现代政治现象，但本质上它指的是生命不再是生命、政治不再是政治的资本主义现代治理术。一方面，生命不再是生命，而成了自我治理、自主经营的经济人。人不仅被贬低为马克思时代的机械劳动力，被贬低为可以在市场上买卖的商品，而且现在作为生命体、而非作为劳动力的个体，本身成了一台在市场上具有资本-技能、能够自由投资和产出收益流的机器，资本才可以实现对更多剩余价值的剥削。另一方面，政治不再是政治，政治就不是过往政治哲学中具有某种理性的本体论存在，而成为了人的社会生活的具体事务的管理者，完全服务于市场经济的原则。

而德波所说的基于弥散和集中两种景观模式的"综合景观"，就是所谓"生命政治"的翻版。

在 1988 年的《景观社会评论》中，德波指出的"综合景观"，是对弥散景观和集中景观这两种景观模式的联合使用，它既建立在弥散景观的普遍胜利之上，同时也不放弃集中景观的独裁统治的手段。前者是以美国的资产阶级民主社会为代表的"弥散景观"，它是每个人可以在商品经济逻辑中实现选择商品和交换的自由，从而似乎能够实现个体的自由和平等（替代了全体人类的自由和平等）。后者则是法西斯主义等独裁体制的"集中景观"，它是每个人都必须认同的、唯一的意识形态。实际上，德波的综合景观，凭借弥散景观和集中景观在不同领域中完成的，就是生命政治的统治内容。

在弥散景观治理下，每个个体作为自我营生的生产者和消费者，俨然具有了作为生命体存在的光鲜表象。但这根本上是资本主义的景观统治，其剥削对象不仅是生产劳动，而且扩展到了生产劳动之外。所以，每个个体，表面上在景观消费中获得了自由和解放，实际上是将自己所有的生命活动拱手让出，作为资本的消费对象，用来完成资本的自我增殖。生命体是披着人性自由和解放外衣的、资本治理的物：

> 工人现在不再每天受到监视，从表面上看他已经被当作成人，受到殷勤礼貌的对待，俨然一副消费者的模样。于是**商品的人道主义**（humanisme de la marchandise）也负责起劳动者的"休闲和人性"，其简单原因就是政治经济学现在能够也必须以政治经济学的身份去统治这些领域。这样，"对人的已经完成的否定"便承担起人类生存的全部。①

而在集中景观中，这就更加明显了。政治变成了什么呢？政治衰落到仅仅作为对社会生活的治理机制。除了服务于资本主义社会商品生产的高效运转，政治不再是自柏拉图、亚里士多德以来旨在实现正义的"理想国"的存在，不再具有任何独立性和自由权。它既可以成为聚光灯下的电视辩论节目，也可以是提供虚晃一枪的情报和解释，让秘密统治和恐怖主义合理存在的政治技巧。最终，政治就是一种服从于资本主义社会的不可缺少的角色。"国家在指导生产方面扮演着霸权的角色，要求商品严格地服从景观信息的作用下实现的集中化，同时，分配的形式

---

① ［法］居伊·德波：《景观社会》，张新木译，22—23 页，南京，南京大学出版社，2017。

也必须对此有所适应。"①

无论是生命政治还是综合景观，这些不同的学术符号指认的都是相同的资本主义统治现实。那就是，资本主义通过商品经济活动对人的驯服与政治上的意识形态和集权统治对人的管制，将整一代人都按照它自己的要求进行塑造和生产，并且摧毁可能残留的人类追求自由解放的现实可能性。因此，德波在时隔二十多年后的作品的最后，留下的不再是当年雄心勃勃的颠覆景观社会、解放无产阶级的宣言："从颠倒的真理的物质基础上解放出来，这就是我们时代的自我解放"②；而是似是非是、自认徒劳、仍待肯定的结语："当某人并未因为他的工作而得到回报，或是他的工作并未得到认可，那么，他也会被认为是在徒劳地（*Vainement*）工作，因为既然是这样，那么他就一直在浪费他的时间和精力，他没有以任何方式对他所从事的工作价值报以成见，而他所从事的工作或许的确存在着价值。"③

---

① ［法］居伊·德波：《景观社会评论》，梁虹译，40 页，桂林，广西师范大学出版社，2007。

② ［法］居伊·德波：《景观社会》，张新木译，139 页，南京，南京大学出版社，2017。

③ ［法］居伊·德波：《景观社会评论》，梁虹译，51 页，桂林，广西师范大学出版社，2007。

结束语

德波曾在他的自传《颂词》(*Panegyrique*)中谦逊地评价过自己："我至少成功地传递了这些元素，使一切能够被恰当地理解，使一切不再停留在任何的神话或幻象之中。到此为止，作者中断了他真正的历史：请原谅他的错误。"[1]如德波所说，他的优点与缺陷是一体而生的，以至于他清楚地知道自己的错误而始终不渝。这也是德波激进哲学的魅力所在，它再现了在历史现实与人类理想之间的巨大张力。莫以成败论英雄，是非功过后人评，在此，我们将对德波的激进哲学及其革命实践活动进行总体的评价。

---

[1] Guy Debord, *Panégyrique*, Paris, Gallimard, 1993, pp. 85-86.

一、不妥协的左派

德波逝世之后，当代法国哲学家拉古-拉巴特称赞德波终其一生的"骄傲的不妥协"，包括其"透彻的批判，美学-政治的激进性，无法被超越的分析的深度，彻底拒绝与自称是革命家或是更糟糕的解放者妥协。"①我认同拉古-拉巴特对德波的评价，而且更认为这是德波在马克思主义历史留下的最浓墨重彩的内容，那就是"骄傲的不妥协"，那就是与资本主义现实彻底决裂、坚决革命的"激进性"。

何出此言？因为马克思主义从它真正建立起来的那刻开始，就是一个活的整体，理论与实践是其不可分割的永恒主题。但是，马克思主义却在现实的无产阶级革命历史中举步维艰。最先，在阶级斗争运动中，马克思主义者们不仅先后面临着巴黎公社的失败、欧洲各国工人运动的失利，而最成功的俄国十月革命，是发生在马克思主义所预测的最不可能率先、孤立地爆发无产阶级革命，建立无产阶级政权的落后农奴制国家。而资本主义现实在 20 世纪初之后发生的新变化，将过去以非人道的劳动力剥削为主要方式，改头换面为人道主义式的、让人们自愿认同的微观统治，这就大大降低了资本主义阶级矛盾的对抗性和敏感性，成为一种新的软化阶级矛盾的统治。这一点，无论是葛兰西强调要争取"文化霸权"的意识形态统一战略，还是卢卡奇批判的阶级主体性的物化和丧失，都是从理论上回应了无产阶级作为历史的、革命的主体不断被

---

① Philippe Lacoue-Labarthe, "Éloge," *L'animal*, Metz, No. 19-20, pp. 241-242. 转引自 Patrick Marcolini, *Le Mouvement Situationniste : une histoire intellectuelle*, Montreuil, L'Échappée, 2012, p. 243。

延迟的现实困境。

所以，20世纪的西方马克思主义，是热闹的，也是落寞的。从过去的政治经济学批判到锁在象牙塔里的文化批判、美学政治，这不得不说是西方马克思主义在逐渐远离革命的现实可能性的征兆。佩里·安德森曾经这样评价过20世纪以后的西方马克思主义，认为它是一个失败的产物，因为经典马克思主义中理论和实践的有机统一，已经不再可能："到第二次世界大战以后的时期，理论和实践之间的距离是如此之大，似乎这种情况同西方马克思主义传统本身在实际上就是一体。"①

而德波最令人着迷的地方在于，他从头至尾都从无背叛和妥协，为20世纪走入革命实践困境的西方马克思主义，在最不可能实现革命的资本主义现实统治下，提供了最可能实现革命的理论资源和革命冲力。

他是一位天生的艺术家、哲学家、战略家而非理论工作者，他与生俱来、融在骨血中的自由和反叛，使他在现实生活中毫不犹豫地在与资本主义相决裂。他决不工作，决不向资本主义贡献一丁点的力量；他拒绝体制，拒绝进入被豢养的大学体制；他热衷反抗，热衷在暗夜里走上街头贴上异轨的革命宣传海报和标语；他崇尚革命，崇尚推翻压抑生命的资本主义的革命。即使在法国、意大利各国革命失败后，即使最后他无处可逃只能躲进郊外的荒野，即使英雄迟暮只能将一腔热血付诸小小的棋盘和无尽的酒精，德波从未想过与这个金钱至上、商品人道主义的资本主义世界相妥协。

---

① ［英］佩里·安德森：《西方马克思主义探讨》，高铦、文贯中、魏章玲译，41页，北京，人民出版社，1981。

他拒绝了传统马克思主义的经济决定论，同时也拒绝了法兰克福学派的革命实践的总体悲观论，转而认同列斐伏尔提出的"革命浪漫主义"，醉心于中世纪骑士精神[①]所彰显的友谊、忠诚、互助、道德、荣誉，以及对冒险和漫游的热爱。在其个体本位的新人本主义立场下，他更强调反抗的主体性不应局限在列斐伏尔的理论报告中，而是应该与改变日常生活的革命行动相联合。因此，他提倡对日常生活的直接介入，强调欲望、快乐和创造性在日常生活革命中的重要性，同时信任处在景观社会剥削下的无产阶级必然会成为革命的历史主体。

虽然德波所倾心的无产阶级自由联合和真实沟通的"工人委员会""自我管理"等革命组织方式，以及拒斥商品经济的浪漫主义立场，被历史证明是失败的，也被大多数人视为一种精英团体的幻想，但这并不代表这是左派斗争中最脱离实际的糟糕选择。恰恰相反，当下左派斗争做出的最差的选择就是无从选择，只能喋喋不休的犬儒主义式"抗争"和"顺从"。德波想说的只有这么一个真理，那就是只要资本主义商品经济继续存续，价值及其货币形式就是一种决定着主体行为的"先验"形式，先于主体的任何意愿而顽强存在，个体也就屈从于市场经济的生产和消费逻辑。唯一具有现实可能性的，就是一种与整个商品世界、与整个资本主义官僚统治相决裂的革命意志，这虽然是幼稚的，但也是当下唯一可能真正实现人的自由的革命方向。用德波手稿中摘录的卡尔·柯尔施的《马克思主义和哲学》中的话来说，这种永不磨灭、勇往直前、毫不停

---

① 中世纪骑士的形象是德波作品中屡见不鲜的、被引用的意象(Boris Donne, *Pour memoires*, Pairs, Allia, 2004, pp. 134-141)。

歇的革命意志是马克思的辩证唯物主义方法的本质：

> 理论和实践不可割断的相互联系，作为马克思的唯物主义的第一个共产主义类型的最独特的标志，在他的体系的较后期形式中，无论如何也没有被废除。认为一个纯粹思想的理论似乎已经取代了革命意志的实践，这不过是肤浅的一瞥。这种革命意志在马克思著作的每一个句子之中都是潜在的。①

而正是因为德波在革命实践上的坚持和不妥协，才让他站在了1968年五月风暴的风暴眼，成功地引起了革命的浪潮而被钉在"现存世界的中心"，成为同时代里唯一一位真正将理论转化为历史事件的激进哲学家。

虽然德波及其一生的抗争，被后世视为"试错"的、昙花一现的事件，但我相信，德波是无可比拟的，而且这种独一无二，在陷入犬儒主义的独白剧中的当下历史里，显得格外珍贵。在当下，没有立场就是最佳的立场，和平共处就是最大的自由，哪管死后洪水滔天就是最敞亮的选择。这是

> 最彻底的虚无主义，因为如果一切都只是命运决定的无法把握的绽出时刻，那么人的一切选择就都只能是"盲目的选择"，人被免

---

① ［德］卡尔·柯尔施：《马克思主义和哲学》，王南湜、荣新海译，25页，重庆，重庆出版社，1989。

除了选择善恶是非、好坏对错的责任，因此我们"不可能再作为有责任的存在者而生活"，这表明"虚无主义的不可避免的实践结果就是盲目的蒙昧主义"(fanatical obscurantism)。[①]

德波就是这样一位具有着"多余的"时代责任感和革命冲力的存在，是其他人都安稳地躲在日常生活一隅里时"明知不可为而为之"的少数。他心中无细故、偏向虎山行的革命姿态，不是唯一、却是一名真正的左派的姿态。

二、德波与马克思主义美学政治

德波所主导的情境主义国际，是一场倡导积极介入和改变日常生活现实的美学政治运动，其与本雅明等其他思想家一同，拒绝了法兰克福学派的自律性艺术和文化解放作为政治解放的途径，提倡直接介入日常生活的他律政治行为，艺术创作及其技术手段理应为无产阶级服务。这构成了 20 世纪西方马克思主义美学政治中不同于法兰克福学派的另一条路线，其立场和影响不应被忽视。

这里，必须先定义什么是"美学政治"(politique de l'esthétique)。这个概念借用自雅克·朗西埃(Jacques Rancière)。朗西埃指出，美学政

①　甘阳：《政治哲人施特劳斯：古典保守主义政治哲学的复兴》，见[美]列奥·施特劳斯：《自然权利与历史》，彭刚译，导言15页，北京，生活·读书·新知三联书店，2003。

治，在于"艺术总是在规定与现实脱节的经验的各种形式中发挥作用，因而体现出政治主体化的能力的并不在于具体的作品创作，而是在于对感性的新经验、时间、空间、我和我们的创造……在 20 世纪 60 年代，艺术表现的实践和政治行动的实践之间有着密切的互动……正是政治运动本身才赋予了艺术以能见度和阐释所依据的准则"[①]。由此可见，美学政治并不是一个超历史的概念，而是在现代性的具体语境中，美学由于具有相对独立于经验的艺术自律性，从而有可能成为反抗现实统治、实现自由生命的中介，从而为政治提供新的革命范式（感性的革命范式）；同时政治运动也可能为艺术提供变革现实的根本力量。因而，美学政治，实际上就是彰显了美学与政治之间的张力关系，关乎美学是否能够在多大程度上成为政治的审美救赎，关乎政治行动是否能够为美学提供变革世界的工具等关系问题。

而在 20 世纪的欧洲，美学艺术和政治革命之间的关系问题，一直都是将追求自由人的联合体的马克思主义和追求自由生命的先锋艺术家们紧密糅合在一起的纽结点。就在马克思主义与先锋艺术相遇的美学政治潮流中，围绕着美学和政治之间的互动张力问题，即美学如何成为政治的审美救赎问题，形成了两大不同的阵营。

一方面，以阿多诺和法兰克福学派为首的思想家们，都描述了在资本主义工具理性全盘统治下，文化工业将艺术的使用价值从艺术存在中抽离，代之以抽象的交换价值，从而使艺术沦为标准化生产的商品，逐

[①] Jacques Rancière, "Politique et esthétique. Entretien réalisé par Jean-Marc le 30 novembre 2005," *Actuel Marx*, 2006/1, No. 39, pp. 193-202.

步摧毁了艺术本身自在自为、独一无二的品质。对此他们认为，自律的艺术本身具有不被商品化和拜物教化的反抗力量，接近于一种自由的解放状态。20 世纪法国的达达主义、超现实主义者们，都是基于相同的立场，认为能够在断裂式的艺术再现中解构资本主义现实，抵抗日常生活的物化统治。

另一方面，以本雅明、德波为代表的思想家，拒绝了法兰克福学派的自律性艺术和文化解放作为政治解放的途径，他们并不相信仅仅凭借艺术的自律性就能够为政治提供革命的可能性。相反地，美学救赎政治的可能性不在于艺术的自律性，而在于他律的政治行为；政治理应直接介入美学，艺术创作及其技术手段理应直接为无产阶级服务。

1938 年，托洛茨基与布列东联合签署发表的《创造自由的革命艺术宣言》(*Manifest for an Independent Revolutionary Art*)，明确地确立，这个时代的先锋艺术的最高任务，就是要积极地介入革命的准备活动中去。艺术的自由和独立，就在于为革命而抗争；而革命，也是为了彻底实现艺术的自由和独立。这是马克思主义者、先锋艺术家们必然联合起来的根本原因。

本雅明则更具体地认识到，虽然在资本主义机械可复制时代下，代表艺术本真性的灵韵正在消失，但在这个不可逆转的祛魅化过程中，现代技术也将精英个体的审美方法，转化为集体的互动方式。因而，包含机械复制在内的现代技术，由于其受众广阔，非常适合直接用于宣扬政治理论和革命行动。因此，本雅明特别推崇同时代的德国戏剧大师、共产主义艺术家贝尔托·布莱希特。因为布莱希特在戏剧实践中肯定且发挥了技术的政治革命力量，他在史诗剧的戏剧创作中，利用中断情节、蒙太奇手法等间离效果，阻止观众对舞台表演的移情效果，保持观众的批判意识和革命精神，旨在将被动接受的观众颠倒为具有批判意识和介入现实的主体。

德波及其创立的情境主义国际运动，就属于后面这一阵营。德波主导的情境主义运动，作为一场美学和政治相融合的美学政治运动，美学的创造和革命的反抗，对非异化的生活方式的体验（建构情境、漂移、异轨、心理地理学等）和对资本主义社会的批判（劳动异化批判、日常生活批判、景观社会批判等）是不可分离的两大内容。

首先，德波从建立字母主义国际开始，就已经从文化工业全面商品化的现实中体认到了艺术自律性能够带来政治的审美救赎，是一个自欺欺人的意识形态幻觉：艺术，是不可能仅仅凭借自身创作的自律法则，就脱离于现代商品化对艺术创作的收编和统治。在他看来，提出了改变生活的口号的达达主义、超现实主义等先锋艺术流派，皆是寄希望于通过摧毁艺术形式本身（借用无意识、非理性、直觉等）来实现自由的革命目标，这是在现实中软弱无能的表现。因为艺术自身的自律性，实际上是对世界的失语症，是革命在现实结构中缺场的臆想病，不带来任何改变现实的力量，这批先锋艺术家们就只能从批判走向了一种形式上的"艺术的忧伤病"（nostalgies artistiques）[①]。真正的先锋艺术，就必然是积极介入改变生活的革命运动。

随后，德波就在情境主义国际运动一开始（其实是从情境主义国际

---

① Guy Debord, *Textes et documents situationnistes(1957-1960)*, Paris, Allia, 2004, p. 86.

运动的预备阶段的字母主义国际开始），就确立了和本雅明相似的美学政治的观念，即先锋艺术的实践中当然存在救赎政治革命的方法，但只有当先锋艺术服务于真正改变生活的政治革命目标，才可能实现对艺术和政治的超越。更确切地说，对德波来说，实现超越艺术和超越政治的逻辑是一致的，因为先锋艺术和政治革命的终极目的都在于推翻现实压迫、真正改变生活、走向自由彼岸；并且，和马克思所说的只有在人类解放之下才可能真正实现政治解放的思想一致，德波也坚定地认为，只有真正实现了反对资本主义社会的政治革命，才可能实现先锋艺术的自由解放。从这个角度出发，我们才能理解，德波从 1960 年开始一手主导了情境主义国际的理论和实践重心，从先锋艺术的自由体验转向了马克思主义的激进政治，这并不是艺术和政治之间彻底的逻辑断裂。而是德波在与马克思、列斐伏尔、"社会主义或野蛮"、欧洲工人运动等相遇后，才找到了真正能够在现实中彻底实现先锋艺术，改变资本主义现实的理论分析工具和革命实践方法。

三、德波与马克思主义社会批判理论

德波所面临的时代是 19 世纪的自由竞争的资本主义，已经在 20 世纪第二次世界大战之后，通过消费社会的兴起，完全走向了围绕着消费、媒体和信息技术等建立起来的组织化资本主义。无产阶级在自由放任资本主义阶段，主要是在劳动过程中受到了无人格的资本的经济剥削和压迫；如今在资本主义引入泰勒制、福特制之后，无产阶级所面对的已然主要不是生产与劳动过程的异化，而是日常生活（文化活动、娱乐活动等）、消费过程的异化。

这其实不仅是德波一个人面临的时代问题，同时也是自卢卡奇、阿多诺、马尔库塞、列斐伏尔等西方马克思主义者面临的时代问题。对此，卢卡奇的《历史与阶级意识》、阿多诺的《启蒙辩证法》、马尔库塞的《爱欲与文明》及列斐伏尔的《日常生活批判》，都试图分别从无产阶级主体的意识结构物化过程、从"文化工业"对大众的虚假意识的塑造、从需求和欲望机制的社会历史变迁、从消费社会的科层制来揭示新的资本主义剥削机制，来揭示新的资本主义现实在将日常生活全面商品化、理性化和官僚化时，如何生产出了非暴力的微观统治形式。

德波也是如此。德波对马克思主义的最大贡献就在于，他在组织化资本主义的特定历史条件下，更新了马克思主义社会批判理论的时代内涵。

第一，与法兰克福学派、列斐伏尔一样，德波认为，组织化资本主义从以物质生产为主导的生产方式转向了以消费为主导的生产方式。在消费主义盛行的景观社会中，资本主义的统治领域也发生了转移，不仅发生在劳动过程中资本对雇佣劳动的剥削，也发生在日常生活非劳动时间和日常生活之中。景观概念就是商品经济和资本逻辑操纵人们日常生活的图像再现，它通过媒体和商品广告中呈现的对象性诱惑，持续地引导着人们在日常生活中进行异化的消费，消费资本增殖所自行生产的丰裕商品。

但是，德波的独特贡献在于，其前后期的日常生活批判、景观社会批判、对非异化的生活方式的体验以及新的革命组织的尝试，都在集中揭示和批判资本主义商品生产新的抽象性。那就是在资本主义消费社会的万物商品化时代中，商品经济获得了前所未有的独立性，完全是为了自身而自行发展的经济，景观让活着的人们服从于它。这是一个脱离了我们的力量并且能向我们自行展示其统治力量的世界，因为资本主义经济将消费所需的前提，包括人、人的需要、人的生活都纳入了生产和塑造中去。资本谋取自身增殖，将商品的使用价值不断降低为零，将人的存在意义压制为虚无，而商品却越来越采取各种绚烂而无意义的再现形式。这其实是资本主义在差异性的商品符号生产垄断下的极端表现。

第二，资本主义的统治方式也发生了变化。马克思时代资本主义统治下肉眼可见的是"朱门酒肉臭，路有冻死骨"，是贫困不堪的工人、频发的工人运动、阶级矛盾和暴力冲突，而在德波所处的时代中，到处可见的是"仓廪实""衣食足""姹紫嫣红开遍"，是丰裕社会、纸醉金迷和幸福意识。表象变化的背后，是统治策略的变化，从外在强制和暴力手段变成放任欲望的膨胀和幸福意识的追求。

德波说，现代资本主义的新一轮运作原则是商品经济的人道主义，它不再希望工人和无产阶级陷入薪资少、生活穷的窘境，而是像福柯所说的希望"让你活""让你活得更好"。只有每个个体在消费社会中，依照景观所示的明星、成功人士那样活得幸福，才能够在作为生命体、而非作为劳动力的个体身上，挖掘出远超过马克思所说的劳动力在社会必要劳动时间内创造出的剩余价值。而且，最重要的是，只有这样，每个个体才会自主自愿地将自己的生命活动交给消费和资本，成全资本主义秘而不宣的统治。从 60 年代初的日常生活批判到 1967 年的《景观社会》，再到 80 年代的《生病的地球》《景观社会评论》，德波一直都在揭示资本主义如何将人们的所有生命活动都和平整合到商品生产和消费活动之中，好让他们忙于追逐景观中呈现的虚假的个体、人生和未来，忽视在其五彩斑斓的背后是他们自己的生命被资本当作消费对象，用来实现资本差异性生产过程的自我增殖的。

第三，马克思所指出资本主义社会的主要矛盾，即不断增殖和积累自身的资本，与挣扎在贫困线上、日益经受剥削和贫困的活劳动之间的根本对立，被德波改写为资本主义社会的商品丰裕和景观堆积的表象，与日常生活中人的生命意义被无限压缩，无法自由实现其欲望的根本对立。

德波一直都相信，资本主义对日常生活的全面商品化所带来的同一性统治本身是具有裂缝的，那就在于它只提供了工业流水线上虚假的满足、个性和生活，导致人根本无法真正自主地创造，并实现自己的真实欲望。这里德波所认为人性的贫乏，并不再是马克思所指的物质财富意义上的贫困，而是在阶级的贫富差距基础上越来越严重的生活的不由自主，"所有人都在不停地被托管监视中（en tutelle）……人们总是活在一种不被他们所自由选择的生活之中"①。这其实是资本主义现代性所招致的人的存在性的根本问题，是每一个生活在现代社会中的个体都能感受的主体的"被剥夺感"。所以，德波始终坚信革命必将到来，这种力量来自必然要成为主体的人——主体是不可能在其中实现自身的真实的欲望和需求的，因而随着资本主义的发展及其让人难以忍受的要求，人们

---

① Guy Debord, "Critique de la séparation," *Œuvres*, Paris, Gallimard, 2006, p. 45.

会自然而然地选择日常生活革命的方式来改变无法忍受的现状。

四、德波与马克思主义革命实践

马克思主义从诞生起，就是关于如何实现无产阶级自由联合和解放的理论和实践议程。20世纪在卢卡奇、葛兰西、柯尔施等第一代西方马克思主义者那里，无产阶级的政治斗争和革命实践始终都是他们关注的核心。但是，第二次世界大战之后的福利国家、现代化进程在欧洲的快速铺展，和无产阶级革命运动的现实遇冷，让左派思想家们都处于强于批判理论而弱于革命实践的尴尬境地。而德波，特别是在情境主义国际运动中，与同批的新左派思想家们，一同重新定义了当代马克思主义政治斗争的内涵和特征，革新了马克思主义的政治组织模式、政治斗争原则和行动方法等内容，为马克思主义政治话语和革命实践提供了新鲜的血液。一方面，这些崭新的内容构成了自20世纪60年代后兴起的新左派所共享的新革命理念；另一方面，德波对政治的全然拒斥和对自治主义的偏好，也为当下推崇多元政治的激进左派提供了启示——如果没有从"社会总体"的角度来认识资本主义商品社会及现代政治的从属地位，就可能会陷入以政治的方式完成政治的目标的传统斗争模式而无功而返。

首先，德波及其同伴与同时期的其他思想家，都参与、推动了从议会政治、党派政治转向日常生活的政治化。

由于日常生活成为资本主义权力渗透的新殖民领域，也就是福柯后来在 1968 年五月风暴运动后指认的，新的权力是一种生产出社会控制的微观统治机制，它在人的肉体、思想、话语中积极地实践自身，因而德波等人所发起的政治运动，其核心在于拯救被殖民的日常生活，而不仅仅在于政权权力的更替。新左派政治斗争的模式，不再局限于台面上的议会斗争、投票选举、党派政治，而是大大扩展为一场横向的、多元的日常生活革命——新左派所欲望的是日常生活的整体重建，是一种所有的人类之间平等、自由的真实关联与交流。德波和情境主义者反复实践的建构情境、漂移、心理地理学、总体都市主义等活动，就是要对日常生活进行直接的、具体的干涉，从而赋予生活的每个瞬间和空间以属人的情感密度和独特质性。所有这些行动都是为了能够解构景观统治，同时能够在日常生活中实现人的自由和生命存在。

这一点，其实在同期的法国激进左派思想家里并不少见。利奥塔在《在马克思和弗洛伊德之间的漂移》(*Dérive à partir de Marx et Freud*)中评价五月风暴时就指出，这场运动并不是传统意义上针对特定政治体制的政治危机，而是针对社会体系的总体危机："不仅是针对资本的所有权，而且是掌控生活的整个组织，掌控现代社会（无论东方西方）用来移除欲望所用的所有'价值'。"[①]

这就使马克思主义政治斗争和无产阶级革命不再局限于劳资对立的二元阶级矛盾，而走向了一种多元、横向的政治斗争图景：

---

① Jean-Froiçois Lyotard, *Dérive à partir de Marx et Freud*，Paris，Union générale d'édition，1973，p. 23.

日常生活的政治策略发挥了一种"退出策略"的功能，由此允许法国青年人逃避正统马克思主义的教条，也逃避法国共产党所强加的意识形态。它能够使战斗分子表达各种先于政治、存在主义的关注——一系列关于心理学、性、家庭生活、都市生活和基本的人际亲密关系等领域的议题。通过日常生活的话语，学生激进分子能够更新当代社会批评的词汇，由此使之切合于现代世界的特殊挑战。①

其次，德波等人以反对官僚、崇尚自我管理的自治主义为新的政治目标，提倡"自我决定""自我管理""直接民主"的政治活动原则。

德波和情境主义国际，以及同时代的新左派思想家们，他们之所以会与传统左派的议会政治、党派政治相决裂，转向日常生活的微观革命，是因为现实让他们明白，用另一个异化的官僚体制取代资本主义，是不会终结专制统治对人的奴役和压迫的。因此，新一批的左派分子对未来的政治斗争的设想是，这不仅仅是一场改变所有权关系的革命，也应该是一场革新所有生活和交流方式的社会文化革命，只有坚决地反对官僚、反对独裁，崇尚"自我决定""自我管理""直接民主"的自治主义，才能真正根除资本主义现代体制对人的本性的殖民和异化。

德波和"社会主义或野蛮"一道，选择了反抗专家/技术治国、官僚主义的现代政治模式，提出了一种平等主义的、直接民主的激进政治模

---

① ［美］理查德·沃林：《东风：法国知识分子与20世纪60年代的遗产》，董树宝译，23页，北京，中央编译出版社，2017。

式——其本质特征在于，拒绝任何官僚体制、政党制度、代表制等传统政治形式，强调工人委员会中工人的自我管理、自我组织所恢复了的工人的自治精神以及无产阶级在社会活动中的主动性。

再次，德波的情境主义国际运动，它的精英式领导，与工人、学生的密切接触，本身就反映了马克思主义的革命主体正在逐渐走向多元化、个体化。

传统的革命主体当然是以蓝领工人为核心的工人阶级，但现如今，新一批的左派激进分子，都倾向于认同学生、工人（蓝领、白领等新工人）、女性等多元群体成为革命抗争的重要成员，也更加强调每个个体与政治斗争现实的紧密结合。最典型的例子就是在五月风暴的革命运动中，学生、工人、女性等多元群体成为激进运动的先锋，而且在德波、利奥塔、马尔库塞等人看来，他们其实都承认，这些未被资本主义完全收编的"边缘人士"正是反抗资本主义的新的社会力量、"新感性"。

其实，马克思主义政治斗争的主体的变化，本身就是因为组织化资本主义对整个社会领域的微观权力渗透，对所有人的非劳作时间和生命活动的剥削现实。在五月风暴中，德波和情境主义国际直接反抗的是现存的资本主义体制和官僚统治机制，而学生们直接反抗的是为社会提供受教育的劳动力的大学体制，女性、同性恋等直接反抗的是以性别歧视为社会规范的体制。就是由于国家权力机器在各个领域的渗透，才使得五月风暴及后来的左派革命运动，既是工人反抗资本剥削的阶级运动，也是反对社会异化、反对官僚主义和所有不平等体制的全民运动。

最后，在关于政治斗争和革命运动如何发生的问题上，德波特别强调要从依赖于资本主义社会生产力和生产关系运动的客观规律，走向强调主体性在发动革命中的先决地位。

德波和情境主义国际，包括新的左派分子，都不再相信资本主义社会发展会自发带来一场必然的无产阶级革命。他们更信仰，革命主体、革命行动只能在实践中不断生成。因此，无论是个体反抗还是集体实践，在引发社会根本变革中都具有优先性和决定性的作用："要真正地摧毁景观社会，就必须有将实践力量付诸行动的人们。"①

德波特别指出，革命的无产阶级主体，只可能在革命的实践、在阶级意识的觉醒中逐步生成，是一种在无产阶级革命中"即时在场"的存在，而不可能由马克思的生产力发展图式保障，也不可能由外在的政党或工会组织来垂直决定。在马克思那里，无产阶级主要还是一个社会学-政治经济学的范畴，是必须出卖自身的劳动力让位于资本的剥削的社会经济活动的产物，而在德波这里，无产阶级主要就是一个政治的范畴，是解放事业的否定面。"无产阶级只有成为**具有阶级意识的阶级**才能让自己获得权力。生产力的发展并不能保障带来这种权力，即使生产力的发展带来了越来越多的剥夺也不能间接保障。"②无产阶级要成为革命的历史的主体，就必然是在"它组织革命斗争，在**革命的时刻**组织社会之中：正是在这里必须具备形成**阶级意识的实践条件**，在这些条件下，关于实践的理论在变成被实践的理论（théorie pratique）的过程中得到证明"③。

---

①　［法］居伊·德波：《景观社会》，张新木译，128 页，南京，南京大学出版社，2017。

②　同上书，52 页。译文有改动。

③　同上书，53 页。译文有改动。

总体来说，资本主义景观社会在人们日常生活中的全面渗透，催生了情境主义国际和五月风暴的新革命范式，也造就了一种新的思考"政治"的方式。那就是打破了自上而下的、精英治国的专家政治传统，塑造了自下而上的、全民行动的日常生活政治——这是一场寻求个体的身份差异、文化多元主义的狄奥尼索斯式的"节日"，预示着"后马克思"思潮激进政治的多元内容。当然，这种激进政治模式，根本缺陷在于放弃了马克思关于资本主义社会内在矛盾及其历史发展必然性的客观逻辑，将无产阶级的解放议程转化为一种"在场的"、"即刻的"、日常生活的微观政治革命，只能成为一种批判性的，而非历史建构性的漫画式图景。

不过，值得注意的是，德波从头至尾对党派活动、资产阶级民主的全然拒斥，以及对反官僚制、反体制的自治主义的无限青睐，其实与当下激进左派提倡的多元政治仍有着很大的区别。

对于德波来说，现代任何的政治，都不再是以往政治哲学中具有某种理性的本体论存在了，而是成为了人的社会生活的具体事务的管理者，完全服务于商品社会的市场经济活动。在 20 世纪下半叶的法国，政治早就被"景观化"，将希腊城邦政治中的公民辩论替换为聚光灯下围绕边边角角的民生问题而每天进行的电视节目，这些只不过是政治所经历的可见的表象变化而已，其背后则是政治从此之后不再具有独立性。

当政治仅仅变成了对人的社会生活进行管理的政治，这本身就是资本主义经济理性入侵和胜利的结果，政治从此之后不再具有任何的独立性和自由性。那么，左派在政治领域开展的或激进或保守的政治斗争，所谓的议会斗争、多元群体的抗争等，由于它们根本没有从"社会总体"的角度来认识资本主义商品社会及其政治附属，脱离了资本主义商品经济和资本逻辑的揭示和斗争，它们也就根本不可能以政治的方式完成政治的目标，都成为了打不上靶子的空心弹。因此，从这个角度来看，德波对政治活动的全然拒斥，虽然是一种偏向无政府主义的做法，但他们指出了当时唯一具有革命可能性的方向。

五、德波激进哲学的理论"无根性"

在前面我们已经看到，德波的激进哲学区别于同时代的其他思想家的地方在于，他揭示了资本主义的"消费社会""丰裕社会""媒介时代"的历史阶段的特殊统治方式，那就是在景观图像所引导的主体性欲望下，将人与人之间在商品生产和交换领域物化的社会关系，再次颠倒为符合景观形式的伪个性之间的伪交流，使人内在自动地服从于景观呈现的虚假生活，在人的实践中构建起一种被默认的景观意识形态和生活方式，最终阻碍了人们从资本主义生产关系的客观禁锢中解放自身。同时，他更是将坚持了革命目标的彻底性，将先锋艺术的直接行动的激进立场，彻底贯彻到了五月风暴等无产阶级革命实践中去。

但是，作为一名革命战略家的德波，他的激进哲学的理论缺陷也是非常明显的，这也在相当程度上反映了同时代一批的西方马克思主义者共同的理论缺陷。

最大的问题在于，包括德波在内的 20 世纪西方马克思主义的历史缘起于反对第二国际的教条主义马克思主义、经济决定论、苏联的僵化政治体制等，这就客观地决定了德波激进哲学的开端就是要高扬能动的主体性，贬斥传统马克思主义的历史唯物主义立场。这也是为什么德波能从先锋艺术顺利地直接过渡到西方马克思主义领域的原因，因为抽象且普遍的自由、人本主义精神是此时两者共享的理论和革命冲动。

如此一来，就不难发现，德波从头至尾就不信任马克思主义在历史唯物主义基础上提供的生产图式以及无产阶级的革命纲领。德波直言，在《政治经济学批判》《资本论》等中关于资本主义社会生产力和生产关系的内在矛盾的客观规律等历史唯物主义思想，是马克思为了论证无产阶级必将胜利而制造的生产图式，是为了迎合阶级斗争的线性序列。"早从《共产党宣言》时起，马克思就通过展现不断重复的黑暗的过去，来证明无产阶级政权的合法性，马克思就将他的思想简化为一种生产方式发展的线性序列，而生产方式的发展是由阶级斗争推动的，阶级斗争的最终结果无一例外就是'全体社会的革命改造或斗争中各阶级的共同毁灭'。"①但是，马克思在历史唯物主义框架中提供的生产图式在无产阶级实践中遭遇了挫败。生产力决定生产关系、经济基础决定上层建筑中论证的无产阶级的总体革命，并没有在历史现实中发生。更恶劣的是，德波认为，这直接导致了马克思及其捍卫者更加偏爱用经济决定论的科学框架来作为预测革命必将到来的保障。结果是，越是缺乏成功的革命实践，革命的主体越是在现实中延后到来，马克思及马克思主义拥护者，就越是拼命想要借用经济政治学的科学理论来提供革命必然会发生的保障。而在理论上，越是依赖于经济决定论，那么，革命实践和革命

---

① ［法］居伊·德波：《景观社会》，张新木译，50—51页，南京，南京大学出版社，2017。译文有改动。

主体就越是不被马克思主义者所重视，现实中的革命的可能性就越来越小，循环往复。

在这样的"误读"下，德波当然义无反顾地站在了主观意识决定革命斗争现实的唯心主义立场上，对马克思主义历史唯物主义的社会历史客观运动、资本主义社会结构的分析敬而远之。德波对景观社会、消费社会所代表的新资本主义如何历史地产生且在阶级剥削的基础上维系其统治，并不感兴趣。他更像是《1844年经济学哲学手稿》中的青年马克思，在强调实现"人本身"的伦理价值。而他看不到，马克思实际上将伦理维度上的"人"，最终扎根到了资本主义的特定的社会关系中去。只有这样马克思才能发现，资产阶级是如何从罪恶的"圈地运动"的历史开端出发，将与生产资料相分离的无产阶级彻底逼入资本主义市场关系之中。无产阶级在这个特定的历史条件下，为了生存只可能与资产阶级看似"平等"地签订雇佣劳动合约，根本上却是向资产阶级出卖自己的劳动力，让死资本来合法剥削和压榨活劳动的剩余价值。以此为基础，马克思才在资产阶级生产、流通、分配再到再生产中的全部经济关系中揭示了资本主义维系统治的秘密，那就是无偿占有无产阶级的剩余劳动和剩余价值。因此，马克思最终是站在历史唯物主义的理论立场来分析资本主义社会的内在矛盾运动及其被无产阶级所超越的历史必然性。无产阶级的革命并不能仅仅依靠《1844年经济学哲学手稿》中伦理维度的价值呼吁去实现，而必须尊重不同的生产方式的客观变更，尊重生产力与生产系矛盾运动的历史本质。这一点，包括德波在内，大部分西方马克思主义者们由于惧怕重蹈经济决定论压抑革命力量的覆辙，都矫枉过正地将"人""无产阶级革命"从生产力与生产关系的现实运动中连根拔起。

这就造成了德波激进哲学在理论上的"无根性"和非历史性，对资本主义社会的激进批判、无产阶级革命的实现，都只能寄希望于人本该自由自足的、抽象的人本主义冲动，寄希望于人们意识到现实压迫，并在意识到后去积极反抗。所以，德波当时经常提及中世纪欧洲的骑士精神，那是道德、勇敢、冒险、荣誉的化身，被他视为追求自由、热情、真实的情境主义国际的最佳模型，这也佐证了德波的激进哲学缺乏历史性、系于抽象且普世的人本主义精神的理论"无根性"。而且，德波理论上的"无根性"，对个体追求自由的伦理冲动的乐观估计，最终决定了他就像是堂吉诃德那样，仅仅倚靠着微薄的个人力量去冲撞资本主义社会的巨大风车，只不过是脱离经济制度和政治制度的变革，是只从文化和意识形态领域发动革命的强弩之末。

从理论外围来看，德波也并未构建起能够被广泛接受的社会批判理论体系，使其激进批判理论显示出现象化、浅层化、贫乏化的弱点。当然，从德波本人的主观意愿来说，他天生叛逆，从来就不屑做一名象牙塔里的理论家（虽然他认为自己足以胜任）。如果理论文本无法撼动现实的同一性，他根本就不屑于埋头理论创作。这就导致，德波的现代都市主义批判、日常生活批判、景观社会批判，这些哲学理论并没有构成一种客观分析现代社会生产内在机制和历史发展进程的话语体系。与此形成鲜明对比的就是列斐伏尔的日常生活批判理论。列斐伏尔就是在改造传统马克思主义经济基础和上层建筑的本体论关系的基础上，强调和展开了以日常生活为中心的微观主体向度的社会批判理论，替代了传统马克思主义的宏观叙述结构。而德波恰恰缺乏在本体论上提出一套对资本主义社会的内在运动过程和历史发展进程的分析，从而使他对资本主义社会的批判，大多数都成了星丛式散落开来的现象判断和格言辞令。

六、德波革命实践的孤注一掷

如果说，德波在理论上的非历史性、对马克思主义历史唯物主义的简单拒斥，还可以用德波自己给出的理由——如德波自己所说，他对本体论、形而上学等理论的拒斥，是由于对革命实践的青睐有加——暂且自圆其说的话，那么，当我们重新审视德波激进哲学时，会发现另一大问题恰恰发生在他引以为傲的革命实践活动上。那就是德波在对革命活动、革命形式上，走向了极端的无政府主义和个人主义。我们虽无法否认德波在五月风暴中站在革命浪潮的前线的激进立场和态度，但也无法认可德波在所坚持的革命组织和活动方式中暴露出来的幼稚和天真。

从一开始，德波在早期先锋艺术中就坚决反对艺术创作中的作者与观众的不对称关系，反对将电影制作成让人们安静观看的作品，相反德波想要制作一部让每个个体都能骚动起来的怪异作品。德波早期痴迷的先锋艺术的激进活动，比如异轨、建构情境、漂移等，根本上也是为了唤醒更多个体追求自由的真实欲望，参与到反抗资本主义日常生活统治的活动中去。但不难看出，德波高估了这种以先锋艺术的小团体形式展开的活动，其实际影响力太受局限，根本无法达到颠覆现实的革命目标。

而后德波虽然不再以这些先锋艺术体验为活动重心，但他却将其对个体的主体性、参与性、直接行动的强调，发展成了对景观生产出大众的"非干涉性"的批判，甚至成为了他关于革命组织形式的根本原则。那就是拒斥任何代议制、代表制的民主组织形式，拒绝任何革命组织中出现领导者和执行者的分离形式，要求严格执行直接民主、直接沟通、共同决议的工人委员会制。"革命并不是将生活'展示'给人们看，而是让人们生活起来。一个革命组织，有义务时时刻刻都记着，它的目标不是让他的成员们都听到专业领导人的具有说服力的演讲，而是让他们自己说，为了能够起码实现同等程度的参与。电影的景观，就是伪-交流的形式之一。"①任何中介、再现、等级关系、领导关系、从上自下的灌输关系，"是革命规划失败的标志，是新的权力专家的私有权，是妄想取代无产阶级真实生活的新的**再现**"②。归根结底这是一种新的景观意识形态的介入，是对人们直接经验和创造自己生活的中介，因而是要被抛弃的。

但是，德波的拒斥任何代表关系、上下层级关系的革命组织形式的激进想法，最终在现实生活中造就了什么呢？是他幻想的绝对平等、没有隔阂、能够无摩擦地实现革命思想交流的理想组织，在那里工人们可以自己管理生产和工作，通过直接民主和绝对平等的决议来直接决定所有事情。德波甚至还认为，这样的变革会导致人们劳动性质的根本改变，那就是从资本主义雇佣劳动关系中解放出来，转向无产阶级的自由

---

① Guy Debord，"Pour un jugement révolutionnaire de l'art," *Œuvres*，Paris，Gallimard，2006，p. 561.

② Guy Debord，"Définition minimum des organisations révolutionnaires," *Œuvres*，Paris，Gallimard，2006，p. 731.

劳动："从以被动的娱乐为中心的生活活动，转向新形式的生产活动。这并不意味着，在一夜之间，所有的生产活动都会变得非常有趣。而是，在彻底颠倒了工业生产的手段和目的之后，无论如何生产活动最起码都是一个自由社会中的热情（la passion minimum d'une société libre)。"①在五月风暴中，学生和工人占领大学、建立委员会等活动，却最终因日常秩序的迅速恢复而宣告革命失败，这就证明了这种革命组织规划的无政府主义、空想社会主义性质，是不可能以此为基础建设一个无产阶级自由联合的共同体的。

这就暴露出了德波革命实践本质上的脆弱和肤浅。实际上，德波是属于 20 世纪第二次世界大战之后"垮掉的一代"，他们用特立独行、制造噪声的极端方式，来直接抒发对资本主义社会统治和现代虚无主义的不满。同时，由于特殊的战争经历，他们都非常警惕各种组织、党派和体制，因而都选择个体本位的反抗手段来激进地冲撞现存社会，以期身体力行地唤起更多的人参与其中。但这种微观的革命斗争，流连于街头巷尾抓住任何时刻进行反抗的"游击战"，在最终效果上是不尽如人意的，而且并不具有更多的启示和借鉴意义，只能是个人英雄主义的昙花一现。

所以回过头来看，德波之所以可以被称为"激进"，很大原因在于，他是少数终其一生都在理论和实践的高度统一中寻求颠覆资本主义社会的有效战略的左派思想家。但是，德波的激进哲学，却显示出一种巨大

---

① Guy Debord, "Définition minimum des organisations révolutionnaires," *Œuvres*, Paris, Gallimard, 2006, pp. 516-517.

的矛盾性，那就是一方面我们可以看到他在批判理论和革命目标上"大无畏"的坚定性和彻底性，另一方面却是他在实践革命活动上的黔驴技穷和空想性质。这归根结底是资本主义矛盾冲突最为激烈的特定历史阶段催生的结果。

其实，也许可以说，当德波彻底贯彻了柯尔施所标识的马克思主义理论和实践不可割断的联系时，他无法避免地走向了阿多诺曾经预测过的革命理论与革命实践的必然分离。阿多诺在"非同一性"的否定的辩证法中，就已经暗含着这样的警示，那就是在这样一个严密渗透的资本主义社会中，任何激进的政治行动的"实践"，都无法逃脱资本主义同一性统治的强制。当阿多诺在五月风暴中，请来警察将闯入研究所的激进学生赶出去的时候，这并非是他无条件地向资本主义现实妥协了，而是阿多诺认为，在资本主义将所有劳动力都物化为可交换、可量化的商品时，处在这个时代中的所有人，无论其主观意愿多强烈，都无法摆脱经济范畴的人格化的抽象角色。所以，阿多诺认为在一个个体全面物化的世界中，只可能发生物化的行为，而不可能产生解放的革命实践——当世界的所有都是错误的时候，"错误的生活也不可能被正确地生活"①（wrong life cannot be lived rightly）；革命理论必然无法达及真正的革命实践，革命实践还存在着走向极权主义的危险（德国纳粹的惨痛案例）。

所以，德波激进哲学中体现出来的这种巨大的矛盾性，归根结底是20世纪第二次世界大战后资本主义时代的矛盾性。那是资本主义矛盾最激烈转变的时代。那个时代充斥着无产阶级的现实存在、阶级意识、

---

① Adorno，*Minima Moralia*，London，New Left Books，1974，p. 39.

革命活动的问题，无产阶级政党统治官僚体制合法性问题，大众消费中的资本主义意识形态物质化统治问题，个体生命的意义缺失与丰裕社会的物欲横流间的现实矛盾问题等。正是在那样一个矛盾重重的时代中，德波才妄想以一人之力来推动社会历史的革命变革。但正如阿多诺所说，这本身就是在错误的时刻，做出的不可能是正确的决定。德波期望自己能以无政府主义的立场掀起遍及所有人的新革命浪潮，坚定地将革命实践的激进立场贯彻到最后，最终不可避免地呈现出革命激情与实践受挫的孤注一掷的悲壮画面。其悲壮程度到，在 1968 年之前，德波及其激进的左派思想家都还在巴黎索邦的广场巷战中撕开他们梦寐以求的革命的想象缺口；而在其后，德波的综合景观都只成了新闻主持人在脱口秀里的谈资，连这个缺口都不再存在，只化为了无人认真对待的奇闻和杂音。

情境主义国际与德波的思想发展历程

　　情境主义运动于 1950 年初在法国和欧洲其他国家出现,以 1967 年德波的《景观社会》和 1968 年情境主义国际在五月风暴中的积极介入为巅峰,最后在 1972 年由于革命形势式微和防止情境主义成为教条主义而最终解散。

　　由于德波是情境主义国际的实际领导人和精神领袖,因而德波的思想发展,即他对资本主义现代社会的批判和颠覆现实的革命实践活动,与情境主义国际运动的历史进程息息相关。因此,再次回顾情境主义运动的 20 年活动轨迹,可大致呈现德波在其中留下的不可磨灭的文化和政治风貌。

　　总体来说,德波及其主导的情境主义运动,在内容上,主要涉及对艺术的超越、通向生命的自由建构、对景观的批判、现代社会谎言的揭示、马克思主义革命理论激进性的修缮、工人委员会革命权力模型的建构；在本质上，情境主义运动是现代性规划下政治和美学的激进融合，是批判资本主义社会的马克思主义和走向自由建构属人的生活的先锋艺术的融合。用德波自己的话来说："情境主义运动，既是一场先锋艺术的运动，是对自由建构日常生活的方法的体验式研究，最终也是在理论和实践上促成了新的革命的反抗活动。"①因而，对非异化的生活方式的体验(建构情境、漂移、异轨、心理地理学等)和对资本主义社会的批判(日常生活批判、景观社会批判理论、马克思主义革命和工人运动)是我们研究中不可忽略、也不可分割的主题。据此，将德波的情境主义运动分为以下四个阶段：

第一阶段，从 1952 年字母主义国际到情境主义国际早期(1957—1960)的先锋艺术阶段，以在实践中自由建构日常生活、反抗资本主义规训为主要内容。

在 1952 年 6 月，德波、沃尔曼、贝尔纳等原字母主义的核心成员们，共同成立了字母主义国际，即情境主义国际的前身。其成立标志是1952 年 12 月举办的第一次字母主义国际会议，即欧贝维利耶会议(Conférence d'aubervilliers)。

字母主义国际从成立开始就展现出明显的先锋艺术的色彩，确立其主要任务就是"批判艺术"(la critique des arts)和"超越艺术"(le

---

① Guy Debord, "Les situationnistes et les nouvelles formes d'action dans la politique ou l'art," *Œuvres*, Paris, Gallimard, 2006, p. 647.

dépassement des arts)①。而如何超越达达主义、超现实主义等先锋艺术流派、真正实现自由的先锋艺术目标，字母主义国际将此时的活动重点聚焦于在日常生活中解放个体生命、亲身体验直接的感性和自由，来反对资本主义现代性对日常生活的压抑和束缚。为了研究和改变日常生活，他们发明了漂移、异轨、地理心理学等观察手段和研究方法。从 1954 年 6 月开始出版的字母主义国际期刊《冬宴》，就是在定期地记录这些调查研究的进程，同时也用于宣传他们特立独行的生活方式和不合时宜的理念。

此后，德波和丹麦先锋艺术家约恩关系密切。在 1957 年的意大利，德波的字母主义国际和约恩在 1953 年成立的想象包豪斯国际运动共同成立了情境主义国际，进一步将字母主义国际时期的"情境建构"作为其核心任务，就是想要通过构建特殊的情境，激发人被压抑的真实欲望，从而脱离资本主义的现代生产力和生产关系对日常生活的规训和统治。情境建构，除了漂移和地理心理学外，还加入了对现代城市的批判的内容，主要是受到字母主义国际法国成员伊万的"新都市主义"和荷兰情境主义者康斯坦特制定的"总体都市主义"的影响 。在此期间，也就是从 1957—1960 年，情境主义国际发展迅速，在法国、德国、意大利、荷兰、比利时、丹麦都建立了情境主义国际的分部。可以说，60 年代从字母主义国际成立到情境主义国际早期，其活动的重心主要落在改变和组织日常生活的实践层面，目标是把生命本身赋予艺术的形式，最大限度地尝试、体验个人和集体的自由和感性。

---

① Guy Debord, Gil Wolman, Serge Berna, Jean-Louis Brau, "Conférence d'aubervilliers," *Œuvres*, Paris, Gallimard, 2006, p. 88.

第二阶段，从 1960 年开始，主要由于德波和亨利·列斐伏尔、"社会主义或野蛮"的密切交往，情境主义国际开始转向了以马克思主义为核心全面开展理论和实践活动，转向了艺术运动的激进政治化和政治运动的激进艺术化。

在 1957—1962 年，也就是情境主义国际的早期阶段，德波开始先后大量接触卢卡奇（Georgy Lukács）、列斐伏尔、吕西安·戈德曼（Lucien Goldman）等马克思主义者。另外，德波在 1960 年以个人身份加入"社会主义或野蛮"的极左组织之中，在其影响下，接触了卡尔·柯尔施、安东·潘涅库克（Anton Pannekoek）、赫尔曼·戈特（Hermann Gorter）等人的作品，第一次参加到了阿尔及利亚工人运动等欧洲无产阶级活动之中。因此，德波开始将研究重心放到了日常生活批判、对消费社会的马克思主义批判，以及无产阶级的文化革命等主题之上。

同时，德波表现出极强的清除艺术活动的意向。1959 年德波在《康斯坦特和总体都市主义道路》中写道："我们事业的核心目标……在于必须绝无余地地和任何我们认识的先锋艺术模式相决裂（rompre sans esprit de retour avec toutes les modes avant-gardistes）。"[1]在德波的绝对影响下，情境主义国际从 1960 年开始，从先锋艺术阶段转向了以马克思主义为主的"艺术的激进政治化"和"政治的激进艺术化"阶段。情境主义国际内部中，约恩、康斯坦特等艺术家们陆续出走，范内格姆、卡亚提、柯唐伊等新的成员开始加入，他们都和此时的德波一样，更为关心

---

[1] Guy Debord, "Constant et la voie de l'urbanisme unitaire," *Œuvres*, Paris, Gallimard, 2006, p. 446.

社会批判理论和激进政治实践。

第三阶段，从 1962 年到 1968 年，是情境主义国际在理论和实践上同时攀登上高峰的历史阶段。情境主义国际以《景观社会》这一经典的资本主义消费社会批判文本为主要成果，揭露总体异化的、集权统治的景观消费的社会，如何在日常生活的各个层面(历史、空间和意识形态等)铺展资本主义的微观统治。

在此期间，随着德波的《景观社会》出版，德波快速形成了景观社会批判理论等，通过发展和改写马克思主义理论，深入揭露了资本主义在 20 世纪的新型商品化生产，是如何生产出服从于消费的主体、等级制的日常生活和物化的意识形态的。同时，德波和情境主义新成员们也没有放弃原来的艺术活动技术，异轨、制造革命情境、破坏日常秩序(丑闻事件的制造、反叛活动)等仍然是他们用来开展政治革命、解放自由生命的方法。只不过因受到"社会主义或野蛮"和欧洲工人运动的影响，这些活动都与无产阶级的革命运动紧密结合在一起。理论和实践活动上的全新突破，实际上帮助德波解决了 50 年代以来他唯一关心的先锋艺术无法真正撼动被统治的日常生活的难题。

第四阶段，在 1968 年五月风暴 这场 20 世纪欧洲左派最接近无产阶级革命胜利的历史事件中，德波和情境主义国际既攀上了巅峰，同时也开始伴随法国左派的宿命走向衰落。

在"社会主义或野蛮"的集体智慧的影响下，德波在 1967 年《景观社会》和 1968 年的五月风暴的实践活动中，提出了对现代景观政治的批判，工人委员会、直接民主等新的无产阶级组织和革命形式，以及从雅各宾派-布尔什维克的党的先锋队到政治先锋主义的新革命主体的转变。

更重要的是，在现代消费社会中异化在人们的日常生活中的全面渗透，催生了情境主义国际和五月风暴的新革命范式，也就是造就了一种新的思考"政治"的方式。那就是，德波所主导的情境主义运动和与其直接相关的五月风暴，打破了自上而下的、精英治国的专家政治传统，塑造了自下而上的、全民行动的日常生活政治——这是一场寻求个体的身份差异、文化的多元主义的狄奥尼索斯式的"节日"，所谓"后马克思"的历史源头之一。所以，这场集体的政治革命运动，才体现出艺术与政治相融合、日常生活革命、无产阶级主体的转移（以边缘群体而非传统的工人阶级为主）等文化革命的特征。这与其说是左派革命走向了"革命浪漫主义"与文化、艺术相调情的"剑走偏锋"，倒不如说是时代本身提供了新的革命形式和主体的现实可能性。

当然，这种"后马克思"的激进政治模式，其根本缺陷仍在于放弃了马克思关于资本主义社会内在矛盾及其历史发展必然性的深层客观逻辑，将无产阶级的解放议程转化为一种"在场的"、"即刻的"、日常生活的微观政治革命，只能成为一种批判性的、而非历史建构性的漫画式图景。

由于左派运动的彻底失利，也由于情境主义国际内部理论更新的缺失、实践活动的减少，1972年，德波和意大利情境主义者桑圭内蒂发表了《情境主义国际的真实分裂》一文，正式宣布情境主义国际的解散。在情境主义国际解散之后，在《景观社会》出版的二十周年，德波发表了《景观社会评论》，其综合景观和秘密统治的时代新偈语，预示着德波的激进革命生涯陷入了"无处可逃"的抑郁，这也是欧洲左派在五月风暴后逐渐在理论和实践上都陷入革命低潮的症候。

进一步研究所需的文献索引

德波和他所一手创办的情境主义国际运动，一直是学界研究的兴趣所在。在此提供一份进一步研究该主题的文献索引，帮助进一步了解和研究德波与情境主义国际的思想与活动。

• *Documents Relatifs à la Fondation de l'Internationale Situationniste*(*1948-1957*)，Paris，Allia，1985.

这本著作旨在展现情境主义国际创立过程及其历史渊源，主要收录了字母主义国际、想象包豪斯国际运动、早期情境主义国际的所有文章、檄文、著作等文献，其中很多文献在别处难以寻觅，其完整度无人能及。

• *Potlatch*(*1954-1957*)，Paris，Gallimard，1996.

　　这里收集了字母主义国际在其期刊《冬宴》上发表的文献，囊括了《冬宴》从 1954 年 6 月 22 日开始到 1957 年 11 月 5 日之间出版的 29 期《冬宴》内容(其中第 9、第 10、第 11 期合并出版为一期)，展现了字母主义国际进行的漂移、心理地理学等活动。

• *Textes et Documents Situationnistes*(*1957-1960*)，Paris，Allia，2004.

　　这是继情境主义国际创立前史的文献集合出版之后，阿利亚出版社整理出版的又一力作，主要收录了情境主义国际在 1957—1960 年尚未发表在《情境主义国际》期刊上的文献。

• *Internationale Situationniste*(*1958-1969*)，Paris，Fayard，1997.

　　全面地收录了《情境主义国际》共十二期期刊的文献，多方面地展现了情境主义国际各个成员不同的理论和活动内容。

• Guy Debord，Asger Jorn，*Mémoires*，Paris，Allia，2004.

　　这是德波和约恩在 1958 年合作的作品，是两人在情境主义国际早期使用异轨、拼贴技巧完成的艺术作品，展示了在未转向激进政治的情境主义国际的先锋艺术活动。

• Guy Debord，*Enregistrements Magnétiques*(*1952-1961*)，Paris，Gallimard，2010.

　　收录了 1952—1961 年在字母主义国际和情境主义国际期间，德波的演讲、讨论等录音内容。

• Guy Debord，*La Société du Spectacle*，Paris，Gallimard，1992.

德波于 1967 年出版的《景观社会》，是情境主义国际运动达到巅峰时期的代表作之一。

• Raoul Vaneigem，*Traité de Savoir-vivre à L'usage des Jeunes Générations*，Paris，Gallimard，2001.

范内格姆于 1967 年出版的《日常生活的革命》，是情境主义国际运动达到巅峰时期的代表作之一。

• *Enragés et Situationnistes dans le Mouvement des Occupations*，Paris，Gallimard，1998.

这是早在 1968 年就已经出版，由情境主义国际成员共同完成的作品。它选录了当时情境主义国际发表的战斗檄文、宣传海报、现场图片等，真实记录了五月风暴中情境主义国际的激进活动及重要作用。

• Guy Debord，*Correspondance*，Vol. 1-7（1957-1994），Paris，Fayard，1999-2008.

这是法雅出版社整理出版的德波通信集，收录了从 1957 年成立情境主义国际以来德波的书信文献，一部分来自德波为了保存而将寄出的信件所做的复制版本，另一部分来自慷慨献出德波通信的好友。

• Guy Debord，*Œuvres Cinématographiques Complètes 1952-1978*，Paris，Gallimard，1994.

这是德波创作电影作品剧本的集合，包括了《为萨德疾呼》(1952年)、《关于在短时间内的某几个人的经过》(1959年)、《分离批判》(1961年)、《景观社会》(1973年)、《我们一起游荡在夜的黑暗中，然后被烈火吞噬》(1978年)。这些电影作品大部分都是德波在字母主义国际和情境主义国际中创作而成的，是反映德波和情境主义国际的电影活动及包裹其中的哲学思想的重要资料。

• Guy Debord，*Œuvres*，Paris，Gallimard，2006.

这是加利玛出版社在获得了德波遗孀爱丽丝的授权后整理出版的德波全集。不仅完整收录了德波在字母主义国际、情境主义国际期间发表的所有文章、著作，另外还整理出版了德波生前未发表的文本，是全景式地研究德波和情境主义国际的必不可少的重要资料。

• Gérard Berréby，Raoul Vaneigem，*Rien n'est fini，tout commence*，Paris，Allia，2014.

这是情境主义国际成员范内格姆与阿利亚出版社社长的访谈录。范内格姆，作为德波在情境主义国际后期最密切合作的伙伴，在其中回顾了他与德波在情境主义国际时期的相遇、共同工作的经历。这份重要的访谈录，有助于了解情境主义国际在1960年之后转向激进政治的历史活动。

· 法国国家图书馆的德波馆藏文献

　　法国国家图书馆在 2009 年购买并收藏的德波手稿文献，是研究德波和情境主义国际运动的一手文献，文献编号 NAF 28603，主要包括两大部分：一是德波所有的著作、手稿、通信、电影作品等资料，二是与德波相关的、字母主义国际和情境主义国际运动的文献。

· *October*，Vol. 79（Winter 1997），Guy Debord and the Internationale Situationniste.

Substance，Vol. 28，No. 3，Issue 90（1999）.

　　麻省理工学院出版社出版的美国艺术期刊《十月》和威斯康星大学出版社出版的美国艺术期刊《主旨》，分别于 1997 年和 1999 年刊登了德波和情境主义国际的专刊。这两个期刊都属于早在 20 世纪六七十年代就开始介绍法国思想和理论的重要期刊。它们在译介法国理论的过程中，相对切割掉了其中的政治和马克思主义维度，更重视讨论德波和情境主义国际的艺术和文学内容。

索　引

参考文献

（一）主要外文参考文献

1. Guy Debord, *Œuvres*, Paris, Gallimard, 2006.

2. Guy Debord, *Œuvres Cinématographiques Complètes 1952-1978*, Paris, Gallimard, 1994.

3. Guy Debord, *La Société du Spectacle*, Paris, Gallimard, 1992.

4. Guy Debord, *Commentaires sur la société du spectacle*, Paris, Gallimard, 1992.

5. Guy Debord, *La planète malade*, Paris, Gallimard, 2004.

6. Guy Debord, *Enregistrements Magnétiques（1952-1961）*, Paris, Gallimard, 2010.

7. Guy Debord, *Correspondance*, Vol. 1-7（1957-1994）, Paris, Fayard, 1999-2008.

8. Guy Debord, *Panégyrique*, Paris, Gallimard, 1993.

9. Guy Debord, *Le marquis de Sade a des yeux de fille*, Paris, Fayard, 2004.

10. Guy Debord, *Cette mauvaise réputation*, Paris, Gallimard, 1993.

11. Guy Debord, *Considérations sur l'assassinat de Gérard Lebovici*, Paris, Gallimard, 1993.

12. Guy Debord, Asger Jorn, *Mémoires*, Paris, Allia, 2004.

13. Guy Debord, *The Society of the Spectacle*, translated by Donald Nicholson-Smith, Zone, 1994.

14. Guy Debord, Alice Becker-Ho, *A Game of War*, translated by Donald Nicholson-Smith, Atlas Press, 2007.

15. Guy Debord, *Complete Cinematic Works*, translated and edited by Ken Knabb, AK Press, 2003.

16. *Documents Relatifs à la Fondation de l'Internationale Situationniste (1948-1957)*, Paris, Allia, 1985.

17. *Potlatch (1954-1957)*, Paris, Gallimard, 1996.

18. *Textes et Documents Situationnistes (1957-1960)*, Paris, Allia, 2004.

19. *Internationale Situationniste (1958-1969)*, Paris, Fayard, 1997.

20. *Enragés et Situationnistes dans le Mouvement des Occupations*, Paris, Gallimard, 1998.

21. *Situationist International Anthology*, translated and edited by Ken Knabb, Bureau of Public Secrets, 2006.

22. Andy Merrifield, *Guy Debord*, Reaktion Books, 2005.

23. Andy Merrifield, *Metromarxism: a Marxist tale of the city*, Routledge, 2002.

24. Andrew Hussey, *Guy Debord et son héritage punk*, Paris, Éditions Globe, 2014.

25. Anselm Jappe, *Guy Debord*, Pescara, Tracce, 1992.

26. Boris Donné, *Pour Mémoire*, Paris, Allia, 2004.

27. Bradley J. Macdonald, *Performing Marx: Contemporary Negotiations of a Living Tradition*, New York, State University of New York Press, 2006.

28. Daniel Blanchard, *Debord, dans le bruit de la cataracte du temps*, Paris, Sens & Tonka, 2000.

29. Douglas Kellner, *Media Spectacle*, London, Routledge, 2003.

30. Éric Brun, *Les situationnistes: une avant-garde totale (1950-1972)*, Paris, CNRS Éditions, 2014.

31. Fabien Danesi, *Le cinéma de Guy Debord ou la négativité à l'œuvre*, Paris, Édition Paris Expérimental, 2011.

32. Fiep van Bodegom, *Life is the mesure of all things: city, value and revolution in the work of Marx, Simmel and Debord*, University of Amsterdam, 2013.

33. Gérard Berréby, Raoul Vaneigem, *Rien n'est fini, tout commence*, Paris, Allia, 2014.

34. Gerd-Rainer Horn, *The spirit of 68: rebellion in Western Europe*

and North America, *1956-1976*, New York, Oxford University Press, 2007.

35. Giorgio Agamben, Homo Sacer, *Sovereign power and bare life*, California, Standord University Press, 1988.

36. Guy-Claude Marie, *Guy Debord: de son cinéma en son art et en son temps*, Paris, Vrin, 2009.

37. Henri Lefebvre, *The Production of Space*, translated by Donald Nicholson-Smith, Blackwell, 1991.

38. Jacques Rancière, *Le spectateur émancipé*, Paris, La fabrique éditions, 2008.

39. Mckenzie Wark, *The beach beneath the street: The everday life and glorious times of the Situationist International*, London, Verso, 2011.

40. Patrick Marcolini, *Le Mouvement Situationniste: une histoire intellectuelle*, Montreuil, L'Échappée, 2012.

41. Raoul Vaneigem, *Traité de Savoir-vivre à L'usage des Jeunes Générations*, Paris, Gallimard, 2001.

42. Raoul Vaneigem, *The Revolution of Everyday Life*, translated by Donald Nicholson-Smith, Rebel Press, 2003.

43. Richard Gilman-Opalsky, *Spectacular capitalism: Guy Debord and the practice of radical philosophy*, London, Minor Compositions, 2011.

44. Sadie Plant, *The most radical gesture: The Situationist Interna-*

tional in a postmodern age, London, Routledge, 1992.

45. *Dérives pour Guy Debord*, Paris, Van Dieren Éditeur, 2010.

46. *In situ: théorie, spectacle et cinéma chez Guy Debord et Raoul Vaneigem*, sous la direction de Laurent.

47. *Une autre histoire des 〈Trente Glorieuses〉*, Paris, La Découverte, 2011.

48. *Leaving the 20th century: the incomplete work of the Situationist International*, translated and edited by Christopher Gray, London, Rebel Press, 1994.

49. Allyson Field, "Hurlements en faveur de Sade—The Negation and Surpassing of 'Discrepant Cinema'," *Substance*, Vol. 28, No. 3, Issue 90 (1999), pp. 55-70.

50. Anselm Jappe and Donald Nicholson-Smith, "The End of Art for Theodor Adorno and Guy Debord," *Substance*, Vol. 28, No. 3, Issue 90 (1999), pp. 102-128.

51. Anthony Vidler, "Cartographies of a Landscape to Be Invented," *October*, Vol. 115 (Winter 2006), pp. 13-30.

52. Asger Jorn and Roxanne Lapidus, "Guy Debord and the Problem of the Accursed," *Substance*, Vol. 28, No. 3, Issue 90 (1999), pp. 157-163.

53. Balibar E, Rajchman J, Boyman A, "French Philosophy Since 1945: Problems, Concepts, Inventions," *European Philosophy*, 2010.

54. Claire Gilman, "Asger Jorn's Avant-Garde Archives," *October*,

Vol. 79 (Winter 1997), pp. 32-48.

55. Edward Ball, "The Great Sideshow of the Situationist International," *Yale French Studies*, No. 73 (1987), pp. 21-37.

56. Graham Birtwistle & Peter Shield, "Asger Jorn's Solutions for Architecture," *AA Files*, No. 52 (Summer 2005), pp. 34-54.

57. James Trier, "Detournement as Pedagogical Praxis," *Journal of Thought*, Vol. 39, No. 4 (Winter 2004), pp. 35-52.

58. James Trier, "Guy Debord's 'The Society of the Spectacle'," *Journal of Adolescent and Adult Literacy*, Vol. 51, No. 1 (September 2007), pp. 68-73.

59. James Trier, "The Spectacle and Detournement," *Journal of Adolescent and Adult Literacy*, Vol. 51, No. 3 (November 2007), pp. 274-278.

60. Jean-Marie Apostolidès, "Guy Debord, vingt ans après," *Critique*, No. 814 (2015), pp. 225-234.

61. Karen Kurczynski, "Expression as vandalism: Asger Jorn's Modifications," *Anthropology and Aesthetics*, No. 53/54 (Spring-Autumn 2008), pp. 293-313.

62. Kristin Ross and Henri Lefebvre, "Lefebvre on the Situationists: An Interview," *October*, Vol. 79 (Winter 1997), pp. 69-83.

63. *Debord and the Internationale Situationniste*, Winter 1997, pp. 69-83.

64. Libero Andreotti, "Play-Tactics of the 'Internationale Situationniste'," *October*, Vol. 91 (Winter 2000), pp. 36-58.

65. Mario Perniola and Olga Vasile, "An Aesthetic of the Grand Style: Guy Debord," *Substance*, Vol. 28, No. 3, Issue 90 (1999), pp. 89-101.

66. Mikkel Bolt Rasmussen, "Situationist International, Surrealism, and the Difficult Fusion of Art and Politics," *Oxford Art Journal*, Vol. 27, No. 3 (2004), pp. 367-387.

67. Odile Passot and Paul Lafarge, "Portrait of Guy Debord as a Young Libertine," *Substance*, Vol. 28, No. 3, Issue 90 (1999), pp. 71-88.

68. Peter Smith, "On the Passage of a Few People: Situationist Nostalgia," *Oxford Art Journal*, Vol. 14, No. 1 (1991), pp. 118-125.

69. Philippe Lacoue-Labarthe, "Éloge," *L'Animal*, No. 19-20 (hiverfo 2008).

70. Roberto Ohrt and Ronald Helstad, "The Master of the Revolutionary Subject—Some Passages from the Life of Guy Debord," *Substance*, Vol. 28, No. 3, Issue 90 (1999), pp. 13-25.

71. Steward Home, "The Assault on Culture Utopian Currents From Lettrisme to Class War," *J. electrochem. soc*, 1991, 153 (5), pp. 713-718.

72. Steven Best and Douglas Kellner, "Debord, Cybersituations, and the Interactive Spectacle," *Substance*, Vol. 28, No. 3, Issue 90 (1999), pp. 129-156.

73. Stephen Hastings-King: "L'Internationale Situationniste, Socialisme ou Barbarie, and the Crisis of the Marxist Imaginary,"

Substance, Vol. 28, No. 3, Issue 90 (1999), pp. 26-54.

74. T. J. Clark & Donald Nicholson-Smith, "Why Art Can't Kill the Situationist International," *October*, Vol. 79 (Winter 1997), pp. 15-31.

75. Tom McDonoug, "Raymond Hains's 'France in Shreds' and the Politics of De'collage," *Representations*, Vol. 90, No. 1 (Spring 2005), pp. 75-97.

76. Tom McDonoug, "Experimental Utopia and Traumatic Memory in Constant's New Babylon," *Grey Room*, No. 33 (Fall 2008), pp. 84-95.

77. Tom McDonough, "On the Legacy of Guy Debord and the Situationist International," *A Journal of Art*, Context, and Enquiry, Issue 28 (Autumn/Winter 2011), pp. 42-55.

78. Thomas McDonough, "Rereading Debord, Rereading the Situationists," *October*, Vol. 79 (Winter 1997), pp. 3-14.

79. Vincent Kaufmann, "The Lessons of Guy Debord," *October*, Vol. 115 (Winter 2006), pp. 31-38.

80. T. J. Clark & Donald Nicholson-Smith, "Why Art Can't Kill the Situationist International," *October*, Vol. 79 (Winter 1997), pp. 15-31.

81. Vincent Kaufmann & John Goodman, "Angels of Purity," *October*, Vol. 79 (Winter 1997), pp. 49-68.

82. Wollen Peter, "The Situationist International," *New Left Review*

(174)，pp. 67-95.

（二）主要中文参考文献

中文译著

1. ［法］居伊·德波：《景观社会》，张新木译，南京大学出版社 2017 年版。

2. ［法］居伊·德波：《景观社会评论》，梁虹译，广西师范大学出版社 2007 年版。

3. 《社会批判理论纪事》第 7 辑，南京大学出版社 2014 年版。

4. ［法］鲁尔·瓦格纳姆：《日常生活的革命》，张新木、戴秋霞等译，南京大学出版社 2008 年版。

5. ［法］米歇尔·德·赛托：《日常生活实践 1. 实践的艺术》，方琳琳、黄春柳译，南京大学出版社 2009 年版。

6. ［德］黑格尔：《法哲学原理》，范扬、张企泰译，商务印书馆 1961 年版。

7. ［德］黑格尔：《精神现象学》，先刚译，人民出版社 2013 年版。

8. ［匈］卢卡奇：《历史与阶级意识——关于马克思主义辩证法的研究》，杜章智等译，商务印书馆 1992 年版。

9. ［德］卡尔·柯尔施：《马克思主义和哲学》，王南湜、荣新海译，重庆出版社 1989 年版。

10. ［德］卡尔·柯尔施：《卡尔·马克思——马克思主义的理论和阶级运动》，熊子云、翁廷真译，重庆出版社 1993 年版。

11. ［德］马克斯·霍克海默、西奥多·阿道尔诺：《启蒙辩证法：哲学断片》，渠敬东、曹卫东译，上海人民出版社 2003 年版。

12. ［德］特奥多·阿多尔诺：《否定的辩证法》，张峰译，重庆出版社 1993 年版。

13. ［德］赫伯特·马尔库塞：《理性与革命——黑格尔和社会理论的兴起》，程志民等译，重庆出版社 1993 年版。

14. ［法］罗兰·巴尔特：《符号帝国》，孙乃修译，商务印书馆 1994 年版。

15. ［法］罗兰·巴特：《恋人絮语》，汪耀进、武佩荣译，上海人民出版社 1988 年版。

16. ［法］罗兰·巴特：《流行体系》，敖军译，上海人民出版社 2011 年版。

17. ［法］路易·阿尔都塞：《保卫马克思》，顾良译，商务印书馆 2010 年版。

18. ［法］让·鲍德里亚：《符号政治经济学批判》，夏莹译，南京大学出版社 2009 年版。

19. ［法］尚·布希亚：《物体系》，林志明译，世纪出版集团、上海人民出版社 2001 年版。

20. ［法］让·鲍德里亚：《消费社会》，刘成富、全志钢译，南京大学出版社 2014 年版。

21. ［法］让·鲍德里亚：《生产之镜》，仰海峰译，中央编译出版社 2005 年版。

22. ［法］让·波德里亚：《论诱惑》，张新木等译，南京大学出版社 2011 年版。

23. ［法］乔治·巴塔耶：《色情、耗费与普遍经济：乔治·巴塔耶文选》，吉林人民出版社 2003 年版。

24. ［法］米歇尔·福柯：《必须保卫社会》，钱翰译，上海人民出版社 1999 年版。

25. ［法］米歇尔·福柯：《安全、领土与人口》，钱翰、陈晓径译，上海人民出版社 2010 年版。

26. ［法］米歇尔·福柯：《生命政治的诞生》，莫伟民、赵伟译，上海人民出版社 2011 年版。

27. ［法］让-弗朗索瓦·利奥塔：《后现代状况：关于知识的报告》，岛子译，湖南美术出版社 1996 年版。

28. ［法］让-吕克·南希：《解构的共通体》，夏可君编校，郭建玲等译，世纪出版集团、上海人民出版社 2007 年版。

29. ［法］雷蒙·阿隆：《想象的马克思主义：从一个神圣家族到另一个神圣家族》，姜志辉译，上海译文出版社 2012 年版。

30. ［斯洛文尼亚］斯拉沃热·齐泽克：《意识形态的崇高客体》（修订版），季广茂译，中央编译出版社 2014 年版。

31. ［斯洛文尼亚］斯拉沃热·齐泽克：《视差之见》，季广茂译，浙江大学出版社 2014 年版。

32. ［斯洛文尼亚］斯拉沃热·齐泽克：《延迟的否定康德、黑格尔与意识形态批判》，夏莹译，南京大学出版社 2016 年版。

33. ［斯洛文尼亚］斯拉沃热·齐泽克：《敏感的主体——政治本体论的缺席中心》，孙晓坤译，江苏人民出版社 2006 年版。

34. ［斯洛文尼亚］斯拉沃热·齐泽克：《快感大转移——妇女与因果性

六论》，胡大平译，江苏人民出版社 2004 年版。

35. ［法］雅克·朗西埃：《政治的边缘》，姜宇辉译，上海译文出版社 2007 年版。

36. ［法］雅克·朗西埃：《歧义》，刘纪蕙等译，台湾麦田出版社 2011 年版。

37. ［意］吉奥乔·阿甘本：《例外状态》，薛熙平译，台湾麦田出版社 2010 年版。

38. ［美］迈克尔·哈特，［意］安东尼奥·奈格里：《帝国——全球化的政治秩序》，杨建国、范一亭译，江苏人民出版社 2003 年版。

39. ［美］大卫·哈维：《后现代的状况——对文化变迁之缘起的探究》，阎嘉译，商务印书馆 2013 年版。

40. ［美］大卫·哈维：《资本社会的 17 个矛盾》，许瑞宋译，中信出版社 2016 年版。

41. ［美］大卫·哈维：《跟大卫·哈维读〈资本论〉》第 1 卷，刘英译，上海译文出版社 2013 年版。

42. ［法］樊尚·考夫曼：《居伊·德波——诗歌革命》，史利平译，南京大学出版社 2014 年版。

43. ［法］弗朗索瓦·多斯：《从结构到解构：法国 20 世纪思想主潮》（上、下卷），季广茂译，中央编译出版社 2004 年版。

44. ［美］马克·波斯特：《战后法国的存在主义马克思主义：从萨特到阿尔都塞》，张金鹏、陈硕译，南京大学出版社 2015 年版。

45. ［美］马克·波斯特：《福柯、马克思主义与历史：生产方式与信息方式》，张金鹏译，南京大学出版社 2015 年版。

46. ［英］特里·伊格尔顿：《美学意识形态》，王杰等译，广西师范大学出版社 1997 年版。

47. ［美］詹姆逊：《新马克思主义》，陈永国等译，中国人民大学出版社 2004 年版。

48. ［美］赖特·米尔斯：《马克思主义者》，商务印书馆 1965 年版。

49. ［英］佩里·安德森：《西方马克思主义探讨》，高铦、文贯中、魏章玲译，人民出版社 1981 年版。

50. ［美］弗雷德里克·詹姆逊：《文化转向》，胡亚敏等译，中国社会科学出版社 2000 年版。

51. ［美］道格拉斯·凯尔纳编：《波德里亚：批判性的读本》，陈维振、陈明达、汪峰译，江苏人民出版社 2005 年版。

52. ［美］斯蒂芬·贝斯特、道格拉斯·凯尔纳：《后现代转向》，陈刚等译，南京大学出版社 2002 年版。

53. ［美］道格拉斯·凯尔纳：《媒介文化：介于现代与后现代之间的文化研究、认同性与政治》，丁宁译，商务印书馆 2004 年版。

54. ［英］齐格蒙·鲍曼：《现代性与大屠杀》，杨渝东、史建华译，译林出版社 2002 年版。

55. ［英］安东尼·吉登斯：《现代性与自我认同》，赵东旭、方文译，生活·读书·新知三联书店 1998 年版。

56. ［法］乔治·塞巴格：《超现实主义》，杨玉平译，天津人民出版社 2008 年版。

57. ［法］雷米·富尼耶·郎佐尼：《法国电影——从诞生到现在》，王之光译，商务印书馆 2009 年版。

58. ［法］让-皮埃尔·里乌、让-弗朗索瓦·西里内利主编：《法国文化史》（全四册），吴模信、潘丽珍等译，华东师范大学出版社 2012 年版。

59. ［法］米歇尔·比特博尔、让·伽永主编：《法国认识论：1830—1970》，郑天喆、莫伟民译，商务印书馆 2011 年版。

60. ［英］麦克·甘恩：《法国社会理论》，李康译，北京大学出版社 2011 年版。

61. ［英］戴维·霍普金斯：《达达和超现实主义》，舒笑梅译，译林出版社 2013 年版。

62. ［法］皮埃尔·诺兰：《追寻法兰西》，刘文玲译，社会科学文献出版社 2017 年版。

63. ［法］皮埃尔·诺兰：《记忆之场：法国国民意识的文化社会史》，黄艳红译，南京大学出版社 2017 年版。

64. ［法］理查德·沃林：《东风：法国知识分子与 20 世纪 60 年代的遗产》，董树宝译，中央编译局出版社 2017 年版。

中文著作

1. 徐崇温：《西方马克思主义》，天津人民出版社 1982 年版。

2. 孙伯鍨：《探索者道路的探索》，南京大学出版社 2002 年版。

3. 孙伯鍨：《卢卡奇与马克思》，南京大学出版社 1999 年版。

4. 张一兵：《马克思历史辩证法的主体向度》，南京大学出版社 2002 年版。

5. 张一兵：《回到马克思：经济学语境中的哲学话语》（第三版），江苏人民出版社 2014 年版。

6. 张一兵：《无调式的辩证想象：阿多诺〈否定的辩证法〉的文本学解读》，生活·读书·新知三联书店 2001 年版。

7. 张一兵：《回到福柯——暴力性构序与生命治安的话语构境》，上海人民出版社 2016 年版。

8. 张一兵：《文本的深度耕犁：西方马克思主义经典文本解读》第 1 卷，中国人民大学出版社 2004 年版。

9. 张一兵：《文本的深度耕犁：后马克思思潮哲学文本解读》第 2 卷，中国人民大学出版社 2008 年版。

10. 张一兵主编：《资本主义理解史》第 1—6 卷，江苏人民出版社 2009 年版。

11. 张一兵主编：《当代国外马克思主义哲学思潮》（上、中、下），江苏人民出版社 2012 年版。

12. 俞吾金：《实践与自由》，上海人民出版社 2016 年版。

13. 袁贵仁、杨耕主编：《当代学者视野中的马克思主义哲学：西方学者卷》全三册，北京师范大学出版社 2008 年版。

14. 袁贵仁、杨耕主编：《当代学者视野中的马克思主义哲学：西方学者卷（补卷）》，北京师范大学出版社 2011 年版。

15. 莫伟民主编：《法国哲学研究》第一辑，上海人民出版社 2017 年版。

16. 莫伟民、姜宇辉：《战后法国哲学与马克思思想的当代意义》，上海人民出版社 2014 年版。

17. 莫伟民、姜宇辉、王礼平：《二十世纪法国哲学》，人民出版社 2008 年版。

18. 俞吾金、吴晓明主编：《二十世纪哲学经典文本·序卷（二十世纪西方哲学的先驱者)》，复旦大学出版社 1999 年版。

19. 吴晓明、邹诗鹏主编：《全球化背景下的现代性问题》，重庆出版社 2009 年版。

20. 吴晓明：《哲学之思与社会现实——马克思主义哲学的当代意义》，武汉大学出版社 2010 年版。

21. 邓晓芒：《思辨的张力：黑格尔辩证法新探》，商务印书馆 2016 年版。

22. 唐正东：《斯密到马克思——经济哲学方法的历史性诠释》，南京大学出版社 2002 年版。

23. 张秉真、黄晋凯主编：《未来主义·超现实主义》，中国人民大学出版社 1994 年版。

24. 陈文海：《法国史》，人民出版社 2004 年版。

25. 吴国庆：《法国政治史（1958—2012)》，社会科学文献出版社 2014 年版。

26. 焦雄屏：《法国电影新浪潮》，江苏教育出版社 2005 年版。

27. 胡大平：《崇高的暧昧：作为现代生活方式的休闲》，江苏人民出版社 2002 年版。

28. 刘怀玉：《现代性的平庸与神奇：列斐伏尔日常生活批判哲学的文本学解读》，中央编译出版社 2006 年版。

29. 张亮：《"崩溃的逻辑"的历史建构：阿多诺中早期哲学思想的文本学解读》，江苏人民出版社 2014 年版。

30. 尚杰：《法国当代哲学论纲》，同济大学出版社 2008 年版。

31. 尚杰：《归隐之路：20 世纪法国哲学的踪迹》，江苏人民出版社 2008

年版。

32. 尚杰：《法国哲学精神与欧洲当代社会》，同济大学出版社 2011
    年版。

33. 何怀宏：《生命与自由：法国存在哲学引论》，北京师范大学出版社
    2014 年版。

34. 冯俊主编：《法国哲学第一辑：笛卡尔与笛卡尔主义》，商务印书馆
    2016 年版。

35. 陆兴华、张永胜主编：《法国理论》第 6 卷，商务印书馆 2016 年版。

36. 户思社、孟长勇：《法国现当代文学》，北京师范大学出版社 2015
    年版。

中文期刊

1. 张一兵、姚继冰：《"情境主义国际"评述》，《哲学动态》2003 年第 6
   期。

2. 张一兵：《景观意识形态及其颠覆——德波〈景观社会〉的文本学解
   读》，《学海》2005 年第 5 期。

3. 张一兵：《颠倒再颠倒的景观世界——德波〈景观社会〉的文本学解
   读》，《南京大学学报（哲学·人文科学·社会科学)》2006 年第
   1 期。

4. 张一兵：《景观拜物教：商品完全成功的殖民化——德波〈景观社
   会〉的文本学解读》，《江海学刊》2005 年第 6 期。

5. 张一兵：《虚假存在与景观时间——德波〈景观社会〉的文本学解
   读》，《江苏社会科学》2005 年第 6 期。

6. 张一兵：《孤离的神姿：阿甘本与德波的〈景观社会〉》，《马克思主义与现实》2013 年第 6 期。

7. 张一兵：《消费意识形态：符码操控中的真实之死——鲍德里亚的〈消费社会〉解读》，《江汉论坛》2008 年第 9 期。

8. 张一兵：《革命的辩证法与批判的历史唯物主义：解读青年卢卡奇的〈历史与阶级意识〉》，《理论探讨》2000 年第 2 期。

9. 张一兵：《伪"我要"：他者欲望的欲望——拉康哲学解读》，《学习与探索》2005 年第 3 期。

10. 张一兵：《后马克思思潮不是马克思主义》，《南京大学学报（哲学·人文科学·社会科学)》2003 年第 2 期。

11. 张一兵：《何为晚期马克思主义?》，《南京大学学报（哲学·人文科学·社会科学)》2004 年第 5 期。

12. 张一兵：《西方马克思主义之后：理论逻辑和现实嬗变——西方马克思主义、后（现代）马克思思潮和晚期马克思主义》，《福建论坛（人文社会科学版)》2000 年第 4 期。

13. 张一兵：《从牧领到治安：现代资产阶级政治权力的微观生活化治理触角——福柯的法兰西学院演讲评述》，《学术研究》2015 年第 5 期。

14. 俞吾金：《究竟如何理解尼采的话"上帝死了"》，《哲学研究》2006 年第 9 期。

15. 俞吾金：《马克思主体性概念的两个维度》，《复旦学报（社会科学版)》2007 年第 2 期。

16. 俞吾金：《回到马克思的批判理论：当代西方马克思主义意识形态

理论探微》，《国外社会科学》2014 年第 1 期。

17. 俞吾金：《左翼理论家们的阿基里斯之踵——以对拉克劳思想的剖析为例》，《探索与争鸣》2014 年第 1 期。

18. 俞吾金：《批判理论的界限——对法兰克福学派主导思想的反思》，《探索与争鸣》2014 年第 12 期。

19. 俞吾金：《论实践维度的优先性——马克思实践哲学新探》，《现代哲学》2011 年第 6 期。

20. 俞吾金：《社会批判的界限：马克思批判理论的启迪》，《当代国外马克思主义评论》2013 年第 1 期。

21. 俞吾金：《探寻马克思的当代意义》，《马克思主义与现实》2014 年第 1 期。

22. 吴晓明：《试论马克思哲学的存在论基础》，《学术月刊》2001 年第 9 期。

23. 吴晓明：《论马克思对现代性的双重批判》，《学术月刊》2006 年第 2 期。

24. 吴晓明：《文明的冲突与现代性批判——一个哲学上的考察》，《哲学研究》2005 年第 4 期。

25. 吴晓明：《黑格尔法哲学与马克思社会政治理论的哲学奠基》，《天津社会科学》2014 年第 1 期。

26. 吴晓明：《论马克思学说的黑格尔渊源》，《云南大学学报（社会科学版）》2015 年第 6 期。

27. 吴晓明：《论〈历史与阶级意识〉的辩证法研究》，《马克思主义与现实》2017 年第 2 期。

28. 吴晓明：《后真相与民粹主义："坏的主观性"之必然结果》，《探索与争鸣》2017 年第 4 期。

29. 莫伟民：《启蒙的悖论及其出路》，《求是学刊》2009 年第 1 期。

30. 莫伟民：《思考"差异"的 20 世纪法国哲学》，《中国社会科学报》2009 年第 3 期。

31. 莫伟民：《主体的真相：福柯与主体哲学》，《中国社会科学》2010 年第 3 期。

32. 莫伟民：《福柯与自由主义：作为意识形态抑或治理技艺?》，《哲学研究》2012 年第 10 期。

33. 莫伟民：《从法国哲学看马克思思想的当代意义》，《学术月刊》2014 年第 2 期。

34. 唐正东：《"消费社会"的解读路径：马克思的视角及其意义——从西方马克思主义消费社会观的方法论缺陷谈起》，《学术月刊》2007 年第 6 期。

35. 唐正东：《政治生态学代表了马克思主义的未来吗? ——评阿兰·利比兹的政治生态学马克思主义》，《哲学研究》2008 年第 3 期。

36. 唐正东：《马克思历史唯物主义消费观的生成路径及理论特质》，《哲学研究》2014 年第 5 期。

37. 唐正东：《基于生态维度的社会改造理论——利比兹、奥康纳、福斯特的比较研究》，载《马克思主义研究》2009 年第 1 期。

38. 唐正东：《出离：生命政治生产中的抵抗形式——对哈特和奈格里的阶级斗争观的一种解读》，《山东社会科学》2014 年第 1 期。

39. 胡大平：《20 世纪西方马克思主义思潮的节奏和变奏》，《东南大学学报（哲学社会科学版）》2012 年第 3 期。

40. 胡大平：《在商品生产之外寻找革命的落脚——20 世纪西方马克思主义之社会批判的逻辑转向和意义》，《马克思主义与现实》2009 年第 5 期。

41. 胡大平：《重述西方马克思主义知识史的视角和战略》，《南京大学学报（哲学·人文科学·社会科学版）》2010 年第 4 期。

42. 胡大平：《后马克思主义思潮的批判性探讨》，《现代哲学》2004 年第 1 期。

43. 胡大平：《西方马克思主义历史叙事转向及其政治意蕴》，《学习与探索》2011 年第 2 期。

44. 刘怀玉：《消费主义批判：从大众神话到景观社会——以巴尔特、列斐伏尔、德波为线索》，《江西社会科学》2009 年第 7 期。

45. 刘怀玉：《"面向生活"的现代性政治哲学难题与超越》，《哲学研究》2006 年第 12 期。

46. 刘怀玉：《日常生活批判的瞬间、差异空间与节奏视角——以列斐伏尔为例》，《哲学分析》2016 年第 6 期。

47. 刘怀玉、范海武：《"让日常生活成为艺术"：一种后马克思的都市化乌托邦构想》，《求是学刊》2004 年第 1 期。

48. 张亮：《什么是现代艺术的本质？——阿多诺的艺术真理论及其与海德格尔的潜在对话》，《文艺研究》2006 年第 1 期。

49. 张亮：《霍克海默与法兰克福学派的理论创新道路》，《学术月刊》2016 年第 5 期。

50. 张亮：《正确处理西方马克思主义哲学研究中的三种关系》，《理论探讨》2010 年第 5 期。

51. ［英］科林·海伊著，张亮译：《政治的再国家化与国家的再政治化：新自由主义、经济需要与竞争国家的兴起》，《求是学刊》2010年第 6 期。

52. 蓝江：《反影像的情境主体——德波的情境主义解析》，《文艺研究》2016 年第 2 期。

53. 蓝江：《语言哲学下的生命政治——当代马克思主义哲学与语言转向》，《哲学动态》2013 年第 12 期。

54. 蓝江：《美学的龙种与政治的跳蚤——朗西埃的作为政治的美学》，《杭州师范大学学报（社会科学版）》2015 年第 3 期。

55. 蓝江：《赤裸生命与被生产的肉身：生命政治学的理论发凡》，《南京社会科学》2016 年第 2 期。

56. 仰海峰：《德波与景观社会批判》，《南京社会科学》2008 年第 10 期。

57. 仰海峰：《从西方马克思主义到后马克思主义的哲学逻辑转变》，《理论视野》2009 年第 11 期。

58. 夏莹：《哲学对政治的僭越：当代生命政治的隐形支点》，《南京社会科学》2017 年第 7 期。

59. 夏莹：《马克思主义在当代法国思潮嬗变中的命运及其反思》，《教学与研究》2012 年第 9 期。

60. 夏莹：《试论当代法国马克思主义哲学基础的转变》，《哲学动态》2016 年第 2 期。

61. 夏莹：《重构革命主体与当代西方马克思主义的哲学转换》，《中国社会科学报》2015 年第 2 期。

62. 夏莹：《当代激进左派的哲学与政治——以德勒兹思想为例》,《世界哲学》2014 年第 5 期。

63. 吴冠军：《德波的盛景社会与拉康的想像秩序：两条批判性进路》,《哲学研究》2016 年第 8 期。

64. 吴冠军：《"生命政治"论的隐秘线索：一个思想史的考察》,《探索与研究》2015 年第 1 期。

65. 吴冠军：《人工智能与未来社会：三个反思》,《探索与争鸣》2017 年第 10 期。

66. 吴冠军：《生命、真理与虚无主义政治——黑格尔"日蚀"下的欧陆思想脉络新解》,《南京社会科学》2017 年第 7 期。

67. 吴冠军：《再探代议民主的规范性困局》,《当代世界与社会主义》2017 年第 3 期。

68. 吴冠军：《辩证法之疑：黑格尔与科耶夫》,《社会科学家》2016 年第 12 期。

69. 吴猛：《法国马克思主义研究的新成果》,《学术月刊》2007 年第 11 期。

70. 吴猛：《法国马克思主义研究的新特色》,《学术月刊》2008 年第 9 期。

71. 吴猛：《阿尔都塞〈资本论〉解读的困境及其意义论根源》,《哲学研究》2009 年第 8 期。

72. 吴猛：《危机时代的艺术与政治——2009 年法国马克思主义研究新视野》,《云南大学学报（社会科学版）》2011 年第 4 期。

73. 王昭风：《影像消费的时间和时间消费的影像——试析德波的"景观时间"观》，《南京社会科学》2004 年第 4 期。

74. 王昭风：《居伊·德波的景观概念及其在西方批判理论史上的意义》，《南京社会科学》2008 年第 2 期。

75. 王梅芳、刘华鱼：《景观社会：一种视觉传播化的统治》，《当代传播》2017 年第 3 期。

76. 胡翼青、吴欣慰：《"奇观"之于"景观"：论凯尔纳对德波的跨文化解读》，《新闻与传播研究》2013 年第 11 期。

77. 刘扬：《视觉景观的形而上学批判——居伊·德波景观社会文化理论述评》，《社会科学家》2009 年第 2 期。

78. 黄石、杜庆春：《反对电影，还是被烈火吞噬——思想或抽象写作在居伊·德波作品中的影像呈现》，《北京电影学院学报》2007 年第 4 期。

后　记

　　严格来说，德波并不是学界研究的陌生对象，往往提到德波，都会立刻想起他的代表作《景观社会》，或是与他的理论颇有渊源的鲍德里亚。但是少为人知的是，德波不仅是法国 20 世纪马克思主义理论的重要思想家之一，他还拥有许多不同的身份和传奇经历：先锋艺术家、先锋电影制作大师、字母主义国际和情境主义国际的创始人与核心领导人物及其同名刊物的主要撰稿人、法国五月风暴的参与者和战略策划人等。这些身份似乎只应该划归到德波的生平经历中，而不应该放到德波哲学思想的讨论中。但实际上，正是因为德波特殊的经历，才使他成为少数坚持在理论和实践的高度统一中寻求颠覆资本主义社会的西方马克思主义者。比如，马克思主义反对资本带来的人的物化，在德波这里成为了赤裸裸的、可以被直接感知到的现实。那就是当二十多岁的德波与先锋艺术家们在巴黎街头游荡时曾感慨道，进入丰裕社会后，在爱情与自动垃圾桶之间，人们只会选择后者了。德波的言下之意是，人们自愿臣服于资本主义社会在日常生活中的规训，而丧失了主动创造属于自己的生活的热情。因此，与卢卡奇、列斐伏尔、鲍德里亚等传统西方马克思主义者不同，德波是从先锋艺术跨越到马克思主义研究领域的。这天然地赋予了德波更为敏感地体认现实和理论反思的能力，创作了毫无赘言的《景观社会》。因此，本书便是想要基于德波的所有重要作品和实践活动，来展现他充满生命力的哲学思想。

另外，还有两点说明。其一，这本书是基于我的博士论文重新修改完成的。在读博士期间，由于时间、精力等限制留下的遗憾，在这里都一一弥补了。特别是在博士论文写作的过程中，我因离德波太近而忽视了他与同时代人的很多理论关联，在此次修改的过程中这些理论关联都被补充进去了。其二，我想把这本研究德波的书献给尊敬的张一兵老师。毫不夸张地说，没有张老师的指导，我绝不可能走入马克思主义哲学的世界。我会永远记得张老师的教诲，希望能够不负其期望，甘坐冷板凳，嚼得菜根，做一种无愧于心的学术。

刘冰菁
2019 年 6 月 23 日于南京

图书在版编目（CIP）数据

景观社会中的"异轨"与突围：居伊·德波哲学思想研究/
刘冰菁著. —北京：北京师范大学出版社，2021.8
　（当代国外马克思主义哲学研究）
　ISBN 978-7-303-26786-6

　Ⅰ.①景…　Ⅱ.①刘…　Ⅲ.①德波，G.（1931—1994）-哲学
思想-研究　Ⅳ.①B565.5

中国版本图书馆 CIP 数据核字（2021）第 015761 号

营　销　中　心　电　话　010-58805385
北 京 师 范 大 学 出 版 社　http://xueda.bnup.com
主题出版与重大项目策划部

JINGGUAN SHEHUI ZHONG DE "YIGUI" YU TUWEI
出版发行：北京师范大学出版社　www.bnup.com
　　　　　北京市西城区新街口外大街 12-3 号
　　　　　邮政编码：100088
印　　刷：鸿博昊天科技有限公司
经　　销：全国新华书店
开　　本：730 mm×980 mm　1/16
印　　张：25.75
字　　数：295 千字
版　　次：2021 年 8 月第 1 版
印　　次：2021 年 8 月第 1 次印刷
定　　价：98.00 元

策划编辑：郭　珍　　　　　责任编辑：李春生
美术编辑：王齐云　　　　　装帧设计：王齐云
责任校对：段立超　王志远　责任印制：陈　涛